张任之　主编

舍勒全集

第 15 卷

遗著Ⅵ　杂编Ⅱ

〔美〕曼弗雷德·弗林斯　编

吴思涵　译

Max Scheler
Gesammelte Werke XV: Schriften aus dem Nachlass
Band VI. Varia II.
© Bouvier Verlag Bonn 1997

本书根据 Bouvier Verlag 出版社
《舍勒全集》第 15 卷 1997 年版译出

国家社会科学基金重大项目成果

德文版《舍勒全集》(GW)

主编

玛利亚·舍勒（Maria Scheler）
曼弗雷德·弗林斯（Manfred S. Frings）

《舍勒全集》中文版编委会

主编

张任之

顾问

沃尔夫哈特·亨克曼（Wolfhart Henckmann）
汉斯·莱纳·塞普（Hans Rainer Sepp）

编委

尹兆坤　杨小刚　石福祁　晏文玲　周小龙
游淙祺　吴思涵　钟汉川　杨　铮　张　柯
倪梁康　孙周兴　谢利民　谢裕伟　王嘉新
唐　杰　郑辟瑞　黄子明　张任之　王庆节

总　序

　　舍勒在现代欧陆哲学发展史、特别是现象学运动中占有着特殊的地位。在其并不算长的三十年学术生涯中几乎涉猎了现象学、伦理学、宗教哲学、知识社会学、哲学人类学、形而上学、社会批判和政治思想等现代精神科学的各个领域。他是最早有经典著作被译成法语的现象学家，其价值伦理学也被看作自亚里士多德德性伦理学、康德义务伦理学以来伦理学发展的第三阶段，同时，他还曾一度被称作天主教哲学精神的引领者以及知识社会学的先驱和现代哲学人类学的奠基人，等等。可以说，舍勒思想构成了20世纪西方思想运动中的一道绚丽的风景。系统翻译和研究其经典著作，不仅对于更好地把握现象学运动发展，而且对了解现代欧陆哲学发展史，以及对汉语学界的伦理学、知识社会学、哲学人类学等学科建构，特别是对现象学的中国化或汉语现象学（比如心性现象学）的建构和发展，都有着重要的意义。

　　德文版《舍勒全集》由舍勒遗孀玛丽亚·舍勒（Maria Scheler）和弗林斯（Manfred S. Frings）先后主持编辑，至1997年出齐15卷。自1989年开始，舍勒的著作便有了汉译本。此后，在两岸三地学者的共同努力下，舍勒著作的汉译已经有了一定的积累，这些著作也已经极大地推动了汉语学界的舍勒研究。但是，与现已出版的德文《舍勒全集》相比,以及与英语、意大利语、法语、日语等舍勒著作的翻译相比,中文本的翻译出版仍然滞后了很多。

有鉴于此,在2017年度国家社科基金重大项目"《马克斯·舍勒全集》翻译与研究"的支持下,我们拟与"国际舍勒协会"合作,在德文版《舍勒全集》十五卷的基础上,吸收该全集出版二十多年以来国际舍勒研究界的相关成果,全面汇辑新整理出版的文献,形成第16卷,同时结合国际学界最新研究,部分吸纳更为可靠和信实的底本,总计编辑并翻译16卷本的《舍勒全集》。这一全集翻译计划不仅是国际上第一套《舍勒全集》的翻译,而且是一套比德文版全集收集更全、考证更详、更为精确、更为完善的全集版本。希望此套全集的编译出版能为汉语学界的舍勒思想研究、现象学研究提供重要的文献支撑!

张伟

2019年4月24日

目　　录

讲座：普通心理学 [1922 年由同学记录]

心理之物的存在论。心理学的认识论与方法论……………… 13

1. 心理现象与物理现象……………………………………… 13

　　意识…………………………………………………… 18

　　心理之物的范畴学说………………………………… 23

　　层级…………………………………………………… 24

　　归类…………………………………………………… 25

　　总 [？结]…………………………………………… 26

　　[时间]……………………………………………… 28

　　流溢思想与现代自下而上的进化论学说之间的关联…… 37

讲座：19 世纪的哲学 [1920 年由同学记录]

[对哲学史进行概念规定的各异性]……………………… 48

[对上述诸概念规定的批判]……………………………… 50

[欧洲思想在 19 世纪的不连续性。它的先驱和民族交融。
　共同的基本特征。]……………………………………… 53

[德国哲学的] 阶段划分…………………………………… 61

截至 1831 年的德国哲学第一阶段………………………… 65

一、费希特 … 70
- [普遍的性格特征] … 72
- [费希特的]哲学 … 74

二、谢林 … 83
- 生活事迹 … 83
- [普遍的性格特征] … 85
- 谢林的哲学 … 87

三、黑格尔 … 93
- [普遍的性格特征] … 94
- 哲学 … 96
- 体系划分 … 96
- 逻辑学 … 97
- "客观精神"——人类精神生活中的物种理性的形式 … 98
- 道德性 … 99
- 历史哲学 … 99
- 东方世界 … 101
- 批判。卡尔·马克思的出发点 … 101
  - 1. 直观 … 101
  - 2. 表象 … 102

四、施莱尔马赫 … 104
- [关于施莱尔马赫哲学的关键词] … 106
- [关于宗教] … 106
- 与诸宗教相联系的基督教 … 107
- 独白录 … 108

宏大的体系伦理学 …………………………………… 110

五、叔本华 ……………………………………………………… 112

　　人格[的普遍性格特征] ……………………………… 116

　　什么是哲学？ ………………………………………… 119

　　　一、认识论 ………………………………………… 122

　　　二、先天论 ………………………………………… 124

　　　三、形而上学 ……………………………………… 125

　　针对世界意志的[批判性观点] ……………………… 126

　　[对叔本华的批判性观点]二元论的唯意志心理学 … 127

　　艺术 …………………………………………………… 131

　　道德 …………………………………………………… 131

　　同一化。人，动物[未完成。] ……………………… 132

　　[进一步的]批判 ……………………………………… 132

　　内在矛盾 ……………………………………………… 133

　　主观观念论：谬误 …………………………………… 133

六、赫尔巴特 …………………………………………………… 134

　　[普遍性格特征] ……………………………………… 134

　　体系哲学 ……………………………………………… 135

七、弗里茨 ……………………………………………………… 138

英法实证主义运动[孔德、穆勒、斯宾塞]

[法国思想的三条线索] …………………………………… 143

孔德 ………………………………………………………… 146

　　哲学的任务 …………………………………………… 147

社会学	148
三阶段法则	149
批判	152

约翰·斯图亚特·穆勒 ... 155

[约翰·斯图亚特·穆勒哲学的关键词] ... 155
 一、逻辑学 ... 155
 二、关于外部现实性的学说 ... 156
 三、功利主义 ... 157
 四、宗教 ... 157
  [1]一致的方法 ... 157
  2. 区别的方法 ... 157
  3. 剩余方法 ... 157
  4. 剩余 ... 158
  5. 伴随现象 ... 158

赫伯特·斯宾塞 ... 159

第一原则 ... 159
生物学 ... 161
心理学 ... 161
伦理学 ... 161
社会学资料 ... 163
德国实证主义 ... 163

德国哲学的演进

费希纳的泛神论的万物有灵系统 ... 168

鲁道夫·赫尔曼·洛采 172
[普遍的性格特征] 172
他的哲学的科学基础 173
形而上学 176

爱德华·冯·哈特曼 178
自然哲学 179
形而上学和宗教 180

尼采 182
个人特质 182
《重估一切价值》 185

对《全集》的两个补充文本

[1. 总体懊悔(1919-1921)] [对《全集》第5卷(的补充):"懊悔与重生"] 189

[2. 对受苦的外在克服与内在克服:斗争与忍耐(1927年前后)]
[对《全集》第6卷的(补充):"论受苦的意义"] 192

[摘自小型手稿] I

关于因果原理的先天(未注明日期) 201
前世 201
对此一困难的解决 202
整体中的——而非个别的大脑的功能(约1921年) 203
关于对身体与人格的依赖性的评注(1917/18) 205
两个相应的事实 207
精神与身体的依赖性 209

人的宇宙位置与形而-上学位置(1927)·················210
对生死的两种观点(约1915/16)·················211
续写生命价值理论(约1917年)·················212
[人与社会](1926)·················213
基督教(1923/24)·················218

[摘自小型手稿] II

[在"活页"中注有从 B III 30 到 B III 36 标号的标题目录]
（未标明日期）·················220

晚期学说中的格言。关于形而上学和哲学人类学

[关于哲学史](未标明日期)·················247
[人的生成与历史](1923/23)·················248
[受苦的历史与生成着的精神](1925/26)·················249
观念的星空(1927)·················249
死亡的繁殖理论的自明性(1923/24)·················250
哲学体系的括号(1924/25)·················250
关于衰老(1924/25)·················250
上帝(1923/24)·················251
[在上帝中的生成进程](1924/25)·················253
神话(1915)·················254
我的宗教的信条(1921)·················254
教育与自然(1925/26)·················257
[绝对时间](1927/28)·················258

[本质之如何] (1927/28) ·················· 258
[欲求-精神-创造] (1927) ················ 258
[欲求-人-精神] (约1927年) ·············· 259

附　　录

活力价值 (1915/16) ······················· 263
第一部分："生命"作为真正的本质性 ··············· 265
第二部分：生命和价值学说 ······················ 273
 1. 不同于一系列舒适之物和有用之物的活力价值
  （高贵-平庸、幸福-不幸、健康-疾病）·········· 274
 2. 生命价值与有用性（适应）。文明与共同体的兴盛。
  高贵与兴盛。后继定律。··················· 288
  a）有用之物的本质 ······················· 288
  b）生命价值和有用之物 ··················· 299

附　　录

编者后记 ················ 曼弗雷德·S.弗林斯 305
对手稿的评注 ································ 312
编者勘误与补充 ······························ 326
对文本和脚注的注释 ·························· 345
舍勒著作目录全编 ···························· 348
概念索引 ···································· 372
人名索引 ···································· 381

译后记 ······································ 389

讲座：普通心理学

[1922年由同学记录]

普通心理学和哲学生物学为自己设定的三个主要目标是：　11

一、[第一个任务：]它必须给出一种普遍的本质学说和对心理世界的认识理论。

1. "心理现象"的本性。其中包括了：

2. 心理存在([包括]动物、植物、绝对的此在)的幅度与范围。

3. 心理学与自然科学(无机(科学)和生物学)之间的关系；(与)哲学的关系；(与)诸精神科学、诸心理范畴的关系：空间与时间、因果性、数。

4. 对我们称之为"心理"对象进行直观的源泉。[？包括了]自身观察、陌己观察的心理学。

5. 对心理对象进行研究的方法(对陌己的心理之物的认识；实验与实验的边界；测量；对大众心理学中的客观成果的研究)。

6. 心理学的诸学科之间的划分与秩序。

有鉴于当今心理科学的状态，这样的考察是亟待完成的：a)统一性危在旦夕。心理学学科的差异化；b)各个心理学方向的针锋相对：描述心理学、理解心理学、解释心理学、行为和联想心理学(狄尔泰、艾宾浩斯)；c)现代心理学的发展。

二、普通心理学的第二个任务是成为1.心理元素、心理行为、心理能力的，及2.其不可还原的联结形式与协作形式的本质学说与结构学说：在对个别心理"过程"的微观研究背后，对这三种具体基本构型——正是在这些构型中，心理世界才向我们敞开(植物、动物、人）——的认识，仍不应如迄今所见的那样被放弃。

［如果我们这样来提出］问题：心理的规定性也为植物（或许还有无机物）所有吗？如果有，是什么样的规定性呢？如何区分动物心灵与人类心灵？［这些问题］将在这门课中被提出。［还有］关于"自我"及其层级的学说。一种关于人类心灵的恒定建制的学说（其从低到高的力与功效分别是：感觉与感知、表象与回忆、想象、期待）；在此，对于思维与认识进程，人们必须依据其所谓的本质特征来展开研究；必须指明，它们彼此之间是如何层层"建构"、（"奠基"）的；也就是说，为了令其它功能得以运转，这些功能中的哪一些必须当下已经被给予了。只有通过对行为与显像（Erscheinungen）之间的这些具有本质法则性的奠基关系的认识，我们才能理解心灵生活的统一性，也［只有如此］我们才能判断，在关于心灵世界的终极形而上学理论中，我们是将这些功能计入仅仅一个"中心"还是多个"中心"（诸活力中心、精神中心等等）的名下。

同样的研究也必须进一步将情性体验（Gemüterlebnisse）纳入考察：追求、意欲、情感行为与情感状态（爱、恨、激动与热情）。"知性"与"情性"之间的功能关系在此［同样］是值得一问的。（"意志主义"、"理智主义"仅仅是那些极其粗糙的且未经规定的对立见解的名称。）

在讲座的第二部分，我们将处理心灵之现象、力量、关联、协作、统一性构型的基本类型的问题：始终伴随着——因为会不断触及到——对如今关于这些事物所现有的知识的征引和批判。在方法上［有所涉及的是］1. 人的心理之物与精神之物的本质现象学；2. 这样一种理论心理学，它唯有通过联结心理之物的本质现象与对在实验心理学中通过观察所得之物的归纳的普遍化才得以可能。[人们会想到]实验物理学与理论物理学之间的对比。本质现象学在此扮演着数学在理论物理学中所扮演的那种角色。

感觉、感知、回忆、判断的本质是什么呢？如果我想以观察的方式在人的身上研究这些事物的话，[这是]必须得到确立的。同样必须确立的是，所设想的这些"行为"的本质、为此的行为潜能之本质、内容联结与行为协作的本质。只有通过这种方式，一种纯粹实验的经验心理学及其成果才能与这样的哲学问题——它追问着心灵的本质及其与爱的关系，还有其与有机进程的共同作用——之间产生生动而有益的交流。目前，在实验心理学的运作中所缺乏的正是这种关联。而只有相对少数人感觉到了这种缺乏。

至此我们可以说：经验心理学家在上述的特殊学科内收集了大量的事实，并彻底偏离了如下这个问题——对于心灵整体的结构学说及其与神经系统的共同作用而言，这堆事实究竟意味着什么。

经验心理学家们为这种研究方式给出了如下的根由：第一，实验心理学还尚未成熟到能够给出一个结构和一种法则学说；其次，为了能够在不定期的未来展开对"诸较高的结构形式"的研究，心理学必须首先认识最低级的功能（感觉、简单感知[和]神经系统中的个别定位）。

这两种论证——人们今天才开始有所洞见——都犯了根本的错误。让我们想想现代物理学的起源：伽利略、达芬奇、乌巴尔迪、惠更斯、牛顿。他们那时难道只是从单纯的事实收集开始吗？显然不是。他们是从得到了实验支持的对"原则"等（惯性法则）的"洞观"（马赫）开始的。在物理学中，数学在自然进程上所扮演的角色，在此应当为对心理之物及其基本范畴的现象学本质研究所担当（胡塞尔：哲学作为严格的科学），赫尔巴特、费希纳。但是这条路［过去恰恰］是走不通的，［因为］心理学的伽利略还未出现。一堆事实并不是科学。

第二种论证错得同样离谱：心灵的一切功能——不论低级的还是高级的——都始终应当同时得到研究，并且采用与其本质特性相称的方法。将较高的功能回溯到与较低功能的"关联"之上，这不过是如今已经被放弃了的感觉论的错误观点，例如将感知回溯到感觉之复合之上、将回忆回溯到对有所衰减的感性内容的再现与联想之上、将思维回溯到图像序列之上、将精神的情性行为回溯到感性的感受感觉之上，——这些都是由这一前见所导致的。但感性论的心理学在今天受到了精准地反驳。未经还原的质性。如果因为物理学和化学尚未首先被"完成"，人们就不允许开展有机物的生物学、形态学、发生机理学、生理学，那人们还有什么可说呢？即使是形而上学的"机械论者"也不能这样说。

此外：较低级的功能肯定是更易为实验的方法所达及的。但是实验［的含义］［在此］是在双重意义上被使用的。1. 对世界进行系统观察的实验心理学（阿赫）如今也致力于对较高级功能的研究（思维心理学、意志心理学）。2. 方法以事实为导向，而不是相反。

一切心理学的历史都显示出，人们以经验的方式所得之物最终都有赖于整个心灵的格式塔图示（Gestaltbild），这一图示处处都是主导性的。哲学心理学与经验心理学始终都必定是相伴而生的。

这也适用于所谓的定位问题以及与之密切相关的身心关系学说。在病理学家库珀斯关于"神经系统的基本绘图与心理之物的定位"的不容忽视的工作中,[人们可以看到这一判断],据此,只有对心灵及其建构的整体性结构(或者说它的活动,即作为较低和较高的功能)与神经系统在不同发展层级之上的整体性结构进行对比才有未来,而非对中止显像与神经系统的个别故障进行对比。总体状态:睡眠①、清醒。并非独独通过对心灵关系与神经关系的个别观察,而是通过对心灵和神经系统之分环勾连的统一性进行对比,我们才能走的更远。在这些问题上,哲学在很大程度上表现得几乎和经验心理学一样混淆是非。其关于所谓身心关系的全然思辨的必然学说和假设(对其的考察会构成这门讲座课的第三部分)往往是这样被创立的②,既不曾征引关于心灵存在与发生的现象学本质学说与结构学说,也未建立与经验心理学和实验[?]心理学的联络。[在此令人疑虑的是]1.传统学说(亚里士多德、相互作用、平行论)之主导性的来源,2.[人们应当着手解决的]并非是那种要求关于意识过程之实在基底的学说的现象学和经验心理学的提问,而是[这个问题],即哪些假设恰恰还允许某种普遍的"原则"(能量守恒定律)。

诸事实所要求的[既不]是不充分的逻辑析取,例如"心灵和身体",[也]不是多少个中心;抑或相互作用、"平行论"?这些质料过程与心灵的-精神的行为和事件之间的依赖关系,当它们首先只是纯粹功能性地被研究,然后才得到因果的解释的时候,与其在传统立场之下被看待的时候,有可能是截然不同的。

---

① 参见,《全集》第2卷,第434页。——编者注
② 第三部分发表于《全集》第12卷中,第121-132页。见于本卷的编者后记。——编者注

例如，柏格森、科勒、哈特曼和杜里舒找到了一些解决方案，它们无法以任何方式被归类于这个传统哲学的学院派立场之下。我将要尝试给出的解决方案也与之相距甚远，如相互作用、亚里士多德主义的经院哲学方案和任意类型的平行论。因此，这里就关乎于，要能够先忘记传统的立场，并且或许敢于进行为诸事实所要求的新的概念构造。一切心理事件和精神事件对于身体状态都有一种功能性的依赖，但是如下这种前见应当从一开始就予以放弃，即一切心灵的和精神的行为类型——作为心理的意识体验之基础——都必须以同一种方式直接地依赖于质料的事件和生理过程。或许，对其中的一个形态学上的单位组与关联组具有直接的依赖性（单义的平行论），而其它的则并非直接、而仅仅是间接地（有所依赖），例如精神［意志的］行为通过其活力-心理的引发条件才能被促成，这些条件自身在生理学上又是单义地具有依赖性的；又或许，在从儿童到老年的发展的各不同阶段内，这些依赖关系［重又］是各异的。（不依赖于生物学的条件。单义的和多义的依赖关系，因果依赖关系。）

三、形而上学问题分解为对人类心灵和人类精神的本质、实在性类型（实体、行为）及其与1. 无机世界及其合法则性，2. 有机生命及其演化层级和合法则性（正如我们在生命科学中从外部进行研究的有机生命）之间双方面的关联的追问。3.［还有对］其个体化的方式及其与社会和历史中的人类心灵之间的实在关联的追问，4.［还有对］其与世界根据和神性之间的关联方式的追问。它们共同构成了哲学心理学的本真的形而上学部分（创造论、泛神论等等）。在此，除了可能的假设，理性哲学便无法提供出旁的东西了。

（信仰问题或者宗教哲学的问题在此也不会得到研究。参见，"论人之中的永恒"）①。

不言而喻的是，对这些问题的回答方式对于意志自由、责任和死后的永生（或者说前世（Präexistenz）②）这些形而上学问题也同样具有决定性的意义。我们会在这门讲座课的第三部分来处理它们。③ 在此我认为最有价值的是处理的方式；这比我要提供出的结论还要更具价值，这些结论势必是有待补充的、未完成的，或许甚至是有错漏的。

关于处理的方式，——我宁愿以这一程序的论述作为第一部分的开头——还需解释几句。没有所谓的"纯粹的和理性的心灵学说"，除此之外[也]没有一种经验心理学（沃尔夫及康德与他的斗争）。关于形而上学问题，若没有了一切直观和经验，"纯粹理性"什么都无法告诉我们，关于心灵的本质及其命运也同样。不存在一种"源自纯粹先天概念的科学"（康德对形而上学的定义）。在这一点上康德是对的。但当他驳斥形而上学、也驳斥心灵形而上学的时候，还是犯了错。因为不存在作为对绝对实在者的认识的形而上学（区别于一切对人类机制而言具有此在相对性的实在之物，而一般地关乎于作为人的心理意识显像之基础的实在此在。它拥有两个不同的知识来源：

a) 建基于本质直观之上的先天结构学说，它关乎于心灵-精神

---

① 参见，《全集》第 5 卷，第 12-64 页。——编者注

② 对于"前世（Präexistenz）"，见于本卷第 151 页。——编者注 [译按：凡见本卷页码，均指原书页码，即本书的页边码]

③ 见于，第 7 页注释 ②。——编者注

世界及其中心的本质建构，及其与本质-统一体"身体"之间的、可见的并被体验到的关系。它作为同一个（学说）是以两种方式被直观地给予我们的：通过作为质料的身体的外部的看，通过作为"心灵身体"或"身体心灵"的内部的看。这种本质学说并不（在这种意义上）是"先天的"，就仿佛它是一种先于且不依赖于一切经验与直观的知识那般。这样一种知识是不存在的，存在的只有（这样的本质学说），在它不依赖于对此类事实——它是发生在人和动物身上的、偶然的、此时-此地的实在的事实——的观察，也不依赖于以归纳方式所进行的普遍化的意义上（不依赖于经验数量的持续增长）；b) 经验-归纳的心理学和生理心理学。第一种知识源泉根本没有给予我们实在的知识。它教给我们的只是去了解所谓的本质关联和如在关联（Soseinzusammenhänge），但却是以明见-洞察式的方法。第二种虽然自为地给出了实在的知识，但从未（给出）形而上学的实在的知识。只有两种知识结果的联结才能带领我们打破偶然的实在经验与此在无涉的对本质和本质关联的视见的局限，而通往可能的、假设的、绝对的此在认识。这——我的形而上学方法——就要求在上述的形而上学问题之中关于心灵的哲学和经验科学进行最紧密的联合。[由此看来，下述几点都理应被否弃：]

1. 一种纯粹理性主义的构造的形而上学——它不具备在本质直觉和归纳经验之中的双重基础——将遭到我们在原则上的否弃。

2. 同样会为我们所否弃的是一种纯粹直觉的心灵形而上学，如柏格森致力于论证的那种形而上学（参见，形而上学导引）。①

---

① 参见，《全集》第11卷，第一部分，A篇。——编者注

3. 此外，我们也将同样否弃一种所谓纯粹归纳的形而上学（屈尔佩、哈特曼、费希纳等等）。显而易见：纯粹归纳的心理学和生理心理学向来无法在最理想的完满性中为我们提供一种关于心理学之哲学-形而上学问题的单义的终极判断（参见，闵斯特伯格的证明：《心理学的基本特征》）。万不得已时，所观察到的事实都要用几乎全然是形而上学的立场去解释，而这些立场已然存在于这些问题中了。

4. 但我们同样要否弃的是这个在一些自然认识论者之间广泛传播的命题，在身心关系的问题上，这一命题完全不考虑存在论的此在问题和因果问题，而仅仅关心对涉及各种不同显像的诸科学在方法上进行分工的问题（如冯特、马赫、阿芬那留斯、闵斯特伯格、纳托尔普、李凯尔特等等）。这种"视点学说"（Gesichtspunktlehre）我们在接下来的几堂课中就已经能够予以回绝（康德：谬误推理）。我们称之为"心理的"东西，不仅仅是对在生理心理学上源初无差别的"诸现象"之间的一种特定分类——譬如身体现象和主体现象——，而且它也是一个独一无二的且以独一无二地被赋形的诸意识事实的世界。自我相干性（Ichbezogenheit）。并且，考察与经验的方法也将视这些事实的特性而定——而非令事实视那此前就被［？以认识论的方式／？已经得到认识的］演绎出来的方法而定。（方法论主义；康德：谬误推理）。

令［还原的经验事实］与形而上学问题相调和是理论心理学的任务，它能够超出观察质料，给出专属心理的，亦即自我相干的意识体验（体验整体性）的法则与联结形式，还能给出一种实在的解释，它将这些体验解释为心理的实在发生。心理学是实在科学。只有通过将此种理论心理学与先天本质考察——它针对的是自我相干的意识体验——相关联,形而上学问题才会在原则上是有单义的解法的。

最后,在这种对质料问题的研究中,还有一个最终的亟待填充之物。自洛采以来大多数关于身心(平行作用和相互作用)的现代形而上学学说都是建基于这种不言自明的前提之上的,即1.对无机自然的机械的-汇总的解释,其有效性是毋庸置疑的,2.对神经系统中的一切过程的解释,都未曾参考超机械因素——它们同时规定了有机物的形式变化和行动,以及生命过程的节律——而纯粹仅以化学-物理学的方式得以进行(生物学的机制;"核心假设",参见克里斯:"意识显像的质料基础")。这两个前提在今天都是非常成问题的(参见科勒:"无扰状态和静止状态下的心理格式塔";杜里舒:"有机体的哲学";贝歇尔:"大脑与心灵")。借此每种为心理世界设定了此类前提的形而上学假设都是不科学的,就像所有那些做出了此种预设的学说一样:心灵事件仅只能以联想心理学(接触联想①)的方式得到解释,并且都要回溯到感觉的衍生品上去。形而上学的提问因此要求与普遍生物学的哲学基本问题之间有一种内在而深入的关联——心理之物属于生命进程一类。

这门讲座课的问题和基调至此就得到了大致的廓清。

---

① 对于"接触联想",参见,《全集》第2卷的内容索引。——编者注

心理之物的存在论
心理学的认识论与方法论

1. 心理现象与物理现象

为了完成我们的第一个任务——统一地划定心理学的对象，亦即所谓"心理事实"的区域（及其被给予存在的方式），我们要选择一种讨论方式，它能够同时与进行此种划界的历史上的和当今的诸种典型尝试之间展开批判性的论争。

选择这条道路已经是势在必行的了，因为一切心理学及至今日还处在某种流传下来的、但绝非不言自明的基本表象和基本概念之中；它们部分地已经和欧洲文明一样古老了。恰恰是为了摆脱它们的主宰，为了擦亮双眼来面对现实，人们必须对此有所认识。

"心灵/灵魂"、"心灵/灵魂之物".[①] 的第一个理性范畴——对于迄今为止的整个心理学都是根本性的——在古典希腊哲学中就已

[①] "灵魂"与"心灵"在原文中皆为 Seele，无论是在柏拉图还是亚里士多德语境下，一方面因为"灵魂"这一译法通行已久，另一方面则因为"心灵"一词在其今日的用法中，其外延无法覆盖当是时哲学家所希求表达的含义，故在此凡涉及古希腊哲学处皆选择译为"灵魂"，而非"心灵"。——译注

被铸就。这个过程是这样的，三个原本各异的基本观点以一种引人注目且难分难解的方式在彼此之间产生了关联。

1. 一种力或形式的观念，将生物一般（不仅仅是人，也包括植物、动物）与无机物分别开来。"心理的"几乎就意味着生命力。在此还完全谈不上一种"从意识出发"。"心理的"这个词在这种意义上无异于一种自然哲学的和形而上学的假设，它让我们得以对如自身运动、生命物的形式变化、生长等显像能够有所把握。在这种意义上亚里士多德还定义了："灵魂是一个有机身体的第一隐德莱希（＝形式力量）。"相应地，他将心理学记入物理学的名下，心理学在本质上与生物学融为一炉。

2. 第二个观念——与上述观念有着根本的和本质的不同——是一种自主的实体性之物的观念，它源自另一个非质料的世界，唯独在人之中短暂驻留，为了在人死后重新离开。这是动物和植物所不具有的。第一个观念可以说是希腊土生土长而来，而第二个之中则势必有了亚洲因素的输入。这种表象是宗教的起源，而非哲学的起源。它在例如柏拉图和毕达哥拉斯学派那里都可以直接地被看到，并往往与第一个观念之间形成重重矛盾。这些矛盾——（例如在毕达哥拉斯学派那里表现为：身心和谐与灵魂转世），在柏拉图那里则是（植物-动物-人之灵魂的不死性与唯有人的灵魂作为中转站（logistikton））——从各种不同的文化区间出发得到了解释。狄奥尼索斯崇拜、哲学家的旅行都向我们解释了这种传播。柏拉图的"洞穴喻"和前世说（Präexistenzlehre）应当如此去把握。

3. 第三个观念——这个观念给予了古典理性主义的心灵学说以灵感并同化了它——重又有着纯粹古典的来源。它有着各种不同的名称，逻各斯(λόγος)、努斯(νοῦς)，并且罗马人冠之以理智(ratio)、秩序(ordo)之名，随后时而被翻译为"精神"(Geist)，时而被翻译为"理性"(Vernunft)。[人们会想到]赫拉克利特、阿那克萨戈拉、柏拉图的λογιστικόν、亚里士多德的νοῦς ποιητικός。

4. 这一观念源初地并不像第一个观念那样仅仅用以标示在生命体之上所找到的东西，但也同样不像第二个观念那样被用来标示仅仅属人的对象。逻各斯所意味的不如说首先仅仅是宇宙之有意义且合法则的秩序一般，而努斯，亦即精神（例如在阿那克萨戈拉那里）则意味着对此进行设定的力。当且仅当塑造宇宙的力同样在人的"灵魂"(psyche)（在第一重意义上）中运作时，它才也叫作"理性"（中转站、努斯、人是区别于动物的）。

现在，一切古典心理学、教父心理学、经院心理学都代表着这样一种尝试，即令这三条[基本线索]——（它对应着）据其本质、出发点并且部分地也根据其历史来源而根本不同的诸观念——不再局限于一种超质料且非质料的此在一般，而是以一种有意义的、符合经验事实的方式彼此联结起来。这种联结最伟大的实现是由亚里士多德在他关于灵魂的三本书中所完成的。

除了这三个思辨的观念——它们已经预示了一切科学的和心理学的尝试，还有那自经院哲学以来才逐渐构建起来的经验心灵学说——它建基于对自身所体验之物、人学、历史、人种学、生命经验、教育学的和政治经验的分析之上——它与这些观念相关联构成了一个统一的所谓"心理学"。那么，我们就有了1. 一条自然哲学的定理，2. 灵魂目的论，3. 一种关于质料和形式力量（逻各斯）的形而上学的世界假说，4. 一种经验的心灵学说，它们起初是彼此独立地诞生的，接着共同组成了人们后来称之为"心理学"的统一学科。

第一幅欧洲心灵图示的生成经过无论如何都不是一个出奇清晰而美好的故事！何以从这些有着如此根本不同的意义、源自根本不同的区间的观念中却能产生出一门统一的科学呢？但这段过往［恰恰］令那直至今日还甚嚣尘上的乱象——心理学是什么以及它要研究的是什么——变得可以理解了。只有通过向着被体验之物、向着这每一个方向上的元现象的严格回返，从而全面摆脱这些被强加于我们的观念，才能保证最终的、实质性的胜利：学着在摈弃此前被给予的传统概念的情况下在事实的特质中去观看它——不戴"眼镜"——在一组一组的事实中去找寻诸科学的特性：这才是关键！"心理学"是关于心灵的科学，也是属于心灵之物。但是这个定义纯粹是形而上学的，并且作出了一个心灵假设，这一假设已经提前构成了（一门心理学的）终点了。所以：［保持］实事求是，勿多预判。

不过我们还是首先来看看后来的几种典型的划界方式。

亚里士多德通过将这三种观念与经验的灵魂学说相关联，而［就四种取向］创制了心理学的第一个伟大的科学系统：1. 将逻各斯、努斯设定为形式＝概念之［？对象］。纯质料；纯形式。灵魂也仅仅是诸形式中的一种。2. 剔除亚洲的灵魂实体学说，不过是以这种方式，即"理智"νοῦς ποιητικός 将从神的努斯出发 θύραθεν 而直抵人心。3. 分级方法：植物灵魂、动物灵魂、人类灵魂、神性。4. 对感知、回忆、思维、意愿的经验研究（《尼各马可伦理学》）。唯有"纯思维"源初地是非质料的。

［如下是手稿中的一些关于亚里士多德的关键词：］

亚里士多德：形式塑造、生长、摄取营养、运动、感觉、感知、回忆、思维都是"灵魂"=ψυχή-Psyche 的成就。具有代表性的是，将第一种并未被给予意识的活动与第二种被给予了意识的活动相并置。但是被给予了意识的活动对于亚里士多德来说也没有消散在对它们的意识之中。

灵魂的进化理论和层级理论。1. 无时间的动态进化层级，2. 并非渐进式的，而是跳跃式的。有别于当代自然科学的实证的进化概念，例如达尔文和斯宾塞的(进化概念)。层级理论的意义。

1. ψυχή θρεπτική= 动物的植物性(anima vegetativa)= 塑造形式的、摄取营养的灵魂。

2. ψυχή αισθητική 与动物的敏感性，自发运动(anima sensitiva, locomot)［？］。

3. ψυχή=νοῦς= 动物的理智。νοῦς ποιητικός 是纯粹的理论-思维。

意愿的地位。作为观看者的知性，它在感知和想象之中看出了本质和最高的诸基本原则(1311 年的维埃纳宗教会议：托马斯的学说：动物理智(anima rationalis)与人的身体形制(forma)是一个实体)。

笛卡尔：对 1. 和 2. 的抹除。我在 = "对……的意识"(cogitatio="Bewußtsein-von")。它[①]的本质就是思维，并且它始终在思维。活力过程要被机械地解释。1. 形式是由心灵产生出来的。2. 法则。生命是被同感的。诸种欺罔。

---

① 心灵/灵魂。——译注

我 在 = 意［向］（Cogitatio=Int［tentio］）。［？］回忆、［？］感觉、感知。［关键词结束。］

意识

1.［我们］可以在言辞上主观地［进行考虑］。意识是"对某物的知"，它是在反思中被体验到的。在此被意识到的内容，其自身既不是心理现象，也不是物理现象。这两种现象是通过寓于其内的不同的方向相干性而被分别开来的。一切现象，只要在其中显示出一种以彼此外在为形式的对象性，那么它们就是物理的。而那些在其中直接地显示出一个活力中心（它不属于这种杂多［，而是属于彼此内在的（中心）］）的现象，则是心理的。这种意识显像在自在并如其所是的意义上不是心理的，也不是物理的。知识与知识的［？］亦如是（笛卡尔的错误）。因为它代表着一种知识，或者说知识内容，（这些内容）作为特定的（依据相对性等级而具有不同程度实在性的[①]）实在对象一般的显现，如其所是地并不据有实在性与因果关系。在知识中，所包含的只有如在（而非此在）。[②] "对"心理之物的意识恰恰是对一种特殊质料对象的意识。被意识到的存在（Bewußt*sein*）作为"存在"（如在），就像作为对始终同一之物的"拥有"——不论它涉及外部的还是内部的现象。意识无法如此这般地从心理之物中被推导出来，而只能以一种特殊的心理进化等级而被附着在心理之物之上。知识的主体从不以对象的方式被给予。

---

① 参见，对于"对象的相对性层级"《全集》第 10 卷，第 402-410 页，以及《全集》第 9 卷，第 196 页及以下。——编者注

② 参见《全集》第 9 卷，第 111 页及以下。——编者注

2. 在"对……的意识"中作为"心理的"被给予的对象，是一种生命的中心，或者说有机体自身的生命。心理之物的上层概念因此就是"生命"，只要生命不是在外部身体上以符号化的方式被感知到的，而是以另一种方式被"得知"的，人们就可以形象地称这种方式为"从内部"出发，或者就像只有属于一个有机体的知识主体才能"拥有"和"观看"它一样。（精神是"对……的知识"）。

[接着是手稿中关于"意识"的关键词式注解：]

3. [原文如此]当笛卡尔将心理之物与指向对象的意识等同起来的时候，他就错失了一切。a) 存在自身之中不包含任何意向和行为的心理之物：感觉状态、本能冲动、感受、"表象"作为心理层面的发生。b) 存在并不指向一个生命中心的意识显像（色彩、压力、一切外部的感觉内容），其中心理之物的如在能够得到直接的领悟，而不 [是] 再造。感性生理学需要解释在色彩显像出现时那为机体所决定的交换作用。这与心理学无关，就如同与 [颜色物理学] 无关一样。笛卡尔假定，自然是出自心理显像 = 意识显像的再造，或者说意识显像借由对一个心灵的刺激作用才能得到解释，这个心灵自身理应就是意识（而不是具有意识）。自然作为刺激。这是 a) 一个循环；b)（也是一个）错误，且将感性生理学引入歧途。欺罔学说；c) 实事的被给予性将成为一种特殊的实事（形容词性的意识概念）；d) 显像学说（描述的和存在的（ontisch））是对这个问题的回答：一切存在者是如何在意识中被给予的？

4. 对意识概念最不合理的用法是盖格尔称之为"形容词性的"那一种。人们所认为的"意识"概念之对象，是所谓的体验的一种共同的质料特质——而且人们还乐于谈论"意识体验"。但现在，

"被意识到的"这样一个特征却无迹可寻。这种[？受到指责的]表达制造了这样一种假象，即体验自身是由质料构成的，这种质料人们可以称之为被意识到的存在；它也就不仅在知、反思的知的行为之前完全相即（或不相即）或部分相即（或不相即）地"显现"，而且可以说完全是由一种材料——"意识"所构成的。诚然人们可以以比喻的方式谈论"体验的被意识状态"，只要人们想要标示的是体验那有别于其自身的、在反思的知之前的显像。

5. 同样需要坚决予以拒斥的是等级（Kasten）表象和空间表象（赫尔巴特），或者说意识流之表象（冯特）。（在意识"之中"、"意识内容"。）"对……的意识"仅仅是行为、意向。这种表象进一步导致了在知觉区域和统觉区域之间的划分（例如意识范围、注意力范围）。始终只有在消极的意义上和对象的意义上。但是这种所谓的知觉区域是不存在的。（科勒等人。）"流"或许是心理的意识流——但不是对它的知识：对它的意识。一如既往的凝视之眼，自始至终的同一之知。

6. 体验与对体验的意识之间的关系：如果它们截然分离[抑或]二者是同一的，要如何思考这种关系？

a）因果联结（哈特曼、[？早期]利普斯、杜里舒）。

自我只是对活力中心的意识——在形式和质料上都是对其自身的（意识）。

b）内推法，因为意识显像不具有因果性和连续性。每种唯意识心理学都会走向泛现象主义（Epiphänomenalismus）。

c）在理想状态下可能的如在同一性和此在差异性。被意识到的-存在是理想存在。

d）始终都根本不可或缺的伴随（睡眠）。意识的层级。心理的此在区域和心理的外部世界区域一样都是完全不依赖于意识的。

7. 一项体验被意识-到的"程度"，也就是由体验所给予的如在充盈的"程度"。被意识状态的层级。

a）超意识之物。实行：精神作为意向活动学（Noetik）的对象，作为凝聚和理解的对象。

b）被意识到的心灵之物（活力心灵）。

c）潜意识之物——上意识之物（Oberbewusstes）。

d）所谓的无意识-心灵之物：＝再造的心灵之物。

补充 a）超意识之物全部都是纯行为类的，并且是意向地被指向的。它在本质上是不可被客体化的。如果我们将其称之为"精神"，那么：精神仅仅在其实时的或者可能的"实行"中实存。它是人们因其才有所"知"，而它自身是不可知的东西，因为它只可实行。意向活动学与心理学是不同的。唯有在实行中才有可能从感性相关项中生成一个精神的理论图示。

［补充 b）和补充 c）并未有所述及，或者缺少相关手稿书页。］

补充 d）潜意识之物是一切令当下被意识到的东西有所变动、令体验有所调整的东西——并不会作为经过分拣的体验而被给予。心灵整体始终是一个生成着的、不断丰富自身的整体——其杂多不具有客观的时间间隔。它的过去对其而言作为区域和内含是内在的；它的未来是［－］根据区域［－］而被给予它的，并根据内容的可能性而在其内部预先形成。它不是在时间和空间之中"彼此外在的"。此在-绵延对它而言是本质性的，而且是作为整体的延续，但（伴随着）其如在的持续更迭。相继意识仅仅是对诸质性状态之间的过渡的意识，这些质性状态是彼此内在的。

* * *

经验心理学和经验的自然科学都预设了——正如其对象据其此在就预设了一种精神主体之复多性的此在——对陌己精神主体的知识和陌己精神主体的生存与本质。

显然，在一切关乎"心理上的实在之物"的经验心理学之中都可以说，这种实在之物在意识中的呈现与其自身是不相即的。它包括了例如过去的心理过程、在潜意识层面上的心灵实在物、在无意识层面上的心灵实在物——还有陌己心灵的实在之物。如果没有同一的对象，就没有我们共同所从事的科学。经验心理学因此就只能指出，对他者的确信是如何在实在的个体中被构建出来的；但是它的实存和关于它的知识在此早就已经被预设了。

心理上的实在之物那相即且绝对的被给予性因此就是与对"内感官"之多样性的搁置相挂钩的，其中"内感官"为在挑选关于心理之物的意识（而不是心理之物自身）时身体的制约性。心理之物自身仅仅是有机体中的那些在活力层面-被规定的过程的平行相关项。但身体对于心理之物之被给予性的制约性会通过令身体完全进入意识（和意愿）而得到克服。

正如物理学给出事物的一个图示，这个图示可以被翻译为一切感觉器官的语言，实在心理学也给出心理之物的一个图示，这个图示不再依赖于内感官的变异。即使如此，这种心理的实在之物对于生命和"身体"一般还是此在相对的。因此 1. 通过自身观察而获得的自然的心理学知识；2. 理论心理学［1 和 2 都属于］关于心理之物的现象学。3. 心理学的形而上学：元-心理学。

在元-心理学的区域，各种不同的实体性的心理中心之间的区别作废了：只有世界心灵的诸方向还持存。

精神和人格不是经验心理学的对象，而只能是意·向·活·动·学·（Noetik）和元-意·向·活·动·学·（Meta-Noetik）（的对象）。在此共同-实行是唯一的"参与"，但它不能再被称之为"知识"。人格与一切精神之物也都是无法被自发地认识的。自由的传诉，自身敞开。"信仰"是预设。

［在笔记中的这个位置尚缺部分手稿］

心理之物的范畴学说

1. 此在的范畴和形式。它们是对象和对象之此在种类的本质特征。诸范畴包括：整体-部分、实体-属性和偶性、因果性和目的论关系、个体、关系、数、量、空间和时间或者说彼此外在，量［原文如此］-质（尚无定论的是，这是否是普遍的此在范畴）。

2. 心理杂多的范畴学说（参见柏格森、闵斯特伯格）。实在之物取决于现象（参见舍勒：《形式主义》，第 432 页［＝第五和第六版的 413 页］；自身欺罔①）。

3. 心理之物的关系及其之于空间和时间的基底。类型学。普遍学说：a）心理杂多及其基底是非空间性的；b）相反［？ 源初地］就是时间性的。［五个］问题：

---

① 对于自身欺罔，见于，《全集》第 3 卷，第 213-292 页。——编者注

1. 关于空间之物，外部直观直接地给出了什么？

2. 基于这种"被给予之物"，下述几点会是如何

a）自然世界观的空间

b）科学中的物理学空间

c）地理空间的概念

d）空间的形而上学？

3. 空间之物被给予内部直观了吗？它关乎于生命中心和非其莫属的[？作为对象的]心理之物的内部杂多。自我-层级和属于自我的体验。

4. 意向行为和人格，它们与空间杂多之间的关系是均质的还是异类的？

5. 就对个体的外部直观而言，空间定向是如何产生的，尤其是在一个已经被预设为客观此在的空间之中的身体定位？个别感官分别为此[贡献]出了什么？（空间感官的生理学）。

层级

我们目前已经有了如下的层级相干性：

1. 诸物理显像之间的单纯的彼此后继，这些显像借助于因果律获得了一种特定的合法则的秩序（士兵行军）。有一种时间。a）只有一种绵延的生物能拥有历史，b）它[只能]掌握超时间的历史。不同的时间是彼此后继的，而非同时的。（空间作为动态地被把捉到的广-延和运动的可能性，只是这一生成之流的一个个被设想出来的横截面。实在的绝对同时性是不存在的。）

2. 同时之物，但却作为质的心灵体验杂多之整体，这种体验杂

多是纯粹绵延着而彼此内在的。其实在的整体或者"多之统一的心灵"生长着、绵延着——但始终带有新的内含：它以这种方式而变异（Anderswerden），即如在的每个阶段都作为已得到而持留并继续发挥着作用。因果律只是具体的——并无法则。

3. 超越于时间的主体作为"对……的意识"——在每个人之中都有一个个体本质，它如其所是地直接参与着神性的永恒性。自由。切割时间绵延的行为。

4. 人格的本质在其发展中揭示自身，也就是说，揭示其无时间的如在。

5. 在 1 和 2 之间还存在着诸身心杂多，它们一方面服从于外部的纯粹相继性，另一方面也服从于内部的纯粹绵延。它们呈现出一种彼此外在的状态，但并无确定的秩序。（［？］）体验在一切有节奏的生命进程中相继而至，呼吸、睡眠、起身、工作、进食、劳累、睡眠［原文如此］。我们为何将经验的体验归序于客观时间之中？

归类

为了处理就其自身而言非相继的心理现象之杂多，亦即诸自我相干的现象，有两种可能的归类方式。

1. 以器官感觉为准，诸心理现象与这些器官感觉是同时的（流逝的器官感觉，如——时钟）［原文如此］。

2. 以我们身体的客观状态为准，这些状态符合感觉，或者说符合神经进程，它是心理现象的单义的此在条件。

3. 我们对本己生命的内部意识能够掌握对我们实在的自我规定性之各种不同的充盈（递减或递增的充盈）：

```
           自我
        /  |  \
       /   |   \
      /    |    \
    过去   现在   未来
```

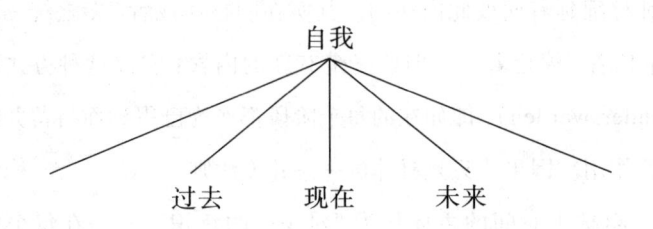

它可以自行延展和收缩。但是这个进程是纯粹动态的。在此相继出现的不是对某物的意识及其杂多。不如说它在继续绵延。只有现象在变换着，时而显现出这个，时而显现出那个，时而显现出前意识的一大块充盈。实在自我或者心灵＝生命中心是一种生成，但是是以这种方式，即每个生成阶段都在自我的存在中不断被扬弃但又持续有效——（每个阶段）都在其中动态地继续绵延并发挥作用。一切为我所体验之物事实上都包含在我的实在自我之中。没有一个体验是在客观时间中位于另一个体验"之后"的；而是一切都在自我之中彼此渗透。只有整体绵延着——凭借其中存在的力量。

总 [？ 结]

1. 彼此后继。

2. 这种涉及一个在现在点上的生命中心的意识杂多与另一个（这样的杂多）之间的关系从来都不是相继的；它的杂多是那种具有纯粹质的 [？ 不可测量的] 充盈的杂多，这种充盈可以在整个生命中心及其杂多一般的绵延中增加或减少——在充盈内含上的"变更"。但实在的心灵在其连续不断的内含变异中"绵延着"。只有这个整体在绵延，而它的所有部分都在变化。

在一个瞬间＝行为，心灵——自在地——能够无视其生命那或长或短的绵延；例如听一曲奏鸣曲；旋律的统一性、节奏的统一性——曲目之整体。力量决定了绵延。

3. 对心灵及其意识杂多来说，体验的相继始终只是当下-过去-未来意识的部分内容；始终在某一意识内容中作为其部分内容而是当下的。如果心灵的杂多是一条在客观时间中的体验流，那么它就无法拥有对其绵延的一种意识和知识，也无法拥有一种关于相继性的意识。"对……的意识"的行为——体验的相继性在其中被给予，不是客观时间延伸出来的部分，而是在切割客观时间。（回忆是对时间的克服，这种克服是无时间的。在如在方面的扬弃，但它们①据其此在是持留于客观时间之中的。）

对于外部直观的事实而言，绵延则相反地只是极限概念，亦即相对较慢的相继性。霍布斯。如果万物无所改变，就没有时间。

4. 体验行为愈是深刻-贴近中心，它就绵延地愈久——与较外围的（行为）相反；例如感受。外部相干的时间秩序与内部相干的时间秩序：并非以彼此后继、而是以意义内含为形式基础。诸阶段的重合。

5. 与这些问题相关的是时间感的生理学和意识内容在客观时间上的归序的发展：

a）向来相继的外部现象之归序如何发展成为能够在客观时间中被测量的实在叙事？

b）非相继的质的杂多之归序如何发展成那已然具有时间性的

---

① 对……的意识的行为。——译注

意识内容和器官感觉及其客观的身体相关项那已然具有时间性的变换。

* * *

感官刺激的客观序列［？和无时间的自我］。仅相距千分之四十五秒而相继出现的闪电都还被认为［是］两个分离的现象。触觉，27［？s］；听觉16［？或者］二。由此只会引出［这个问题］：为了使一个新的感觉成为可能，一个被给予的刺激必须要历时多久才消退？［这与］时间充实和绵延无关。

［时间］

时间间隔之比较。比较总［是］只有通过意识内容的相对更大或更小的充盈或者强度（注意力的紧张）才有可能。有节奏的诸身体过程对主观时间划分的意义；呼吸运动、渴睡性、行走、饥饿、口渴、期待的紧张与松弛。

1. 客观上对小时间的过分看重和对大时间的过分看轻。1-2差不多是正确的。（相合。）

2. 充盈和有价性愈多，时间绵延在体验期间就显得愈短，"玩乐"（儿童）：在回忆中就显得愈长。内容之吸引力的强度。充盈少＝无聊。

3. 在紧张地期待某物时，流逝的时间显得无与伦比的长，"无聊"。梦：一小段时间［可能］穿越千年。表象的急速接续。

4. 时间推移。调整注意力聚焦于一个或两个信号之上，例如：

在望远镜的十字线的哪一个位置会有被十字对准的星星?

在注意力中,对有所期待的刺激的注意力是优先的。如果人们在这个刺激出现之前,在注意力转向另一个刺激时就经验到了一个刺激体验,那么就在消极的意义上[存在着]一次时间推移,而在这个刺激出现之后,则会(出现)一次积极的时间推移。

在两个客观上相等的刺激时长之间的间隙要比在强烈刺激的情况下更短。在对一个序列环节的重拍进行强化的情况下,在被强化的刺激(出现)之前和之后间歇都会更长。注意力之紧张(弱刺激)愈强烈,(时间)就愈长,因为在这种紧张之下时间会被测量。

任意外部进程或器官进程愈是有节奏,愈是固定,且节奏保持不变,客观时间就愈长,它在一个行为中的内含可以忽略不计。当一个为某种不变的节奏而预备的刺激缺席之时,表面上的时间——直到最终刺激——会显著延长。

5. 衰老。① 客观上相等的时间段在日益变短。a)越来越少的生命充盈,b)越来越生活在过去。当下变得更短,过去[？的充盈]变得更多,未来的紧张变得更少。衰老与决定论。大众心理学。

6. 年轻的文化与苍老的文化(回望、前瞻、当下)。

7. 希腊人——当下,埃及[人]——过去。犹太人——预言,弥赛亚主义。

8. 印度人。

意识内容——只要它涉及到生命中心——就有一部分延展开

---

① 对于"衰老",见于,《全集》第 9 卷,第 229 页;《全集》第 10 卷,第 19-21 页和第 222 页。——编者注

来，另一部分则不延展。延展开来的是感知、表象、感受感觉；不延展的是思想、更高级的感受、意愿进程。

如今这些内容始终有时间构型和间距（当下、过去、未来），正如扩展的诸构型统一体。但是在这些内容之间不存在一种空间上和时间的秩序。它们仅仅为物理地此在着的对象所有，只要它们能够被想成是不依赖于"对……的意识"的（客观时间和客观空间）。

在"对……的意识中"的被给予之物，它的每一种状态都包含感知、滞留和直接的预期①，在他们的间距中绵延和相继又能够被给予。但这种杂多自身并非是一个客观时间的杂多。唯有各个不同状态对于身体的归属以及其绵延在客观时间中的归序，才使得心灵过程对我们而言成为在时间上依次排开的。恰恰是这种归序也给予了心理上的此在者以与客观空间的关系。

心理显象之杂多也就既不是时间性的，也不是空间性的。在这种杂多中被给予的也决不是实在之物。心灵是一个多之统一，它在质的杂多上增长——而不在时间上延伸。

它在自身"之中"、而非在自身之外有其过去和未来，它是绵延着的当下之物（nunc stans）——但并不作为同一物而在客观时间中保持原状。

1. 彼此后继和绵延作为*极限情况*是一种源初现象，一切对外部世界的意识内容都包含这种源初现象。作为客观时间的时间是一种空形式，它通过无视a）与生命中心的关系、b）诸过程的本己时间、c）节奏、d）长-短之间的质的区别才会产生。[客观时间是]一种

---

① 参见，《全集》第2卷，第437-439页。——编者注

秩序观念。

2. 涉及到生命中心的意识内容不是相继的，而是同时的——但在充盈上是各异的——；与之相符的实在之物、心灵体验之杂多是纯粹在质上生成着的绵延。相继性在现象上始终内含于在场杂多之中，这一杂多则处于当下、过去、未来的间隔之中。心灵的实在之物必须类似地如此来考虑，即一切被体验者都实时地——但并非有意识地实时地——持留于其中。

3. 在客观时间中的排列乃是基于这样一种归序，即将心理之物那连续的质的意识杂多归序为可测量、可规定的时间绵延与身体位置，其中包括心灵的身体因素。

4. 相继意识与诸意识-状态的相继是截然不同的。后者是从前者之中推导出来的。在瞬间当下，不论多长的绵延都要被忽视。长与短的普遍事实。

5. 这样看来，相继意识相较于心理杂多而言也是心理内容与心理现象的源初特征。意识内容的特征，而非——如康德所认为的那样——其形式。［原文如此］"时间标识"。

6. 心理杂多并无框架时间；只有心灵生成的构型相继才会产生时间绵延＝整体的持续绵延，并在此不断变换其内容。力量［在这里也重又］决定了绵延。

7. 年老与年轻。

8. 客观时间是"诸当下"的一条连续的线，它会被简化为一个个不可分的点。它不包含过去和未来（生物学上相对的概念）。历史。

9. 心灵始终不断地产生出新的东西，在其中既没有同一事件的规律性，也没有计算。

10. 对于心灵来说相继是一个被推导出来的概念：在绵延中[却]相继。对于自然来说绵延是被推导出来的＝无内容变换的相继。整体的绵延与部分的相继。

11. [再一次：]心灵杂多的内含愈"深刻"，相继性就愈少，且绵延性就愈多。[？层级]

12. 回忆是对时间的销毁，它涉及到对象之如在，这些对象是持留于其此在之中的，也在客观时间之中。

13. 主体时间、当下时间（Präsenszeit）。

14. "此时"是身体被给予性的时间质性，也是一切有赖于身体被给予性之物的时间质性。"此地"亦类似。

15. 精神主体在如在中是超时间的，在此在中[则是]通过与身体（动态）和活力心灵（生命的对象性的内面）的联结而处在一个质的绵延的位置上的。

16. 外感知现象源初地是外在相关地、时间性地被整理的。也就是说："外在相关性"是一种把捉形式和存在形式，在此首先，那于其中以质的方式被给予之物奠基在作为形式的"彼此后继"之上。因此诸时间过程展现出来了：各种不同的时间绝非同时的。

这样一种把捉形式和存在形式是"内在相关的"，其中那个"什么"首要地为跟随关系奠基。一个进程在心灵之中"开始"了，同时，另一个进程则"结束了"或者达到了高潮。一种当下的充盈将因其内部的诸质性而被时间性地诠释为诸统一体。在心灵中只有部分地能够彼此重叠的"诸阶段"；而彼此"跟随"的诸阶段则总是一个全面的过程的诸部分，这一过程是同时地被给予的。

诸部分在整体的纯粹绵延中的同时性正是心灵此在的形式。

17. "当下的表象"和对当下的表象。当下的表象只是对一个当下之物的表象，或者说对有赖于此之物的表象。回忆行为不是当下的，而是超时间的，正如对当下的表象行为自身一样。

18. 关于外时间意识的心理学的任务是，确定诸现象的彼此后继在物理进程的客观后继之中的归序：将诸时间显象的关系归序为同一些进程的客观时间。这不是心理学的任务，而是感官生理学的任务。"时间感"；并不会将时间表象之生成从对象的纯粹质性中区分出来。

就像对空间感的研究预设了客观空间，它预设了客观时间。

19. 过去不会从当下表象中被推断出来，甚至不会得到指示。它是源初区域。唯有身体才切割出当下、过去、未来。①

20. 不同于心灵整体那生成增长着的、纯然无后继的质的绵延，一切客观时间都仅仅是"诸瞬间"的依次排列。

［编者注：在随后的手稿 BI 50, H 10 中有一个图表，它尝试总结时间概念、内部世界、持续绵延、时间间隔、活力心灵、有机体、外部世界。

在对手稿的汇编中，标号 BI 51：1) 对其关于《同情的本质与形式》的一次讲演的五页笔录；2) 关于躯体、身体、心灵的关键词；关于拉特瑙的笔记（记忆讲话 (Gedächtnisrede)②）；3) 关于"心灵的进化层级"的手稿和"人之中的突变。人的精神"。关于第四点参见

---

① 对此见于，《全集》第 2 卷, VA, f 和 g。——编者注
② 见于，《全集》第 6 卷, 第 361-376 页。——编者注

《舍勒全集》第12卷，第121-132页。手稿中接着的是：]

* * *

一切生命都是——我们今天又能够更为肯定地说，心灵与生命一般同样丰盈——一个进程，其中可见的、量的或质的杂多之物来源于相对可见的简单之物，为了在特定的时间（年龄）之后落入消亡与死亡。动物-人；原始人-文明人，儿童-成人-老人；民族-文化-人们。

有机体是一个仅仅看似静止的形式-形象——只要它是活的。根据杰宁斯恰切的用词，它是一个过程，不是物。（旋律。）同样，其中的一切形式之物，都[是]不断新生的。但"生命"是这样一个概念，它以统一的形式涵括了物理化学的元素过程的进行节奏与心灵发生之一般的进行节奏。生理心理无涉的概念。因此一切想要正确对待其对象的心理学都是，1.生物学，2.进化心理学。

从那从未止息的心灵生活之流中，"诸功能统一体"与联结形式以概念的形式而得到把捉，并且被如此固定下来，仿佛成为了静态的统一体和研究的对象：什么是回忆、感觉？等等。但是其独特的此在则具有这样的被选取之物，和那仅仅在从不停歇的生命之流自身当中才可在本质上得到观视的东西。

以对心灵过程的"现象学的本质考察"为标志的最新的心理学强有力地反对了过分的进化论主义，后者过度地想要将一切所谓的"更高"、更复杂的心灵生活以发生的方式回溯到简单基本组成部分的关联与分离之上。格式塔心理学[亦]属此列——在几个世纪的带有发生[？动机／？质料]的对心灵生活的片面考察之后。它将我们的精神之眼引回到一切这样的东西之上，它作为可实操的行为统一体，并且以在发生上不可推导的质的方式而出现于心灵生活之中。它同时也为那循环往复的所谓诸结构统一体——它们规定了所有个别过程，并且是其得以进行的前提——奠定了新的基调。感觉。感知。[？邻人。]充盈就这样得到了重新的揭示，它关乎这样一些东西，它们被过去那些只有发生维度的心理学操之过急的解释欲所忽视或所误视，所抑制并遗忘，甚至被扭曲；思维，例如看似常常通过这种追求（对这种同时致力于心灵生活的广阔情感维度的努力，多年来我本人亦小有名望），那主导着整个19世纪的进化思想和对心灵存在一般的生成进程的研究就开始日渐被取代了。

在这门讲座课中我想要指出，现象学和结构心理学的新方向与得到了廓清的正确的进化论思想，以及心灵维度上的精神世界都能够相协调，而且，如果要把捉和认识心灵生活的完整实在性的话，二者必须得到协调。但是这必须是一种已然与达尔文-斯宾塞式的进化相距甚远的心灵进化学说，它能够捍卫新的结构心理学的真理。

新的结构心理学势必会为我们提供出以下两点洞见：

1. 心灵的复合统一体可以回溯到诸基础统一体（根据联想的法则性）的逐渐聚合之上，感知——它基于例如诸感觉的总和、人为分析的产物——不可被计入到自然生成之中。那向来能参与到对刺激的感觉之中的——这些刺激为我们所属，并被成比例地设想——的东西，能参与诱发感知行为——这些感知行为在功能上是统一的——的东西：感知是一种向来统一的意向行为，它源初地指向对象，并且具有对象相关的内容，这种内容远远超出了可能的感觉所能覆盖的范围：物性、构型、可感的对象实在性、共同被给予的事实，身体有一种内在之物，有另外一面；简单含义。如果感知能力在儿童或者动物那里一如既往地发展，那么这种行为功能的所谓的组元就会在整个发展序列中、以及在它的每一个环节中被给予；同样（在其中被给予的是）这些组元的奠基法则：a) 实在性、b) 广延、c) 构型、d) 颜色；深-浅和其它感性功能那关乎同一对象的特殊质性、e) 含义。进化始终是从较贫乏的结构统一性向着更丰富的结构统一性的进化。良知、美学品味、宗教感。

2. 同样不可能的是，将所谓的本质上"更高级的"诸功能回溯到一种所谓的更低级（的诸功能）的联结之上去；[或者]将人的意志行为回溯到本能冲动之上去；将思维回溯到联想记忆上去；将精神感受回溯到感受感觉（疼痛、快意）上去。从反射运动[出发]，不存在任何向着本能的连续过渡。从真正的本能出发不存在任何向着联想记忆的过渡；从联想记忆出发不存在任何向着前摄性把捉的过渡，它所针对的是或简单或纠结的关系组构，它们令表象内容在它们的空位上起跳，这才符合周围世界的诸未来过程和我们面对它时的"任务"，——也就是说，没有向着"理智"的过渡。在这种本能相关和实践相干的（高等动物的）理智中也不存在任何像人所独有的精神所具有的这样一种能力的过渡，即在无关本能的情况下纯粹事质性地献身于对象（没有生物学上的利弊），并将他的本质与其此时此地的如此存在（Jetzthiersosein）和如在（Sosein）切割开来。

"先天洞见"。在心理之物与精神之物这样的本质层级之间只有跳跃。这同样适用于心理主体与精神主体的统一性构成，这两种主体总是精确地符合有机体的整体性及其周遭结构的整体性，例如人的自身意识，它显然与动物心灵及其意识截然不同——与之截然不同的还有人的空间直观或者人的对象意识与事物意识。类似于［有［？机体］-周围［？世界］］，一个有机体的心理感觉的功能系统与心理运动的功能系统也总是平行变化的。

流溢思想与现代自下而上的进化论学说之间的关联

进化层级与进化生成的结构图示——其中我们将找到的事实构嵌到相对照的心灵学说之中——只能走出古典-中世纪的表象与现代学说的表象而采取一种独一无二的综合，前者的对象乃是被赋灵的造物与人格性的精神（及其人格性的功能）（所处的）飞跃性的静态本质等级制度，后者则关乎于不完满之物向着完满之物、简单之物向着复杂之物的在时间中持续展开；不是一种外在的、胶合式的［综合］，而是一种深入而内在的［综合］。

它只生自经过了思维加工之后的事实之中。

它的基本思想是：心灵——就其如有生命之物一般而言。精神——只要存在诸人格。

有机生命的物种、家族、种属（以及人格性的精灵不为人知的领域）之心灵构成的特性；此外，每一种新的心理功能和精神行为的出现及其特殊的合法则性就其本质而言都首先是严格无限的，其次是直接的（本能-理智）。我们无法从时间性的个别经验因果性中导出这些本质特性；从根据力的结果图示的累加因果性中也同样难有收获。

相对于先行的层级而言的"新的东西"，它不仅显现于对诸简单功能的一种新的复合构建之中，或者这些简单功能交缠而出的新的布局以及对其新的运用之中，而且也显现在一种真正的"新的创造"之中——或者揭蔽，对其而言不存在任何"因果等式"——通过世界根据本身的新的创造。但是这种创造不是从前对心灵与精神的稳固不变的种之建制，而是创造性行为的自行重复，这种重复乃是根据一种特定的时间-秩序与物理-化学条件的秩序。它只在特定的"条件"之下才会出现，这些条件通过有生命的有机体在此间的持续的、时间的展开而被制定出来——通过连续的生产。在这个意义上我们也会认可最新的进化理论。

但是：对于这种来自创造性行为的、本质上新的东西的出现而言，在有机王国中持续的、时间的生成进程，在其被给予性中仅仅是"偶然原因"。[对于向来在本质上为新之物来说，具有规定性的是]实现要素，而非决定要素。对一个心理建制的新的创造首先总是仅仅出现在一小撮个体所组成的"先锋队"身上，他们具有先行的心灵类型的结构。

新的创造仅仅在这种情况下是那向来为新之物的生成，即我们使这个过程与我们那为感性所限制的经验相挂钩："对我们"。新的东西的生成自在地且据其实在的一面则仅仅是对心理功能和精神行为之方向的"揭-蔽"，它们以潜在的方式内在于世界根据自身之中，并且后者是它们最高的主体。本质-可能的心理组织和精神组织的理想蓝图植根于世界根据的第一个属性之中，它对于我们来说尚且是可认识的：理性的精神（"观念之物"（ideae ante res））。①

---

① 对于世界根据，见于,《全集》第 8、9、11、12 卷的概念索引中的"欲求"。——编者注

但是这一蓝图只有通过世界根据的第二个属性才会完全或部分地实现：通过超个体的、统一的、无限的生命欲求，它是被视为在一切此间的甚或非此间的生命构型有且仅有的［属性］。如果活力论与现代进化论同时有效的话，这种对生命之动态统一性的设想（杜里舒、柏格森、贝歇尔、洛奇）就是必要的。完满者据其观念在不完满者面前是"自在的"，绝对完满的精神和绝对完满的生命；"对我们"和对于我们的经验来说，它在时间的秩序中才会用各种不同的构型尺度以这种方式自行揭蔽，即有机体身体的进化——它作为持续不断的、感性上可观察的、物理-化学的生成进程——时不时会开启一条"裂隙"、一道"闸门"，令完满者得以进入我们可能的经验领域。生物学作为自然科学，它所研究的客观的物种组织和心灵的物种组织在此都仅仅是物种隐德莱希之作品的两面，而这一隐德莱希是不能被回溯到无机的［机构］和力之上的（生物心理的平行论，哈特曼和杜里舒），它引导和控制着所有形式-机械的进程。

有机自然与无机自然的形而上学统一（反对杜里舒）。（这一统一体）既控制着物理-化学的（进程），也控制着心理机械论的（进程），亦即联想的（进程）［原文如此］。心灵生活只有通过一种机械要素与遥感要素的协作才能在经验上得到理解。物种隐德莱希自身却不是在形而上学上可以分拣出来的实体；它仅仅是一种特殊的功能方向和一种普全生命（Alleben）自身的"功能簇"，它处于一切心理功能之后，并且被遮蔽于其中。每一种在经验上无法导出的新的功能和心灵组织——不只是作为精神的人类心灵——都在这个意义上基于新的创造，例如联想记忆之于本能；理智之于联想记忆。

尽管如此，根据我们的说法，精神人格与"人"之中的理性仍据有一种至高无上的、无与伦比的特殊地位。

精神(理性)在人之中才显现出来,它独立于一切内在的(亦即心理的)和外在的有机活力进程——在其此在和如在之中,在其价值、目的、意义和内在法则之中。它不是纯粹的生命之华,不是"单凭活力展开而产生的结果"(像柏格森和杜里舒所认为的那样);同样人格也不是它的此在形式。它因此也无法独独诞生于世界根据的第二个属性——普全生命①之中。它不如说是对世界根据的第一种属性的揭蔽。正如人的精神心灵作为向来是通过他的思维——作为上帝的思想,而被设定为那种个体的、作为精神的上帝之观念(双亲之诞育则是偶然的),它也是通过"让"(fiat)、通过容许精神性的上帝借助生命欲求而进入此在之中(创造论)而被设定的。只要人之中的精神人格始终集中于和凝聚于其独立于并优越于身体的、最深刻的此在和如在之上,他在那一刻就同时触到了神性,触到了他的永恒起源,并与之一道作为无限的精神进行着与生命的接触。②

尽管人作为有身体者无异于植物、动物及其真正的物种(他与最高级的脊椎动物有着亲缘关系),都诞生于持续的有机进化之中,[并]在这种意义上构成了"脊椎动物序列的顶端",但他的起源依然并非如一个真正的新物种之起源,而是具有别样的特点:(它并非)所谓的"更高的进化阶段"(或者最高的)。不如说它的出现同时或多或少地意味着远远更为丰富的东西。它之所以不尽然是一

---

① "普全生命"在此看起来与"欲求"是同一的。对于普全生命,参见,《全集》第 5、7、8、9、10、11、12 卷。——编者注

② 参见,《全集》第 2 卷,第 417 页以及《全集》第 5 卷的内容索引中的"集聚"。——编者注

个新物种，是因为这一点已经是令人生疑的了，即纯粹身体地来看他是否具有一个真正的新物种所应有的特点，抑或远远不够，而只是作为一个单纯变种、甚或只是最高等的灵长类的各种不同种类的诸分支之中一个特殊的序列（多基因性）。这同样是因为，他比起那些单纯在生物学上优越于他的血亲们并没有更多或更好地适应环境，而是在器官学上和生理学上都远远有所不及（例如失去了可攀援的手、全无装备、失去了毛皮、力量上的不足等等）。但也更加无可比拟：因为"人"的显现和起源并非呈现为一次更高的进化，而是无数原则和代理物种——它规定和承载着到人为止的有机的生命展开——的一次骤变，一次完全的断裂：

1. 全部身体及其能量都服务于神经系统和脑皮质，

2. 这条新的原则——人格、本质观视、观念思维、排除对象的实在系数的能力和对其恒定的如在那无需回返到有机冲动与需求之上的直接沉思，我们将之称为"精神"原则。精神能力"超拔"出一切生命并能够将其视如己出。

［有］两个截然不同的"人"的概念：一个原则性的本质观念和一个特殊的自然概念（文化的存在（者）和自然的存在（者））。显而易见的［是］：我们一边将人视为宇宙、乃至元宇宙（metakosmisch）之进化的一个新的阶段，而对立于有机王国的全部其余部分；另一边（我们则将其）仅仅与他的近亲——高等猿类（黑猩猩等等）相对立。一边他全然受到精神与身体的明确规定——始终作为一个二者兼具（或者是看起来（二者兼具））的存在（者）。另一边对他而言同样是本质性的，例如具有中颚、返祖的尾部肌肉等等。［他］内在地具有心灵进化的全部阶段，但是所有阶段都服从于精神的

[？原则]（钢琴、弹钢琴、作曲家①）。人鲜少是一个人。一边我们必须已然预设了无限的精神（上帝）的观念，才能通过人与上帝的"同形性"关系（对其本质的参与）对他进行定义。（"神性论"（Theomorphismus），奥古斯丁、笛卡尔、马勒伯朗士、康德）另一边人只意味着脊椎动物之列的顶端，或者最好从生物学的角度来看，不是顶端——而仿佛仅仅是各种不同的高等脊椎动物之种族谱系的一种多样性。

人在宇宙中的心理-精神地位——在动物与上帝之间——就这样成为了这堂讲座的焦点。

"什么是人"这个问题正是这项研究的焦点。它同时是生物学、心理学和形而上学的核心问题。"人与动物"。成就与功能。不得不坦白承认的是：对于这一问题，即人是什么，以及他之于亚人的（untermenschlich）宇宙——［一方面］是动植物，［另一方面］是上帝——有着什么样的地位，凭借科学和哲学即使在今天也还没有进一步地得出确切的答案。（参见"论人的观念"，收录于《文章与论文集》（Abhandlungen und Aufsätze）②）。

人及人的生成是上帝行为的结果吗？如果是的——那么，从他的身体和他的心灵来看，或者仅仅从他的心灵来看？人的生成和他的存在对于上帝自身的存在与生成是必要的吗？神性在人之中展开、通过人而抵达一个若没有人就无法抵达的目标吗？——或者像古老的基督教哲学所说的那样，他仅仅是被造物，完满的神性"自

---

① 对于"作曲家"，参见，《全集》第12卷，第148页。——编者注
② 此文章收录在《全集》第3卷中。——编者注

由地"创造了他，出自自由的决定，而不是非他不可？或者人是与这些形而上学学说所说的截然不同的某种东西？

  1. 一种逐渐进化的动物，它是根据同样的法则在物理上和精神上进化出来的——并且出于同一种原因——无异于诸动植物物种：这里能仅作生物学的理解吗？

  2. 或者恰恰相反？一条生物学进化的死胡同？① 一次绝处逢生。"人性之谜"。(阿尔斯伯格。)他的精神和精神之作——他的脑发育（Vergehirnlichung）——仅仅是其器官的显著劣势的结果，是对其变得既不可靠也不确定的本能的一种补偿吗——以至于他能够用复杂千百倍的工具去实现动物以更简单和更直接的方式就能实现的东西吗？一种迷失了自我的动物？

  3. 他是通向更高组织——"超人"——的过渡道路，还是曲折迂回？这样一种更高的物种组织的可能性是可以设想的吗？或者他是终点？

---

① 对于"死胡同"，参见，《全集》第 9 卷，第 94、96、100、136ff 页。——编者注

讲座：19世纪的哲学

[1920年由同学记录]

处在其概念的欧洲跨度中的 19 世纪哲学到当今哲学潮流的历史——在此，我想要将其局限在它最具影响的诸构型之中来处理。我们今天的世界意识是如何被建构起来的，关于这一点，相较于透过欧洲思想史的其它阶段，我们在这段历史中会更多地有所获知。而至少能对此有所获知，这是这门讲座课的主要目标。

哲学史，包括当代哲学的历史，可以在迥异的精神中、为了迥异的目标而被推动。在此目标和精神会持续地、或多或少地为历史学家的哲学观念所规定。在德国大约十五年前，人们还在尝试在哲学史中赢获哲学自身，或者一种哲学自身。德国的大多数哲学讲台都被历史学家所占据（"诸历史学派"）。库诺·费舍尔可能会这样说："从事哲学史就意味着自行哲思。"这是对一种截然对立的精神的表达，这种精神寓居于一切有哲学创造力的时代之中。康德不乏调侃而讽刺地谈到这些人，"对他们来说哲学史就是他们的哲学"。

在上个世纪，有一种思维方式一反常态地重新敢于冒进，这种思维方式着手自行攻克哲学上的实质问题，——为了补充这一提问：过去的时代是如何考虑这些同样的事物的。事实上：那在哲学史上仅仅是"历史"的东西正是谬误的历史。因为在哲学史上为真的东西，也是我们的世界观的一个部分，这样的世界观被认为是真的，即"无关乎时间而有效的"——或者它也应当是。它属于长青哲学。

但恰恰是为了知道，在我们的哲学观点中，我们从自己的生命那喷涌不息的泉眼中、从自己的实质思考的泡沫中创造出了什么，为此我们必须从哲学史中省得，我们事实上在未加考虑的情况下接受了什么，但又往往（错误地）认为是自己找到的。如此哲学史也可被用来作为一种对自己精神中的前见的清理。精神科学不仅仅意味着认识既往；也意味着将过去那些鲜活的假象扔回到纯粹历史的幽冥中去，这就是说，将自己从历史的无意识的压迫中释放出来：祛除那些暗中吸食我们鲜血的鬼魂（歌德）。在历史研究的持久动机中，不仅有崇敬和可思想性，还有对自由的渴望。

对于19世纪来说——这个时期在哲学上与其说像是始终目标明确的旅行者，不如说更像是"四处漫游的奥德修斯"——对全部历史的批判性释义尤为重要。

[对哲学史进行概念规定的各异性]

在欧洲精神的基础由于世界大战和大革命而经历了可怕的崩塌之后，对观念的总体运动的怀疑已经出现了，这种腐朽的基础就诞生于这种总体运动之中。这是我们所无法遗忘的。

1. 哲学史——我说过——始终是身居统治地位的哲学本尊的一个附录。它展现了诸学派之间的一个简短的对比，而它自己正是于其前而受到推动。对于黑格尔和伟大的哲学史家来说——他们或多或少循着他的轨迹行进——它是一个逻辑-辩证的进步运动，它的诸阶段呈现了在概念中被把捉到的时代的文化意识。"时代精神在概念中得到把捉"。哲学家的品格仅仅是这个运动的器官，上帝和世界（世界精神）的观念经由他们而向着最高的自身认识跃进。逻辑的动机本质上主导了这个过程（如库诺·费舍尔、策勒、埃尔德曼，文德尔班、冯·哈特曼（表现）强烈；新近马堡学派的历史研究也是如此。纳托尔普的"柏拉图理念论"，卡西尔的"在新时代的哲学和科学中的认识问题"；柯亨的历史研究）。

2. 对于实证主义者来说则相反，哲学史——因为不存在一种自主的哲学，它是超出了个别科学之成果汇总的——就是其自身解体的历史，是人类思想的神学阶段和形而上学阶段之消逝的历史。"思想者中的罗马人"，苏菲·热尔曼这样称呼哲学的体系。哲学也必须——就像丹纳为艺术和英国文学所尝试的那样——通过时代的社会结构、通过传承、周围环境、偶然的生活经验而得到解释（冈珀斯：希腊思想家；马赫针对自然科学史的工作；拉斯，在一种经济学的历史见解的意义上的社会学见解的开端）。

3. 对于新托马斯主义的教会哲学来说，哲学史是一部保卫史，更确切地说是对全能理性那亘古不变的教导的间或驱逐的历史，这种教导首先在柏拉图和亚里士多德的古希腊哲学中节节攀升，然后通过一种智慧——这种智慧并不是这个世界的——在基督教的启示中而被添砖加瓦。"长青哲学"是引领着一种叙述的基本概念，就像奥托·威尔曼（Otto Willmann）的观念主义史。

4. 对于一种新的理解方式——它伴随个体的人格性评价应运而生——来说，哲学体系的历史就是一个"有趣的头脑的画廊"（尼采），世界在这些头脑中以一种一次性的方式得到独一无二的充分反映。[有争论的]并非是问题的逻辑推进。独具慧眼且影响广泛的狄尔泰及其学派（弗里施艾森-克勒；米施）同样强调哲学的世界图景那非逻辑的、直觉的、个体的源泉——但并不像实证主义那样试图在一种传承的、社会环境的、时代的自然因果作用之织体中来引发这些源泉,而是令其作为元立场(Urpositionen),作为那为此在提供基础之精神的最终启示——他也进一步尝试根据少数几个类型对这些所谓的哲学世界观进行归类,这些类型最终要回溯到人格性的类型上去,这些类型不断地以其具有代表性的方式对世界体验作出反应(西美尔亦执此观点;参见格申,叔本华和[?尼采];雅思贝尔斯的"世界观的心理学"亦执此观点)。

5. 叔本华最终铸就了这样一种理解,据此哲学史的核心建基于哲学天才在历史上和文化上全无理由的出现,这些天才会赢获一种全新的对世界及其本质的直觉。他们不是所谓"时代精神"的代表人物(叔本华对黑格尔式的概念的反抗丝毫不弱于托马斯主义(者)),反而大多数时候是对时代精神的藐视者和反对者。他们构型着一种新的精神,它将位居未来人性的贵族制之巅;他们超越了民族和时代,作为认识着的人性在不胜寒之高处而交握双手,彼此学习。柏拉图与康德之间伟大而严肃的对谈[就属此类]。

你们已经看到,人们到底将何物称为哲学史,以及哲学——它也始终赋予其本己的历史以独特的意义——如何成其自身,对此的看法在根本上是多么的迥然不同。

[对上述诸概念规定的批判]

我自己并不愿在此研究这些取向的真理内含。我只想说,虽然我无法完全地赞同,但是狄尔泰的取向在我看来似乎最具说服力。

即使如此这种取向还是身陷于一种与我们大相径庭的历史相

对主义之中。它并未注意到，在哲学世界观的基本类型中（他们将眼前的质料之杂多回溯到这些基本类型之上），更有甚者在哲学思考的非逻辑的人格要素中（同样也在那相较于实证科学思维本质上更多地［属于］哲学思维的民族要素之中），可能存在着比一种单纯"事实"更多的且人们不得不承认的东西：一条必经的合作之路，这种合作是意义深远的，在这种合作中人们借此慢慢攻克那往往是经年累月的对最高真理的抵触和偏离，人凭借其自然的理性禀赋是可以通达这些最高真理的。这就是说，a) 对于赢获实证科学的真理，人格、民族都是可替代的，而对于赢获哲学真理来说，则并非如此；b) 科学将连续的进步时间化了，并且是 c) 国际化的。

44

哲学史是一种智慧的增长，其中没有任何古老的智慧会失去价值（"回到"）。它不如说是世界主义的，亦即人类的作品，在其上——因为每一种个体精神的构型都必须贡献出"它的东西"，时代和民族之间的合作就是真理自身得到认识的条件（歌德）。最高的哲学理性自身就在增长之中，而非仅仅是作品的自然积累。它也不是——像启蒙理性主义所认为的那样——一种被给予全人类的理性能力，而是一种将分环为个体的人性重新集结为一个大全的事业——并首先是在发挥引领作用的精英们的世界认识之中。它是我们的启明星。我们必须彻底地拒绝黑格尔关于哲学史的学说。

1. 哲学史同时是进步和衰落。整个时代都可能在哲学上误入歧途。所有进步都始终仅仅在人类进行思考的某种风格形式和世界观形式内部才会发生，这些形式在人类思［？想］的运动中是恒常的，类型上是恒常的。

2. 推动哲学史的不仅仅是逻辑动机。对世界的个人直觉——

是第一，对思想的逻辑串联始终是第二位的。但这并不是对哲学之真理要求的反对——当哲学的人格自身仅仅植根于——以独一无二的方式植根于——上帝的人格精神之中，而这种精神承载着整个世界。

3. 所谓真正的哲学始终是那些符合或者表述所谓的时代精神的哲学，这一句式首当其冲地堪称对哲学的一种肤浅的、时评式的、记者式的观点。记者、文字工作者和政治家（他们之中的大多数也是黑格尔学派的拥趸）——而非智者——铸就了这条原理。相反哲学家们往往在其所谓的时代的倒彩声中而被讨论（柏拉图）。哲学家构型的是未来的精神——并非表达他的那个时代的精神——或者他宁"愿"如此。

4. 在严格的意义上根本不存在"时代精神"。只有时代兴趣，也就是说那分别以独特的方式被塑形的真理之"障"，它如其所是地对一切时代都是同样。通向哲学的第一意愿就是那种突破到所谓时代精神之常轨、目障、迷雾之外的意愿：那种勇攀高峰的意愿，从此种意愿出发人们才看到所谓时代精神的迷雾涌动——为了能够拥有一道在清澈的空气中投向宇宙万有的"自由"视线。时代精神，或者更确切地说时代兴趣自然决定着对一个现成的或者历史的哲学思想世界的立义方式，甚至决定了其普遍有效的程度和传播的广度，甚或决定了其在社会上是居于领导地位还是从属地位：但是它从未决定过这个思想世界的纯粹内容——更谈不上它的价值和与真理之切近了。[例如关系到]对古希腊哲学之见解的历史；对斯宾诺莎主义的评价的历史等等。但恰恰是这些事物并未借由一种上帝的计划得到解释——这种计划在所谓的上帝的"观念"中展开，而是以一种非常清醒且现实的方式由其原因而得到解释,这些原因在这里就不无合理地牵扯到了实证主义:社会的社群结构,一切类型的占支配地位的兴趣。在历史上,例如对于法国哲学和德国哲学来说,主要进行哲思的是完全不同的社会阶层,也是完全不同的人的类型:贵族、市民阶级、世界公民和新教神学家。这必须得到人们比目前所通行的要更多的重视。

但实证主义对哲学史的看法也同样是大错特错的。[这涉及到] 1. 对哲学在单一科学面前的自主性的误认。并非溶液与晶体。2. 在人格上被决定的东西,并非就像"小说"一样是错误的;3. 即使就个别科学的全新方法而言,哲学也是它的先行者,而非对其成果以及仅仅对其方法学说的总结;4. 并非是哲学的形态,而仅仅是其传播、效用才是能够在社会学、历史学上得到解释的。5. 对"孤独的思想者"(例如斯宾诺莎)的视而不见[是实证主义直观的一个缺陷]。

[欧洲思想在19世纪的不连续性。它的先驱和民族交融。共同的基本特征。]

我们也想要首先依据其重要成就的内容来认识19世纪和20世纪的欧洲哲学,而非仅仅依据其贯穿始终的连续生成。这就要求很大一块时间,而我们可用的时间却如此局促。

如果我们首先问道:相较于过往历代,欧洲思想的这整个时期的特点到底是什么呢?哲学的各族之间又是如何共处的呢?我们如何在不同时段中分有着大量的材料?

[1]相较于18世纪和17世纪,19世纪的欧洲思想的第一个总体印象是——这一思想复合体的内容首先是在一种无法言喻的程度上更为丰富、更为迥异,但是也更为破碎、更为分裂,并且完全没有任何连续性可言,这种连续性一度适用于现代"启蒙"的伟大时代。

《纯粹理性批判》于1781年问世(同时也是莱辛逝世的那年)之前的德国哲学,法国百科全书(达朗贝尔与狄德罗)——在此欧洲的启蒙思想家们达到巅峰——出现之前的法国哲学,虽然也有着与中世纪哲学(亚里士多德主义和柏拉图主义)相分离的方向。但是这些方向在很大程度上完全能够回溯到两个主要方向上去:经验主义和理性主义——,前者从弗朗西斯·培根开始,后者则首先是从笛卡尔开始。并且在这些方向的每一个之中都存在连续特征的运动,例如培根、洛克、贝克莱、休谟;笛卡尔、马勒伯朗士、偶因论、斯宾诺莎、莱布尼茨、沃尔夫。

在我们的时代中,没有任何东西有待我们来处理。

首先,还存在着更多的、也更多样的"方向"。其次"学派"的形式出现了并取代了单纯的方向,这些学派中的每一个都拥有一个特定的"首脑",并且每个学派都形成了一套特殊的术语(奥伊肯和滕尼斯)。学派之余还有截然不同的、有如17和18世纪那些有如孤山但影响深远的人格,他们虽然从未得到过全面的认可(如17、18世纪的笛卡尔,他的哲学通常就直接被标示为"新哲学"),但是给予了特定的哲学圈子和哲学的发展阶段以一种全新的、出人意表的转向。连续性就更少了。与过往历代相反,这个时代给人一种哲学君主制的印象,一种所有人反对所有人的争论——如果这种争论不是通过彼此隔绝而被避免了的话。那些某个时期指点江山的哲学思维方式，眨眼间就一无是处，除此之外我们在人类思想史上很难看到它们的效力（黑格尔死后德国思辨的分崩离析就是如此）。对最高希望那一日千里的建构膨胀着；迅速的分崩离析又不断地重新开始，寻求：这就是时代据此而自身运动着的"韵律"。

2. 17和18世纪的哲学虽然在其意识中已经与中世纪盛行的普全主义的哲学事业广泛决裂了。拉丁语作为学院语言的统一性已经很大程度上被各国新的教育语言所取代了（托马斯主义），但还不彻底。哲学家部分地运用其民族的语言、部分地用拉丁语来写作（沃尔夫、莱布尼茨、笛卡尔、斯宾诺莎）。经院哲学和它的学派语言——即使是在那些其内容被拒绝的地方——仍然在很大程度上主导着术语体系。哲学还始终为中世纪的普全主义之精神与传承所哺育着，甚至比它知道的更要多。因此（在英国程度更低，那里的哲学用布拉德雷的话来说有某种"海岛特征"）这种哲学还显著有着欧洲的和世界主义的特点。人们谈论着"一切自由的精神的伟大共和"，不同国家的哲学家阅读他们的文本，在书信和私人来往中彼此辩论（莱布尼茨）。

在19世纪这种品质消失了。拉丁语鲜少再被使用。各国的哲学虽然作为一幅幅已完成的图景常常强烈地彼此影响着（黑格尔主义）；但是这些哲学不再系统性地、合法则地源出于超越于国家之上的那种思想工作。人们很快就会看到这一点，如果人们清楚，19世纪的哲学不像17、18世纪那样服从于一种共同的阶段性。阶段性如今更多地只在国家的层面上尚且可能，而其它一切都是各国之间单纯的互相影响。19世纪的国家主义撕裂了哲学运动古老的统一性。取代了"同-哲思"（symphilosophein）的是陌异性，如果不是一种彼此反对的哲思的话。不仅有不断进步的国际化的实证科学（尤其是自然科学、能量原则［？］），还有对世界大事件（例如法国大革命）的共同印象，还间接地作用于欧洲哲学的某些共同特征。例如法国大革命就是这样在各处都引发了对理性主义的启蒙绝对主义的某种背弃，并且招致了一种历史-相对的思维方式（参见德国浪漫主义直到黑格尔、法国实证主义、英国实证主义）。针对理性主义的理性时代的反对运动——浪漫主义，十九世纪哲学的一个全新的本质因素——虽然有着各种各样的形式，但还是在各国都保有了一种在这个时代的欧洲思想中的共同特征。（法国传统主义者、继承了谢林的德国浪漫主义［？诗歌］、英格兰：柏克和［？柯勒律治］）。

国家在整个19世纪思想史的某种顺序中开始发挥作用。此前依次是文艺复兴和现代精密自然科学的创立（尤其是通过达芬奇、伽利略、乌巴尔迪并首先是（布鲁诺、特勒肖、康帕内拉、维科））。通过笛卡尔——这位到康德为止的现代哲学中最具影响力的哲学家——哲学的领导（权）转入了法国，它向英国、荷兰、也以一种微弱的方式向德国输送着影响（新哲学）。没有笛卡尔的话，霍布斯和洛克是无法设想的，朱林克斯、斯宾诺莎、莱顿的荷兰医生学派（布尔哈夫）也将不可想象。通过伏尔泰在法国尤其对洛克关于"人类知性"的试验和对牛顿的自然哲学的传播，英国哲学重新开始对法国产生举足轻重的影响。法国感觉主义（孔狄亚克）和法国实证主义——它在孔德那里达到第一个顶峰——的开端都来自于这种反哺。

德国在哲学上终于也步入了近代欧洲思想史之中。首先是以莱布尼茨式的伟大风格,他是自文艺复兴(库萨的尼古拉)以来第一位有着欧洲视野的伟大古典哲学研究者和作家。他的哲学奏响了新的乐章——相较于德国以外的哲学学说,它响彻了19世纪的全部思想,不仅在德国,而且也在其它国家;a)个体主义,b)进化思想,c)对力量概念的恢复。从未有人像他那样将哲学把握为一种人类——各个民族和各个时代共同合作的事业。他与各国的博学之士进行书信往来和私下沟通。在其《人类理智新论》中他与牛顿的自然哲学和克拉克辩论,在特定文本中也偶尔与笛卡尔、马勒伯朗士辩论,还与霍布斯、洛克辩论。他想要将诸时代关联起来(亚里士多德主义与机械论的世界图景),将经院逻辑学与现代哲学、将教派间的诸多矛盾关联起来。他塑造了一种超越哲学史的见解:真者存在于每一种体系中,这关乎于,为了一个"永恒哲学"之蓝图而去拯救真的东西。(德国思想的一种联结和综合的方式。)但是不论是他的哲学体系,还是作为思想家他的全面联结的、均衡调和的品质,都没有成为在我们祖国的19世纪哲学中的支配性精神。

将这种精神铭刻在德国精神史上的不如说是像康德这样的思想家。

首当其冲的是康德,他成为了一个或许是无意的诱因,诱发了19世纪德国哲学的本己发展和内在发展,诱发了它与其余全部欧洲哲学极其严重的分裂——它所选取的常常是格外大胆的本己道路。莱布尼茨有多么的过分灵活,康德就有多么的过分稳固。莱布尼茨的一生几乎都在旅行。康德则从未离开过他的哥尼斯堡。当然:在其存在中,他在性格上是以极其个别的方式被烙印的,就他的精神结构而言他全然是新教徒、普鲁士——而且是东普鲁士;康德并不像莱布尼茨，他（的品质）不是十分普全的、善于接受的和热心的，也不是柔韧的、均衡的，也不是宗教和教派的。但是根据其意愿、根据其有意识的品质，他还仍彻头彻尾是18世纪的一个世界主义的孩子。他出于其本心而寻求着真理——为了人类——而不是为了一个民族。他在内心中与公务员、教授、学者截然不同，他是哲学之世界共和的一员。但是康德身上的这种个别的、有代表性的存在（这种存在与其品质并不相干）首先是德国哲学的演化彻底而鲜明地迈出了整个欧洲（哲学）（根据那个民族的时代）的结果。他自身与德国之外的哲学有着很密切的关系：休谟、卢梭。但是他们对他来说也仅仅是对其伟大思想的全然独立发展的刺激和启发，下一个时代所传承的恰恰是他的思想。

另一方面康德却也决定了德国哲学的原创性和自主性，并间接地决定了德国哲学的效应，它在德国以外的国家有着直接而独立的意义。相较于既往任何一个时代，德国哲学在19世纪产生的影响到底有多么出人意表的巨大，以及它所产生的影响相较于它所接受的影响到底是多么超乎常理的强烈——我们即将看到。

直到19世纪与20世纪之交，德国哲学才与外国的哲学达成一种较强的合作。如此实证主义学说（马赫与阿芬那留斯），还有达尔文、斯宾塞，以及美国人詹姆斯、法国人柏格森、俄国人索罗维约夫、洛斯基（N. Losskij），才对德国思想产生了作用。最终，几乎在同一时期美国哲学也携其所独具的成就闪亮登场了，并且开始与欧洲的哲学互相影响。

关于民族交融就讲到此为止。

3. 根据精神内容来说，19、20世纪的哲学尽管有着诸多流派和体系,但相较于17、18世纪的哲学之整体还是十分突出。

近代哲学的两个(已有所提及的)大方向——理性主义和经验主义——尽管有着截然不同的结论,但依然保有共同的前提,19世纪的哲学正是在动摇这些前提。

a)人们在"人类天性"的匀质性(Gleichmäßigkeit)和一致性(Gleichförmigkeit)的前提之下进行哲学思考,在此人们在不知晓人类天性的情况下总结着它的精神能力和精神特质,这些能力和特质或多或少地仅仅属于当代欧洲人或者一般意义上的欧洲人。人们对印度哲学有所了解,但是对于亚洲哲学则鲜有所知。唯有中国思想经由法国耶稣会士而对法国启蒙哲学(孟德斯鸠、伏尔泰、狄德罗)产生了些许影响。直到19世纪,梵语才经由英国的博学之士、随后经由洪堡被引介进入德国,由此印度思想对哲学有了影响。(叔本华、谢林、冯·哈特曼、神智学(Theosophie))

b)19世纪的全部哲学一般地展现出一种更强的对其历史相对性和人种相对性的意识。那种用一致的普全人类知性去把握绝对真理的信仰在19世纪以某种方式中断了。17、18世纪不论是在理性主义这边还是在经验主义这边都是单方面的知性哲学——一种被预设为千篇一律的知性。自笛卡尔以来理性主义战线就说着"对全部人类灵魂来说都是同样的天赋观念"。而经验主义则说"是相同的经验产生出了对世界的意识所具有的处处相同的基本形式"。

19世纪的哲学在其大方向上偏离了这两种设想:其一是人类本性的一致性,它被新的历史学以及被用之于人的(自康德、拉马克、达尔文以来的)进化学说截然斩断;其二是人之中知性的优先性学说,它在17、18世纪鲜有例外,近乎不言自明(例外:帕斯卡,德国有精神教育家弗里德里希二世、培尔）。

自卢梭以来，哲学中也显著地出现了一种或强或弱的、这样那样的非理性主义运动，其思想归结为这样一个命题，人之中在知性感知与感性感知之外还有着异类的认识能力（"理性"、感受、意志等等，自叔本华和谢林以来的"直觉"、"理智直观"）。这种朝向非理性的运动是 19 世纪哲学的共同基本特征。[这种特征与] 19 世纪更强烈的历史相对主义一样刻画着 19 世纪哲学的特点。

c) 对于 19、20 世纪的哲学来说，还有一个共同之处是它们根本上有所不同的导向，即以实证科学和世界的现实性部分为导向。

自伽利略和笛卡尔以来，既往的近代哲学通过转变一个无生命的世界的自然科学图示来获得其动力（数学、宇宙学——哥白尼、开普勒、牛顿；力学、物理学），这就是说，通过那所谓的机械自然观点的逐渐自身贯彻。这种自然观点对于整个一连串的理性主义思想家都是非常重要的。它也消除了希腊人的器官学的世界图景，并用能够借数学语言得到表述的自然法则与个例之间的对子置换了亚里士多德形而上学的基本对子——"形式"与"质料"。它还进一步发展出了近代独有的身体与灵魂这个对子。形式与质性和价值、构型与目的一样是主观的。伟大的英国经验主义者也是一样，他们（虽然）对自然哲学不那么上心，[但]当他们至少在将这些科学的方法和范畴转用到人类灵魂之上的时候，心理学、认识论、伦理学、社会科学便间接地愈发依赖于现代自然科学的认识理想。拉普拉斯的世界公式。

针对这种总的思想路向，作为整体的 19 世纪哲学呈现出了一些全新的东西。尽管对无生命的世界的机械的自然解释——直到爱因斯坦的相对论——仍然保持有效，但在数学和力学上被抽象出来的统一方法——它是一切知识和研究的方法——失效了。德国浪漫主义哲学和英法实证主义都抛弃了机械论的理想。孔德驳斥了拉普拉斯的世界公式。康德则将其限制在显像世界之中。而在某些观念论者那里它被彻底取消了。

d）最终放之整个时期而皆准的是，整个思想体系背后的世界氛围和历史氛围（Welt- und Geschichtsstimmung）不同于启蒙时代了。启蒙无处不透着这样的信念，即人性会在一种向着光明与美好而不断前行的过程中得到把握；甚至极乐会在历史之中广泛而密集地增长，特别是一切事物在诸个体的理性意识上的位置——最终也就是科学，将会为人类最终的幸福状态和拯救状态提供保证。

这种信仰在19世纪原则上来说已经破碎了：思维同时是革命的和复辟的。（卢梭和他对"文化问题"提出的影响。康德的立场。各种悲观主义的登场：形而上学的悲观主义；历史-哲学的悲观主义。通过马克思对历史的批判。颓废假说。）

［德国哲学的］阶段划分

我们将德国哲学的演进划分为四个阶段。在我们简要查看它们的本性之后，就会赢得对这个世纪的思想世界之内在建构的一个概观。

I. 第一个阶段是以康德哲学为基础而兴起的诸体系的时代，它们中的每一个都有一个作为个人的发起人和作为后继的影响广泛的学派：费希特、黑格尔、谢林、弗兰茨·冯·巴德，这个阶段始于费希特1794年的《知识学》第一版,持续到1831年黑格尔逝世。

有人称这个阶段为"德国古典哲学",赫夫玎称它为"浪漫主义哲学";也另有一些人称这个阶段为"德国思辨哲学"。后一种表达是最恰当的,称为"德国思辨灵知派的时代"或许还更好——因为借此这些哲学家全都想同时满足宗教行为这一点会得到标示。这个时期也可以被称之为"德国泛神论"的时代。这一哲学阶段的普遍特点是:

1. 康德基础:康德,就其重新巩固了精神的主权和权力而言。

2. 人格主义的体系哲学:封闭体系,其创造者是单一人格。

3. 对德国公众生活的统治以及对这种统治的竭力争取。(并非"专业";并非孤独的"大师"。)

4. 新教文化圈:新教神学。

5. 主观主义和图像思维:对方法的"概念之诗化"(朗格)。

6. 与诗歌、文学,也包括国家命运的再紧密不过的联系。不是严格的科学。

7. 世界观的泛神论。

8. 灵知派。

9. 在一个观念世界中找寻世界的真的"现实性",对这个观念世界而言,一切可见之物都仅仅是反光而已。

II. 第二个阶段是以[19世纪]30年代间德国的普遍观念主义运动的兴起为开端的(参见朗格的《唯物主义的历史以及对当今意义的批判》)。德国思辨哲学尤其通过其"自然哲学"的方式在实证的自然科学面前严重地丢了丑。因为这种哲学完全是文学的和神学的或者说是政治的,它无能为德国的自然研究者提供一种哲学教育。在这种哲学的有效性崩塌之后就出现了德国唯物主义流行一时的显像（毕希纳、沃格特、摩莱萧特、施特劳斯等等；甚至出现了自然主义的更高形式（费尔巴哈、鲍威尔、马克思、施蒂纳等等）。

与唯物主义、自然主义的潮流背道而驰，一种新的神学学派出现了（外瑟、乌尔里奇、洛采、费希特），他们在《哲学与哲学批判杂志》中发声，目前由施瓦茨编辑出版。

德国泛神论与唯物主义和自然主义-有神论之间是有所"差异"[53]的，其最重要的代表是洛采。

费希纳创立了心理物理学，一种在古老的自然哲学与精确的自然科学之间的过渡显像。最终，继谢林之后，叔本华创立了德国形而上学的悲观主义的最后一个阶段，他的作品尤其是在1848年的大革命之后得到了广泛的阅读。

哲学就此失去了它在公众生活中的统治地位，并或多或少成为了一种自身封闭的"学院"的事。

III. 第三个阶段大约始于1870年，直到1900年前后。哲学内部根本上放弃了一切形而上学的尝试。只有极少数哲学家还在断言形而上学。与思辨体系的连续性如今才被彻底地撕裂。（只有那些与时代背道而驰的思想家如冯·哈特曼和奥伊肯还在推进着它。）哲学成为了科学的婢女，也就是说成为了认识论和逻辑学或者说实证科学的方法论——只要处在这个位置上的不是量化心理学和实验心理学。"一点点认识论和心理学"［在此是一句箴言］。这种自然科学的认识论往往会以回到康德为旗帜。所谓的新康德主义的三位先人挑起了这场运动：朗格（《逻辑研究与唯物主义的历史》），奥托·李普曼（"回到康德"［《康德与追随者》］），柯亨（《康德的经验理论》)。"别样的"康德:1.认识对经验的决定性,2.对显像的决定性,3.康德的形而上学尝试退居幕后了。《科学的哲学杂志》。自然研究者承认认[识论]:赫尔姆霍茨、罗基坦斯基,首先,哲学成为了一种纯粹的大学事务。(公众的精神生活与它无关。)

但这个时代的特质在于:在完全被科学化了的大学哲学之外出现了一种无章法的、启发性的、时而迸发出精神火花的哲学,它是那些天马行空地进行哲学思考的作家用非常文学家式和诗人式的热忱写就的哲学,这种哲学对普遍教育产生了越来越大的影响。他们的最有力的代表就是尼采。

除了这种无章法的哲学——它打碎了哲学与科学必然的捆绑——还出现了一种全无精神的流行哲学的广泛潮流,它在很大程度上发挥着作用,[并]尤其(作为)由海克尔所引入的、继承了沃格特、毕希纳、摩莱萧特的一元论世界观运动(随后在一元论者联合会中集大成,"自由精神者"的集结地);流行的马克思主义作为社会民主党的哲学。

这样德国的哲学意识就解体为三种截然不同的、彼此隔绝的层面:[1]一种学院哲学,[2]一种世故的、无章法的、不科学的哲学和[3]流行运动。

自1890年来人们对于哲学的这种精神状况产生了深深的不满。哲学渐渐克服了它的羞怯,来着手于形而上学和世界观的问题。这是以各种各样的形式[发生的:]a)回到费希特、黑格尔,西南德意志学派,新黑格尔主义。b)通过一种自然研究的活力论运动。c)[通过]实在论的认识论的挺进和对新康德主义的拆解。d)伦理学、历史哲学被重新扩建(首先是西美尔、利普斯)。e)出现了一种新的哲学思想路向,它是由胡塞尔所开拓的现象学。心理学又一次转向了对更高的精神功能的研究。f)来自外国的作用(柏格森、实用主义)促进了这个过程。g)形而上学的新形式出现了,例如斯特恩。h)国际联盟;哲学大会。进行联结的诸位:闵斯特伯格。i)"新青年"。

截至1831年的德国哲学第一阶段

这整个阶段首先包含了下列显像:

I. 费希特的哲学,部分地由康德主义者莱茵霍尔德(耶拿的教授)和费希特的斯宾诺莎研究过渡而来。

II. 谢林的哲学。

III. 黑格尔的哲学。

作为一个本质上有着不同取向的哲学——首先对新教神学的发展非常重要——毕竟作为一个相近者需要加以补充的是:施莱尔马赫的学说。还有天主教的浪漫主义哲学家巴德尔。[?]还有雅可比。

一[?]系列同一时期的、但与这些哲学之精神截然两立的现象(但是它们在影响力上远远不及)构成了诸多思想体系1.赫尔巴特,他还生活在与康德的德国理性主义的深刻的思想关联之中,另一方面则将英国的联想心理学引入了德国。2.弗里茨,他创立了新康德主义的心理学主义方向,并且在当代通过纳尔逊及其学派得到了又一次的现代化。3.经验主义者和心理学家贝内克,他尝试在德国传播英国经验主义,但是他在与黑格尔的统治地位进行斗争的过程中覆灭了。4.波尔扎诺(布拉格的牧师、数学家和逻辑学家),他的重要性新近才被重新发现。他部分地承续着奥古斯丁主义的经院哲学、部分地承续着莱布尼茨而发展自己的思想。

最后，费希特学派、黑格尔学派、谢林学派这三位思辨巨头的最具影响力的反对者——至少是据其作品的出版，而非据其影响力——叔本华哲学也属于这个时期。只有一个人尝试去关联和均衡思辨的思想体系与随后两个时期的思想（其中也包括叔本华），他虽然时间上并不属于，但实质上属于思辨的形而上学的康德学派。他就是冯·哈特曼。

我们首先将按照上述顺序进一步考察这些显像。

在此登场的还有或多或少有些文学化的、狭义上的浪漫主义者的哲学，施莱格尔（Fr. Schlegel）、诺瓦利斯等等。

费希特、谢林、黑格尔这三位思辨的观念主义者曾始终被当作是一个亲密互属的小组。这部分地[在于这十一条标准，这种互属性在其中得到了证实：]

1. [其]出发点（是）康德；

2. 他们之间的密切的思维往来以及他们为了哲学的棕榈叶①的彼此竞争（蒂宾根教会机构）；

3. 他们与德国同时代古典主义者和浪漫主义者的文学的密切关系。

4. 共同的人性特质：三个人原都是有着小市民出身和南德祖源的新教神学家（但有北德影响）——完全生活在这种传统之中；

5. 他们的哲学方法。三个人都想通过先天论的、辩证的概念

---

① 此处以"棕榈叶"象征胜利。——译注

演化的方法给出一种严格为真（而非假说式）的哲学——并未对认识能力进行认识论的预先检验，也未曾关心其哲学与实证科学的关系。三个人那里都有通过哲学吞噬单一科学的倾向（在费希特那里最重要，在黑格尔那里最常见）；

6. [他们之间]有一种兴趣圈子的一致性：最高的哲学、形而上学问题应当得到解答，并且在这一答案中人的宗教需求应当完全被满足（灵知主义者）；三个人都至少是从精神科学出发的（神学、法学、历史学）——而不是从精确科学出发；

7. 三个人全都是讲台哲学家（Kathederphilosophen），耶拿和柏林是他们施加影响的主要城市。

8. 最终（得出了）普遍的[共同的]结果：三个人都是以超越论哲学为出发点的泛神论者；

9. 三个人都是以德意志民族为导向的。莱布尼茨与康德的世界主义（Kosmopolitismus）也混杂其中。

10. 三个人都是"封闭体系"的哲学家，他们将哲学视为某个天才建立联系的事业，并且要求一种直截地接受。

11. 此外三个人都强烈地受到斯宾诺莎的触发，他们将其[？]存在的泛神论（ontischen Pantheismus）与康德联结起来；另一方面[他们受到]莱布尼茨（的触发），他们接受了他的进化概念（Entwicklungsbegriff）。

他们在如下意义上也是亲密互属的，即他们对法国大革命和拿破仑的世界帝国倾向表现出的反应（参见，库诺·费舍尔），并且他们都生活在这样一个时代，那时德国还完全是一个文化民族，它只在观念世界的生活中看到其本质的故乡——而非在实际政治和经济的倾向中。

类似的受众［则导致了：］受过教育的自由的公民阶层，他们不具有实证的信仰，而是信仰理想的品质。优点与缺点并存。天才的、勇敢的天赋；但是缺乏逻辑自律和自我批判。晦暗的陈述、模糊的概念塑造方式。他们的作品充满［了］暧昧不明和才华横溢的主观主义。

这三个人体内都沸腾着的政治血液：他们想要在文化政治事务上运筹帷幄，想要用他们的哲学左右国家领导人的头脑，想要赢得青年学子的心。黑格尔首先就是普鲁士的哲学家。他们大张旗鼓地渗透了国家教育体系，并且尝试为自己赢获学派，占领讲台和教椅。（他们）不是像斯宾诺莎、叔本华那样的"孤独的思想家"，而是渴望着按照他们的精神去塑形整个公众生活。

在这些共同性之余，三位思辨的理念论者还各自有着迥异的精神特点：

相较而言，费希特最为深入地探入了18世纪。他首先是一位道德的、教育的天才，一个伟大时代（解放战争）的斯巴达式的道德宣讲者。他的体系是绝对的理念论，因为他否认了超越意识的存在，但同时［是］一种道德主义（至少在其思想的主要阶段），因为他凸显了康德关于实践理性相对于理论（理性）的优先性的学说，实践理性是理论理性的根源，理论理性只是前者的一个功能；就他在应当体验中、在义务意识和要求意识中找寻一切哲学的出发点而言。一种"自由和事实的理念论"是德国理念论在费希特那里找到的首要形式。他不如另外两位理念论者那样学识渊博，但相对更为清醒，却也更贫乏。不过，他的哲学也不像那种遭受实证科学反对的哲学，因为他较少在其演绎中下降到具体的区域之中。

　　谢林是一个比之抽象思想更具有天才的直观能力的人。他在观念主义者的外衣之下有着一颗艺术家的头脑——比费希特更为变动不居和发展不断。也更有想象力，并且有着远远更为广泛的兴趣域和直观域。他首先发展出了思辨的文化哲学——在与歌德和浪漫主义者的密切合作之下，相较于费希特他与他们更为亲密——此外还发展出了思辨的艺术见解。晚年他创立了非理性主义和一种灵知派的启示哲学，这构成了向叔本华和冯·哈特曼的过渡。

　　黑格尔在三巨头中最具强力、最富学识、也最有影响力，他创立了泛逻辑学的观念论。他是具有浪漫主义思维的逻辑学家。在他的哲学中整个世界现实都应当融于一种辩证的思想进程之中，其中神圣"观念"必然自行阐明自身。他同时也是一位伟大的历史思想家。他的历史哲学和文化哲学是其整个体系的核心。因此他在精神科学中的影响无与伦比的大，是19世纪（德国内外）其他任何人都无法比拟的。他同时是伟大的来自爱菲斯的思想家赫拉克利特的精神后裔，因为他试图将一切现实之物融入生成、运动、进程之中，在这个普全发展进程之外，既不存在某种应当区域（Sollenssphäre），也不存在一个存在区域（Seinssphäre）。

一、费希特

［如下是手稿中的一些费希特生平的关键词，作者在讲座中或许想将其用作一个简短的生平概览。它们在此用于提供如下概览：］

费希特1762年5月19日生于上劳齐茨的拉梅瑙。他的父亲是一位织带工匠，也是古斯塔夫·阿道夫军中的一位瑞典卫兵长的后代。他喜欢听瓦格纳的布道。军中的一位自由民将他带到了西贝奈兴城堡，后来又带他到迈斯讷的学校。然后他上了波尔塔贵族学校。十八岁的时候他去耶拿大学学习神学。但是当他深入学习了斯宾诺莎以后，就立刻倒向了哲学，斯宾诺莎的决定论在他心中激起了一股沉重的生命感受。神学那时候处于一种紧张的关系中。这事实上在心理上对他影响极大。他着重研读康德，特别是三条二律背反和超越论统觉。然后我们就看到了发生在他身上的突如其来的惊人突破，即对"我的自由"的坚信不疑。如此，他在自由概念上的全情投入就是可以理解的了。

在1784年到1788年间，他游走于萨克森各地，直到1790年在苏黎世成为了一名家庭教师。在这里他认识了克落普施托克的外甥女，她的名字叫作约翰纳·玛利亚·哈恩，一个商人的女儿，费希特是他家的座上宾。1793年他娶她为妻。这是一段幸福的婚姻。在他的《自然权利》中也对此有所暗指。

1790年他来到莱比锡生活，1791年他在华沙当家庭教师，为了亲自结识康德，不久后就去了哥尼斯堡。他给康德呈递了一篇文字"试评一切天启"。他此前已经对康德的学说钻研甚久，它"占据着他的全部心神"。那是"我有生之年最快乐的一段日子"，他在1790年9月5日给兄弟的信中这样写道。适才提到的那篇文字与另一篇关于法国大革命的文字一样以匿名的方式发表了，并且被以为是一篇康德的文字。这就使费希特得以于1794年在耶拿得到了哲学教授的任职，直到那知名的无神论之争，它由一篇关于宗教概念的态度尖刻的文章所引发，这篇文章出自一位来自萨尔费尔德的名为福伯格的校长之手，费希特作为《哲学杂志》的责任编辑之一为这篇文章撰写了一篇导论，来使得这篇文章显得温和一些。为此萨克森侯国政府威胁费希特，拒绝让萨克森侯国的学生再来耶拿上大学。魏玛政府则以"因玩忽职守而被评议院记一次警告"相威胁。费希特听闻后写信给一位政府成员说，他因为这种"粗暴的指责"而打算离开。政府将此作为辞呈接受了。学生的请愿书并未获得成功。费希特于1799年写了"向公众呼吁"一文，一篇"人们一读到它就会请求宁可教它被没收的文字"。随即我们在柏林看到了费希特，在那里他与施莱格尔、施莱尔马赫与蒂克（Tieck）保持着友好的关系并且做了一些报告。1805年他成为了埃尔朗根的教授。1806年他在哥尼斯堡开了讲座课。柏林大学成立以来他是首位校长和教授，因为与下议院的一次冲突，他提前卸任。1814年1月27日，费希特死于瘟疫。

［由关键词所拼凑而成的生平概观完。］

[普遍的性格特征]

1794年的《全部知识学的基础》是费希特的代表作。费希特自己这样写道:"人们选择什么样的哲学,这取决于人们是什么样的人;因为一种哲学体系会由持有该体系之人的灵魂而赋灵。"事实上即使他的反对者对此也无可辩驳,即他的性格、他的生活和他的哲学构成了一个深刻的统一体。可惜事情并非始终如此:对于人们来说"可惜"的通常是,他的哲学比他这个人要更好;而对于哲学来说可惜的通常是,它不比这个人更好。——对其性格的了解相较于对其他伟大哲学家来说要更为重要——即使是为了理解他的学说。

他是一个有着强而有力的高度生命张力的人。关于他我们所知的一切——包括他的风格,都透露着这种张力,并且是合意志的张力。对于其持续受到威胁的外在生活、经济上的贫困和社会关系上的贫乏、以及其某种程度上不稳定的天赋,他可以说在试着去拼命补偿,通常是试着通过一种异乎寻常得高扬的生命感受来自我麻醉。自身意识、自身感受是其性格中可见的元素。在心灵为某物、为某人、为上帝、为我们身边的这个宏大而富饶的世界而奉献之时,那种伟大、那种价值、甚至那种甜美意味着什么,他比任何一位德国哲学家都更为无知。他完全是自我为中心的。他有诸多美德,但是他缺乏这样的天赋。这些美德是:他是一个道德上的自为者(Selfmademan)。他觉得他所得到的一切都是他的所作所为的结果。"生成先于行动"——他的整个哲学以这种方式转向了经院哲学的一条古老原则[原文如此]。他是自主的精神——鲜少愿意接受陌生思想；更少去理解他人。因为他是无师自通的。但他也是固执己见的、武断专横的，甚至具有一种粗暴而狂热的特性。使他膨胀的并非是虚荣——尽管他也不乏虚荣——而是自豪，并且首先是这样一种自豪，即对于"做这样一个人"的自豪。叔本华在称他为"泡芙"的时候，就这样异常准确地道出了费希特身上那并不十分令人愉快的一面。如果人们把这一点与他对修辞学的出色嗅觉（他在青少年时期就想要成为一名传教士）合而为一地看，那么人们也会想起尼采关于新教传教士的话，他们轻而易举就能用他们膨胀的心胸来充满上帝的风箱。

但是这种自身感受首先是一种作为责任感的自身感受，因此是一种道德本性。他是道德主义者，并且他的全部哲学体系就是——直抵一种极端高扬的道德主义："作为义务的质料的世界。"

因此一种永不平息的欲求与行动、与作为、与工作紧密关联。对他来说没有什么东西比以下这一点更具代表性了，即他将一切不道德行为都回溯到惰性之上。他谈及自身，"我只有这种热情、只有这种需求、只有一种对我自身的充沛感受，即在我之外去有所作为。"但是这种行为并非例如实践的政治家的行为——它与现实性相纠缠；而是一种存在于思想和言谈之中的行为。无论他在哪里制定积极的计划——例如柏林大学——他都鲜少表现出对实在性、对可能之物的感受力（施莱尔马赫）。

那么他的行为、影响（首先是在教育上的影响）就不难理解了。他是地地道道的教育家和校长：大众-民族教育家（《对德意志民族的演讲》）。

在精神方面，他对于哲学基础——而不是扩展——的特别的感受力是显而易见的；还有他罕见的坚定（Konsequanz）。如果我们要在他身上找寻思想的丰盈、广度和富饶，那将是徒劳的。反对者：让·保罗，他曾激烈地嘲讽过费希特（好为人师）和歌德（参见《浮士德》中的学生所言）。打碎窗户："现在他认识了虚无"。仅从几条基本原则出发，一切都会被演绎出来。

在其晚期（《极乐生活指南》）以约翰信教主义为依据可以找到一种更为深刻的宗教冲动。

他的言谈具有强大的力度和印象。1813年他打算作为地区牧师而随军。

[费希特的]哲学

费希特首先就相信，不要去撰写和教授那有别于"完全得到理解的康德哲学"的东西。这当然彻头彻尾就是个谬误。

让我们首先来看看，他承继的是康德的哪些主要思想，他的误解和他的进一步建构是从哪里开始的。

1. 超越论统觉。[？对纯粹知性概念的演绎。第二节，第15、16段。]

对象的这种超越论条件（即，对象必须与其它对象一起在一个意识的统一体中才能够被思考）同样对经验自我和物质实体而有效。费希特却从一开始就倾向于模糊掉康德在纯粹自我和经验自我之间所做的分别。这个条[件]对他来说甚至是体验、事实。

2."如果康德真的说过，他想要通过一个超越论的物来解释'感觉'，那么我会更愿意认为《纯粹理性批判》是一个最奇特的偶然的作品，一个头脑的作品。"关于"物自体"的思想是一个怪念头、一场梦、一种莫须有。摩西·迈蒙尼德就已经将物自体限定为一个极限概念。费希特倒向了——与康德相距甚远的观念——，对一个思之无益的事物的思[考]是一个悖论（理念论的论证）。

康德的处理方式因此就被放弃了。康德认为：认识与理解自在地切中事物自身；但是诸直观形式在此期间则挤上前来，让对象成为了显像。知性要求——保持为空。

费希特一开始就是从自我出发的，而康德对于自我则是通过积极的论证并且以一种始终只是被决定的方式才仿佛退无可退一般地承认了它。

费希特对他与康德之间的共识的误解之深，体现在1799年康德所发布的声明中①，他认为费希特的知识学是一个完全站不住脚的体系，并激烈地反对每一种通过阐释而将费希特的原理纳入到他自己的理性批判之中的尝试，理性批判仅仅得到了字面上的、而非所谓精神上的理解，这种精神被误以为是与字面相冲突的。类似的话康德在书信中[也写到过]。他将费希特的哲学称之为"转瞬即逝的作品"。这种思想——将世界从自身意识中演绎出来，将范畴作为自身意识的条[件]推导出来，将外部世界仅仅[认为]是自我确证的可能性——他完全是拒斥的。

从这篇声明开始，费希特就称康德为只有四分之三头脑的人。他坚持物自体是一个内在的悖论，一种不可思义的东西。

3. 费希特的出发点是自由思想。第三条二律背反。

---

① 在《文学汇报》第109期，知识版中。——编者注

如果因果律仅仅是一条这样的原则，据此我们的精神自由地归置被给予的质料，那么将这条原则用在我们的精神自身之上就是毫无意义的。这种归置自身是精神的自由行为。但是有鉴于**本体**与**现象**(homo noumenon und phainomenon)的学说，他也改动了康德的思想。他没有说：人的自我、他的心灵相当于一个总已经个体化了的物自体＝**本体**，并且这种本质是自由的（但在此它可以是善的或恶的）。他说：自由地被实行的行为自身恰恰就是人的本质：本体和超越论统觉的主体在此沦为一体。[如此有]两个后果：1. 自由＝善；2. 因为每个人之中的超越论统觉都是同一个，那么理性就不是一个个体人格的功能、理性，而是一种普全的力量，它只是在人的身上表明自身。[一种]向着理性泛神论的过渡[就在于此]。理性、超越论自我如今对待个别之物的方式正如斯宾诺莎的实体之于其属性的模态那样。

4. 理论理性和实践理性。康德在存在与应当之间所做的划分以及实践理性的价值优先性。对于费希特来说别无二致的是：1. 心理学的优先性；2. 理论理性是实践理性的一个功能。

对数学科学的论证现在完全被搁置一旁。

费希特在其1794年对知识学的奠基中系统性地呈现了这些观念。两种哲学的思想路向[浮现出来]：教条主义和观念论。经验＝为必然性感受所伴随的表象。这根据教条主义则是一个物自体的作用；根据观念论则是思维着的自我的产物，就和想象画面一样，只是得到了归置并且是合法则的（贝克莱）。

这些体系中没有一个能够以理性为工具反对另一个。而是性格说了算。自由的人与"心的死亡"——[被投射]为物自体。因为对象仅仅是我"应当"按照法则而思考和表象的东西。对象不是被给予的而是"被述说的"（aufgegeben）。知识学是一切必然表象之体系的完全展开，这些表象是[？普遍的]，因为它们是必然的。这种必然性建基于一种必然的应当之上。对象是对主体的一种要求，即按照特定的规则去联结感知与表象。知识也建基在良知之上。对对象之思的伪造在康德学说中有其根源（文德尔班，李凯尔特，闵斯特伯格）。这种必然表象的体系现在能够从一个唯一的基本原理出发而被以演绎的方式发展出来。对同一的自身意识的保存：[？思想形式]与条[？件]一样多，在这些条件中自我作为印象和经验之流中的同一之物得到保存。1. 范畴的演化，而不是从判断表而来的接受；2. 目的论的方法；辩证的方法；命题中包含悖论：a) 反命题；b) 综合。否定所具有的制作性力量。

自我除了是事实行动以外别无所是——仅仅实存于永不平息的自我设定和世界设定的行动之中。它是"绝对自我"（一个不思议者）。如此它就与 1. 有限自我，2. 个体自我，3. 经验自我，4. 单数自我分别开来。它依据法则所制作的东西会作为"被给予之物"被另一个自我看到。关于自我的思想已经不是绝对自我自身了。尽管如此，它依据法则而制作世界的方式，还是得以窥见一斑。

a) 在上述还原中，费希特是从 A=A 这个原理出发的。这个原理对他来说不是一个对象的本质规定，而是一种形式、一种向自我发出的要求。若 A 存在，则 A 存在。更好的说法是：若 X 存在，则 X 存在。对于 X 来说没有特定的内容。那种必然的联系在自我"之中"，并且通过这个自我而成为法则。这个在先的 X 就是自我自身。自我＝自我。唯有在自我之中某物自身才会随着一种必然的联系而被设定：自我。我存在，并且我是我。在对经验意识的设定之先，必须是自我自行设定自身。它自己就是根据本身（causa sui）。

自我是 A=A 的根据。A=A 的用武之地——就是［？ 实在性的实在范畴。］

b）基本原理：（反命题）。经验［？ 意识］的事实＝非 A。在自我的行动中有着设定和反设定。直截地被设定的一般只有自我；所以自我可以反设定某物，并且那么他所反设定的东西就叫作"非我"。因此：自我在非我中反设定自身。否定范畴。

c）第三条基本原理：因为非我也仰仗自我的慈悲而生，并且如此这般地在自我之中，如此自我和非我就在自我中对立着。二者以彼此为界。自我和非我借此被设定为可分的。

"自我在自我之中为可分的自我反设定了一个可分的非我"。

如果自我通过非我将自身设定为有界的，那么理论知识学的奠基就开始了。

如果自我将非我设定为被自我所规定的，那么伦理学的奠基就开始了。

逻辑上这条作为根据的原理应当源出于第三条基本原理：A 部分地＝非 A，反之亦然。每个被反设定之物都在一种特征 X 中与那对立于它而被反设定之物相同，并且每个相同之物都是在一种特征 X 中对立于与其相同之物被设定的。这种特征叫作"根据"（关系根据与区别根据）。对康德问题的普遍回答：先天综合判断如何可能？

我们转而看看对剩下的范畴（因果性）的推导，并作如下提问，在费希特看来感觉又是什么呢。

感觉是绝对自我的纯粹想象力的产物。其中并无对象被设定，被给予的则仅仅是所作所为的[？界限]。随感觉而来的是直观。被直观之物通过一种欺罔而显现为一种从外向内地、强迫性地出现在自我之上的东西。空间与时间是直观形式（康德），范畴是进行固定的形式。

无限的自我之作为与应当之作为为什么会在感觉中限制自身，对此的超越论根据是什么呢？答案是："障碍"（Anstoß）。障碍从哪儿来呢？答案是目的论和道德主义的：唯有当自我对之开展行动的某物在目的论上是必然的，自我和整个行动才存在，才能够行动。自我的自身意识。因此非我会被自我设定为可能行动的质料。自然只是对我们的应当、我们的义务、我们的道德任务而言的直观质料。在此自然是什么呢？一个敌人、一种物料，"一种有待克服之物"。我们所具有的义务的物料。在普鲁士对这样的世界解释[有种]惊叹。[手稿从这里开始有了更多关键词的性质：]

继《全部知识学的基础》（1794年）之后，第一部大作是根据知识学的原则写就的著名的《自然法权的基础》。道德法则和权利法则的分离。道德法则断然要求人们履行其义务。权利法则则仅仅允许、但绝不要求人们去践行其义务。在自然权利的区域中，善良意志毫无地位。权利是可强制执行的。在这个区域中，由物理的力来给予它以制裁。

"权利"是诸多理性的感性者所秉有的自由得以[？共同持存]的可能性（康德）。

个体的复多性会从绝对自我之中被演绎出来，为了让一个自由者的共同体从自身之中产生出来，绝对自我自行特殊化为个别之物。邻人是我的源初义务意识的先决条件——他要求着对他人的义务。将我们引领至此的并非是理论的认识。

尤为重要的是这一思想——费希特式的锁闭的商业国的社会主义恰恰植根于其中：没有源初的物权（自然、根据和地基等等）。人们只有在考虑到他与他人处于某种关系中的时候，才具有对物性的东西的权利。没有对事物的权利——没有对他者的这样一种权利，即将其从对某物的使用中排除出去。更进一步：权利仅仅［建基于］如劳动、使用、消费这样的作为之上；例如土地和耕地。将实体概念融入到权利之中。赤裸裸的专用物（Nudum proprium）。

［同样重要的是他这部作品中的思想］根据知识学原则写就的《伦理学体系》（1798 年）。

"全部感性世界应当处于理性的统治之下，工具就在理性者的手中：世界于我而言必须成为在我看来是我的身体的东西。"

65　　最严格的良知批判：没有戒律、没有警句，当它为了某种神圣之物而被给出的时候，它是无条件的［或者］（因为它在某处为某人所演示过）是有约束力的；它仅仅处在这种条件之下：它通过我们自己的良知而得到确证，而且仅仅出于这个理由：因为它由此得到确证。（良知自由。）

［但是难道］没有良知欺罔吗？良知就具有对象的价值了吗？不！康德已经拒绝了从作为观念的善出发。［难道不是也］有个体良知吗？

善是自由、有为的存在。恶是惰性。人"应当"克服惰性、习性和自然秩序。（通过意愿）。"意志让人自由"。但是他应当如何来到第一个意愿之上？他又如何将自己从其惰性之中解放出来？

答案就是有约束力的个体性。这是通过一种真正的惊异，而不是通过自然的原因［才发生的］。

这种义务思想英勇而激情地被抬高。对共同体义务的强调比在康德那里更为强烈。身体的义务、理智的义务、共同体的义务。

［费希特最为流行的作品有］《人的使命》和《论学者的使命》。

1800年《锁闭的商业国》出版。这个空间是我的财产＝我有这样一种权利，即采取特定的、触及这一空间之定在的行动，［例如在］采摘水果的情境中。全部的商品生产［都在］国家的监督之下，并且贸易往来只能由国家来操持。［这暗示着一种］相对于外国的独立性。只有国富；对一切奢靡的斯巴达式的限制；一种过度的国家观念。在对权力斗争的肯定之余，还有着一种显著的世界主义。

在德意志国家解体、耶拿战役之后：《对德意志民族的演讲》。民族主义与世界主义的独特关联。德意志［的存在］是理想，是任务。在这种意义上：属于德意志的，就是源初所［据有］的。证据就在德意志语言之中，它是源语言，而不是建基于多种语言的混合之上，它不像来自拉丁语和凯尔特语的法语。德国人民的目标是一种普遍的人类文化。内在的更新应当从德意志开始。"这并非出路：如果你们沉陷了，人性也就沉陷了，再无如过去那般重建的希望。"

国家应当将教育全权握在手中。青年人必须与那些腐朽的成年人分离开，并且（被安置在）封闭的机构中，除此之外还必须与家庭分离开，而沉浸在为道德的民族任务而施以的共同-教化之中。但这都是冒险的建议。

宗教哲学足以为一种道德的世界秩序、永恒的应当构建宗教的品质。信教的人由衷而鲜活地感到作为一条［原文如此］生命之进化法则的义务。义务是"他所呼吸的元素"。

自1801年起情况发生了变化。对于民［族］生［？活］的指示。存在、实体、斯宾诺莎主义。施莱尔马赫的影响。约翰新教主义的"永生"："人并不能通过被安葬而去向永福"。［取而代之的是］观视和与上帝灵魂的融合。这种永不停歇的行动着的精神就这样结束于带有强烈虔敬色彩的神话之中；对于有灵性的生命的指示。爱的学说。

《现时代的根本特点》1804-1805［1806］。先天的组成部分和后天的组成部分（康［德］的主［线］。）世界蓝图和诸时期。

在完满的理性文化中的大众。历史的目标：自由。五个阶段：

1. 理性本能（无罪的时代；卢梭）。

2. 权威。本能的弱化。只有少数：教会的和国家的生活秩序的权威姿态。

3. 权威，其中一切理性都被投弃：彻底的有罪状态和不受约束的个体性（启蒙和法国大革命）。

4. 开始进行辩护的状态：康德的理性哲学。

5. 理性艺术：辩护与救赎。理性对人而言是自然的，是与本能的综合。与意识，理性［？一度］之所是。

［需要提及的还有］他关于马基雅维利的文章和他的收官之作：《国家学说》［1813年讲座］或者元国家（Urstaat）与理性王国的关系。

二、谢林

弗里德里希·威廉·约瑟夫·冯·谢林(1775-1854)起初是以费希特为出发点的。他是一个漫游的哲学家,极富启发性并且易使人产生好感,他的生活痕迹直接地交织在他的思想之中(卡洛琳的死也是这样)。人们能够在其精神发展中看到四个或者五个阶段。让我们追随库诺·费舍尔:

1. 从知识学到自然哲学,

2. 自然哲学(1797-1807),

3. 同一性哲学,

4. 自由的哲学和所谓的启示哲学。

生活事迹

1775年1月27日生于符腾堡的累翁贝格(开普勒的祖籍)。他是一个施瓦本神职人员的儿子。16岁的时候这位天赋异禀的少年踏入了图宾根的神学课堂。他最亲密的朋友与同志荷尔德林和黑格尔也在这里,二人都年长谢林五岁。黑格尔发表他的第一部作品——卓越的《精神现象学》时,在其中对他们的很多共同谈话进行了评价并且反对了谢林,谢林就渐渐地与黑格尔疏远了。在哲学、历史、神学的学业之余，他还于1796/97年在莱比锡学习了数学和自然科学，他也指导了里德泽尔家族的年轻男爵们的学业。与他们一道，[他踏上了]人生的第一次壮游，途经海尔布隆、海德堡、曼海姆、达姆施塔特、魏玛、耶拿。在魏玛他认识了席勒。在耶拿他听到了费希特（的演讲）。

在1798年的时候——即他23岁的时候——谢林在歌德的促使之下去了耶拿，在那里他作为编外教授而被任职，并且与歌德同时在那里授课，在其隐退之后也赢得了巨大的成功。

在耶拿，谢林成为了浪漫主义者圈子的焦点，他与他们所有人都保持着紧密的联系（哈登贝格、蒂克、布伦塔诺等等）。在这个圈子里他也遇到了当时施莱格尔（A. W. v. Schlegels）的妻子、柏默的遗孀卡洛琳。他起初是在德累斯顿通过卡洛琳的丈夫而结识了这位浪漫主义圈子的天资绰约［？且耀眼夺目］的缪斯和她的女儿。"他完全是个'岩石做的'人"，那时的卡洛琳这样写道。她经历了多［？舛］的前半生（参见书信）而且年长谢林12岁。在与施莱格尔离婚以后——与其说是丈夫，她始终更多地把他当作朋友和庇护者，1803年她成了谢林的妻子。谢林很倚重卡洛琳的爱，在他的精神创作中也同样，他与她共度了六年最为纯净无忧的幸福生活。当她1809年离世，他悲痛欲绝，她的死为他的情性留下了如此深刻的印记，以至于他的泛神论从这个时候开始或多或少地转入了有神论和非理性主义。1812年谢林与卡洛琳的一位比她年轻得多的朋友包琳娜·高特结了婚。1806年（卡洛琳逝世三年前）谢林就已经作为教授就职于维尔茨堡大学，他担任这个职位直到1806年，并成为了慕尼黑科学学会的成员，在雅可比逝世以后就成了这个学会的常任理事。1820年到1826年他在埃尔朗根，当兰茨胡特大学1827年搬到慕尼黑以后，成为了慕尼黑的教授。

1841年他作为"反对黑格尔泛神论之龙种的骑士"被国王中的浪漫主义者——弗里德里希·威廉四世（Friedrich Wilhelm IV）召往柏林（普鲁士学会成员）。他应当如此前来，"不是像一个教授那样，而是作为由上帝所选中并委以重任的时代导师那样的哲学家，国王希望谢林的智慧、经验和性格优势能够令自己如虎添翼"。

他以这种浪漫主义的形式赢得了声名，出身普鲁士贵族的、来自邻国的、还有受过通识教育的东正教徒们的诸多代表蜂拥而至。［人们期待他带来］反对消极哲学的积极哲学。他真实的表现并没有完全满足这些期待；但是他带来了许多非常重要的启发。（施塔尔的法哲学）。不过他关于神话学和启示的讲座并未产生他所期待的反响。弗劳恩施塔特以《谢林在柏林的讲座。陈述与批判》（柏林1842年）为题出版发行了这些讲座。在与他的尖锐论敌保罗（Paulus）的官司之后——他在违背谢林意愿的情况下发表了柏林讲座，并且审判对他不利——谢林在普鲁士政府部门宣布，他想要退出公众视野。1854年8月20日他逝世于瑞士的巴特拉加茨。这般孤独而隐姓埋名地结束了这不乏声名、跌宕起伏、耀眼夺目的一生。在他逝世的时候，流行的唯物主义已经在德国抬头。

［普遍的性格特征］

谢林的本性与精神构型并不那么容易被把握。这体现在他为同时代人带来的迥然不同的影响之上。他的人格效应始终具有强有力的启发性,他在人们看来总显得陌生、异类,但也始终笼罩着一种专制帝王的光环。从未有人像他那般引人钦佩又令人惊异,"就像一个更高级的物种"。

69 　　其他带有道德主义气质的人称他为"恶的化身"。他身上最引人注目的特征是某种自然的魔力,在此我是在歌德的意义上使用"魔力"(这个词),他感到自己具有着魔的性格,这在卡尔·奥古斯特、拿破仑、拜伦勋爵、莫扎特身上(也是同样),魔力的本质已经得到了深刻的描述(参见雅斯贝尔斯)。他成为自然哲学家(接续着波墨和文艺复兴的自然哲学),是他内在的命运。他自己就完全是自然,并在内心中感到非人的自然此在的所有不明活性与力量,精神和人的意识仅仅是光芒四射的巅峰,自然向着这个巅峰拾级而上——为了在人之中认识自身。这种存在于其内核之中的不明欲求之物——他通过生活命运般地逐一遭遇着这些欲求之物——也让他成为了特别的浪漫主义哲学家。

　　从他的个人风格及写作形式看,他属于一切特别的哲学家中最耀眼和最高雅的那种。他在这一点上肖似柏拉图,只是更为暗流涌动和杂乱无章。他书写了一种伟大的、摄人心魄的风格——充满了闪闪发光的图像,但也有强大的、思辨的思想力量。他与布鲁诺——一般地来说与文艺复兴的伟大人物们也有颇多内在的相似性。他对于对话体的爱也让人想起柏拉图和布鲁诺。他乐于斗争——具有一定的自尊心。他比其他那些思辨哲学家在国内和国外产生了更多的影响,对全世界也是。他始终确信,人们在从他这里开发资源,这并不全然是错误的。关于黑格尔他这样说:"对于他和他的后继者我完全可以这样说,他们在吃我的面包。"

谢林同时对自由主义的、新教主义的以及天主教的文化圈产生了很大的影响（巴德尔，莫勒）。根据他的精神天赋和跨度，他是术业有专攻的哲学家中的艺术家，那由爱所引领的天才的直观力量仿佛让他与他所处理的事物之间产生了亲密的关系，这是他的长处。"理智直观"——一个康德所铸造的概念，它被费希特用在了绝对自我在其生产中的窥视（Belauschung）之上——是他的认识论命题和他的方法。对世界的"构造"。

他对世界的解释：世界是一个巨大的艺术品并同时是一个活生生的有机体，其中一切都必须服务于有意识的精神，精神仅仅是对逐步向上攀升的世界现实性的自身意识本身。他如此这般地尝试着引领希腊人有机的世界观凭借一种新的工具而重获胜利（叔本华、冯·哈特曼、柏格森）。

在对道德现象和宗教现象进行解释之时，他也有着极其敏锐的嗅觉和可观的深度。这体现在他[？在这个方向上]关于自由的重要作品中。他受到了最广泛的自然哲学的和历史的教育。通晓教父哲学和中世纪哲学、文艺复兴哲学——还有部分的印度哲学。在他身上得到表明的德国哲学对陌异的哲学文化的兴趣范围是很重要的。

谢林的哲学

谢林青年时期的第一部作品处理的是神秘学问题、新约批判的问题。第一项哲学的工作成果："论一般哲学形式的可能性"（1795年）。在这一作品中，他完全是费希特的学生。其哲学的出发点不是同一性原则，也不是莱因霍尔德的意识原理，而是自我＝自我。

在下一作品中："论我作为哲学的原则或者论人类知识中的无条件者"（1795年）谢林发展出了"一种新的泛神论纲领"。这种表述对黑格尔的"国家"产生了影响。费希特的"自我"是上帝。它包含了一切实在性。它是"万物之一体"（hen kai pan），无变化的、超感官的。它永恒地自行产生自身并在其自身之中产生一切实在性（斯宾诺莎）。它没有对立面——没有人格、没有意识。

［这些工作成果发表在］《论独断论与批判论的哲学书信》之中，首次发表在1795年尼特哈默的《哲学杂志》之上。1.反对康德主义者；2.理智直观。坚决地拒绝了康德的道德主义和理性公设理论，并且用费希特的方式说明：要么认识着的主体必须回溯到一个客观的实在之物之上，要么这个实在之物必须回溯到认识着的主体之上（批判主义）。

我们所有人之中都寓居着一种神秘而奇异的能力，即从时间的更迭中抽身而出，退回到我们那裡去了一切来自外界之物的、最为内在的自身，并且在这里以一种无可更迭的方式看到了永恒之物。在这种直观之中我们得以认识超感官的世界。这是第一个"理智直观"的学说。

这种概念可溯源至康德：1.原型的理智（intellectus archetypus），一种也能产生其质料的知性。2.一种直观，a）它是无形式的，也就是说直接地拥有事物，b）它不会是盲的，而是能够一并给出关系系统和秩序系统。（对于康德来说只是"一些观念"，据此我们度量着我们所没有的东西。）费希特更多地开展了第一个观点，而谢林则是第二个。

在谢林所刻画的"自身"（它不再是对象，其中认识者和被认识者融为一体）的深度上，我们直观地把握到一个"超感官的世界"。这个如今仅仅是观看着——人全部的所作所为——的赤裸自我不仅是它自身，不仅世界＝元条件（Urbedingung），而且同时是瞭望筒，一种对"万物之一体"的观看形式。[这里呈现出一种]无关宇宙的自我-泛神论和对斯宾诺莎主义的主体化。

《对知识学之观念论阐释的论文集》（1797年写就；1809年付印）也是如此。

超出费希特的决定性的一步是在《一种自然哲学的观念》（1797年）中迈出的。费希特所论说的自然仅仅是义务的质料。谢林现在则想要挺进到那"宽广的、开放的万物之大全"之中——，他因此并不尝试给予自然的实存以本己的定在意义（Daseinssinn）和定在价值（Daseinswert），因为他在其中看到了一种阶梯次序和一个演化体系，这个体系仅仅在思维着的精神中达到巅峰。但是这种演化是一个无时间-动态的演化，而非时间的演化。他在此与康德的质料的动态构造联系了起来：引力与斥力定量的强度比产生了身体的诸现象。"自然是可见的精神；精神仅仅是不可见的自然"。

在接下来的作品《论世界灵魂》（1798年）中，（出现了）一条解释普遍有机体的假设，这一思想会向着一种泛神论拓展。生命与精神彼此交融，界限模糊。这种思想被不断地贯彻下去：一切定在之物的元存在（Ursein）和元潜能（Urpotenz）是生命＝世界灵魂。机械论的自然则要么仅仅是"尚在萌芽中沉睡的生命"，要么只是一种对普全生命活动进行固化后的产物，——一具一度丰饶地活过的尸体。精神作为有意识的精神仅仅是其最精细的花、是它的本质

(Essenz)、是生命自身的自知（叔本华，[？]，柏格森，普雷耶、费希纳）。

生命对于一切有生之物都是共同的，有所不同的仅仅是生命的形式。一切生命体的级序通过那有且仅有的组织之演化而被构建出来。

下述方法论的基本思想贯穿了[这些著作]，《自然哲学体系的初步纲要》(1799 年)，和《先验观念论体系》[1800 年]：

主体和理念之物与个体和实在之物本质上彼此互属——就像缺一不可的两极。如今有了两条哲学之路和两种基本科学：1. 客体存在如何向主体、观念、意识展开自身？这是；思辨物理学[的问题]。2. 一个客观之物如何达及那优先被设定的、与它相协调的主体？这是超越论哲学的问题。它将实在的、无意识的理性活动回溯到有意识的、理念的（东西）上去。康德和费希特仅仅走了第二条路。但是两条路必须相遇、相交："完成了的理论必须是那种能够让整个自然在理智中自行消融的理论。"无生命的、无意识的自然产物仅仅是它返照自身的失败尝试：整个无生命的自然就是一个不成熟的理智。自然最高的目标——整个地成为客体，在人之中实现了——人仅仅是自然在自己身上最高的自身返照。

对这一观念的详细论述也有助于《思辨物理学杂志》，第二卷，1800-01 年，尤其是《体系》第二卷中的表述。我们在此不加详述。

1802 年出版了《布鲁诺，或论事物之自然的与神圣的原理》。（蒂迈欧与布鲁诺。"同一性哲学"）。

对于其整个学说建构之基本特征的最佳导论是：《学术研究方法讲课录》，1803 年。

一次新的转向——它朝向承接着雅各·波墨的神秘主义——始于《哲学与宗教》(1804年)。"有限性和身体性是绝对者之堕落的产物。堕落是达到上帝之启示的手段"。创造与堕落(观念堕落为实在)同时发生。

"论造型艺术与自然的关系"(1807年)作为给慕尼黑学院的一篇节庆祝词,[是一篇]非常深刻且形式优美的讲话,蕴含着对于造型艺术的深刻感受。(歌德和温克尔曼)。艺术是一次尝试,尝试在自然中实现那[？显露出来]的永恒的神圣观念之级序,它不是通过"模仿",而是以这种方式,即艺术家创造性的精神在永恒创造的神圣精神之中回浸式地(zurücktauchend)自行接受神性观念的引领,并且自由而有意识地将仅仅追求、但并不能达到实在的自然的东西带入到[？显像]中来。

1809年的《对人类自由的本质的研究》也有着非常深刻的思考。即使在今天,所有人还是[应当]读一读它,关于自由和恶的思索。这里的出发点1.叔本华,2.冯·哈特曼。与圣马丁、巴德尔也密切相关。

恶的可能性奠基于上帝自身之中,上帝不仅仅是观念、理性、光,而且还有一种本性,一种意愿的、爱的、渴盼的不明原则。这种本性是上帝的本质的定在根据。

启示哲学最初惊现于1834年出版的胡伯特·贝克尔翻译的维克多·库赞作品的前言中。黑格尔式的哲学是消极的,它消除了所有积极的对象、人格、个体和恶。

关于在柏林的讲座课:存在超越论的积极之物,它是非理性的。积极哲学不会由上帝的概念来证明其实存,而是证明实存者的神性。在上帝之中需要 a) 盲目地必然[？非前思维的]存在；b) 神圣本质的三种潜能：无意识的意志作为创造的质料因；审慎的意志作为效果因；二者的统一作为目的因；c) 出自三种潜能的三个位格，它们通过对非前思维的存在的克服而产生：作为克服之绝对可能性的圣父；作为进行克服的强力的圣子；作为克服之完成的圣灵。对这些观念杂乱无章的论述。

三、黑格尔

[以下的简短生平乃是基于手稿中的关键词,作者或许想借此给出一个生平概览:

格奥尔格·威廉·弗里德里希·黑格尔1770年8月27日出生于斯图加特,他是一个公务员的儿子。他的生活对他的哲学无甚意味——与谢林和费希特的情况截然相反。

他1788年去了图宾根的神学机构,直到1793年。(康德、雅可比的斯宾诺莎书信、席勒、法国大革命。)然后我们看到他在伯尔尼当了家庭教师。关于《耶稣传》(1795年),《民众宗教与基督教》(1793-1795)的文稿。1797年黑格尔成为了法兰克福的家庭教师。(与荷尔德林的交往)。当黑格尔还籍籍无名的时候,谢林已经享誉天下了。蓄势待发。

1798/99年他的巨著《基督教的精神及其命运》问世;1800年他自己的体系(有了)轮廓。1799年丧父。1801年他迁居耶拿,并在同年出版了一部关于德国宪法的作品和《费希特与谢林哲学体系的差别》。1801年他在耶拿完成了任教资格论文,与谢林一道出任学院讲师和《哲学批判杂志》的编辑(他的大多数论文都提交给了这个杂志)。1803年谢林离开耶拿,1806年黑格尔离开耶拿。1807年《精神现象学》。("我见到那位帝王——那世界精神——骑在马背上巡城"。)自此谢林视黑格尔为自己的论敌。

黑格尔 1806 年去往班贝克,担任《班贝克报》的主编。1808 年前往纽伦堡,担任圣阿迪吉高中的校长至 1816 年。在 1812 到 1816 年间,他在这里(完成了)哲学导论(的相关著作)和他的逻辑学(著作)——《逻辑学》。1816 年,在弗里茨返回耶拿之后,他在海德堡当上了教授。

关乎符腾堡高层之间关系的政治活动,以及他 1817 年的《哲学科学全书纲要》(1830 年又行扩充)。所有人尽拜倒在他脚下(访客名单)。

在柏林,《法哲学原理》,1821。《科学的批判年刊》是黑格尔主义的喉舌。历史哲学、艺术、宗教、哲学史讲座。1831 年 11 月 14 日,黑格尔死于霍乱。]

[普遍的性格特征]

黑格尔是最伟大的、最具影响力的思辨哲学家。[双重?]:右翼和左翼黑格尔主义。人们(梅列日可夫斯基)关于陀思妥耶夫斯基所说的:"他是他的主人最糟糕的仆人。"[原文如此]所有的精神科学——那些专门科学的领军人物通常都没有意识到的东西(法学、神学、政治历史学、哲学史)——都被他所强硬地规定了。社会主义运动的起点。对外国产生的非凡影响:俄国,波塞多诺斯图夫和俄罗斯大革命的门徒。尼采的判断:"欧洲的事件"。丹纳。英格兰的新黑格尔主义:格林,他的出发点。

精神特点:像理查德·瓦格纳一样的"天才的野蛮人"——缺

乏人性的人格性。一种无情的、持续的、缓慢却十分活跃的思维力量，他在其运动中命运般地体验到这种力量："我首先推导出结论；接着就是结论推动着我"。[？世界法庭]之地"我所说的都是错的"。思维是命中注定的事件。"旁观者"。黑格尔有着非凡的、运动的辩证法，敏锐的洞察力，但是他也有一种真正的、浪漫主义的游戏概念的本能。

这种饶有兴味的悖论是很强烈的。但是与之相关联的是对个体、时代、艺术、宗教、宪法、历史人物的非同寻常的直觉力和同理心。他同时又是冷静的、清醒的、满[？溢的]，并且灵活地、同情地献身于这个多彩的大千世界之中——一个彻头彻尾的浪漫主义者。"浪漫主义的逻辑学。"他为所有事件赋予其体验的深度，而且还在此表现得完全是对象性的。（狄尔泰）。正如一个转换艺术家，抑或[？重要且？严格的]体系论者。不断增长的体系。在他身上我们看到的不是谢林的精神探险，也不是费希特贫乏的道德主义。蔑视康德-费希特的道德主义，雅可比和施莱尔马赫（所主张）的理智直观和感受哲学的反对者。

他的风格在今天是难以理解的——晦暗不明、杂乱无章、充满了文字游戏和模糊性；但是时不时地又透露出崇高的古典之伟大（《精神现象学》）。否认他的现实感是荒谬的。但是面对精神历史的现实他表现得截然不同。他的历史哲学、法哲学、艺术和宗教哲学是堆满了历史洞见和对伟大观念的直觉的宝库。

如此看来[他]无疑是有史以来最伟大的历史思想家之一。大众、个体、经济状况、宪法形式、艺术、宗教都在一个巨大的统一体中得到总结。

76　　不过,他似乎也造成了[巨大的损失]:1.[？思维]的一切精确性都不复存在。2.事实陈述的不确切;一切[？时代]都是错误的[例如？歌德的(时代)]。3.在他的哲学中普鲁士的片面特征被镀上了一层理性之物、必然之物——神圣之物的庄严。4.辩证法的方法[对于]德国思维来说是使人堕落的。(叔本华的判断。)

　　黑格尔称之为"理念"的东西——它取代了无差别的世界根据而成为了世界原则,它同时被认为是活生生的主体。柏拉图主义和康德主义在此融为一炉。但是理念自行展开、自行发展(普罗提诺)。黑格尔称此为"理念的自身运动"。用以取代人格性的上帝的是理念,它以必然的方式在世界中说明自身。与康德的物自体学说和费希特的"自我"学说相反,理念是统一的主体和客体。理念是一切实在之物、自然、灵魂和历史的真理和现实性。

哲　　学

　　1.它具有一种不同于专门科学的方法:先天-辩证法的(方法)。2.它与宗教具有同一的对象。只有概念和表象的形式。3.体系。4.反对直接性的哲学(费希特、雅可比、谢林)。

体 系 划 分

　　1.逻辑学是关于自在与自为的理念的科学。它不是主观的思想学说,不是规范科学,不是纯粹的对象理论。它是关于作为"理念"的思维之形式的自身展开的学说。(诸范畴。)

2. 自然哲学：在其它在（Anderssein）（外在存在）中的理念。自然只是一条必然的弯路，理念为了成为精神，经由这条路而返回自身。

3. 精神的哲学和在其自为存在中的理念。（主观的、客观的［？绝对］精神。

理性认识是事情本身的被统治状态或者在我们之中的普遍理性，它与物的本质是同一的。

逻 辑 学

纯粹存在是内容上最为空洞的、因此与虚无有着同一外延的概念。存在与虚无的同一性表明的应当是生成。生成的种类是产生与消逝。生成的结果是定在。更进一步：质、量、尺度、本质，等等。

这种逻辑学建立在思维与存在的同一性之上。也就是说，正如在柏拉图的形而上学那里一样。理念在此也先于思维着的主体和物：它从自身之中生产出此二者。但是：1.理念不会分级建构，而是彼此外在地发展（普罗提诺）。2.理念同时是活生生的主体性，"自身运动"的动力因。3.它依据其潜能在自身之中得到整个世界。

诸范畴会随着时间而在意识中被发掘，但它们自在地是绝对理念的永恒规定。因此在范畴学说中上帝的本质会得到把握——不考虑它与世界的关联。（泛逻辑主义。）

接着逻辑学的是自然哲学，进而是"客观精神"的学说，人类学。在此之后是"客观精神"和"绝对精神"。自然是"自身异化了的精神"，是在其它在中的精神。黑格尔尝试如此刻画自然的诸个别区域(力学、物理学、有机学)的特征,即它们为同一个目的所贯穿:精神在这些区域中重新赢获自身——获得对自己的意识。在人类学＝心理学中,在其局限性中的精神会通过自然而被处理:心理学仅仅是考虑到[如]人种、民族、性别、生命年龄、精神疾病这样的自然条件的精神学说。[这些]常常是不乏兴味但却无从立足的考察——更多的是民族心理学,而非个体心理学。

"客观精神"
——人类精神生活中的物种理性的形式

社会、历史、法律、国家和伦常性。自然法的最低形式是那些必须倚仗人类的共同生活才有可能的外在规范:财产法、契约法、国家法。惩罚是对否定法律的否定,法律的自身再生产(伦常、习俗)。

道德[性]是意愿和行为的内在形式。主观精神[及]其意愿从属于客观精神。善＝个体的理性与神性的理性之间的协调一致。

合法性与道德性之间的统一就是伦常性。这里法律与道德彼此渗透;家庭、公民社会(马克思)、国家、(在世界上的活生生的上帝)。

国家是客观精神的最高形式,是已完成的现实性和自由(古典的国家理念)。在国家机构中[有]民族精神。完满的国家是立宪世袭君主制,是个人君权与法律授权的统一。

错误的理想:1.实体国家(的错误理想),2.国家的绝对权力(的错误理想),3.中央集权主义,4.文化国家,5.国家之中没有教会。

正如概念之于定在，灵魂之于肉体，自由之于权力亦（是如此）。法律是自由的定在。

道 德 性

1. 对存心伦理学（Gesinnungsethik）的批判：目的和愉悦。2. 对费希特的"应当"的批判。现象学。3. 康德的功劳，为了义务而意愿义务。但是席勒所抵制的那种严肃主义会被拒绝。在"义务与爱好"之间没有持续的对立。

历 史 哲 学

历史＝发生的事情（res gestae）和对事件的重述（historia rerum gestarum）。没有对历史的撰写就没有历史。历史的种类有：1. 原始的，2. 反省的，3. 哲学的。

[原始的历史应当]是自身被体验的且完成了的行动（赫西俄德、修昔底德、在其《长征记》中的色诺芬、凯撒、圭恰迪尼、雷斯枢机主教、腓特烈大帝）。（《我的岁月历史》。）

反省的历史具有一个主观的目的：1. 一个民族的普遍历史（李维、缪勒）；2. 一种实用的政治含义和道德含义；3. [它应当是]批判的。（历史的历史。）4. 概念历史：艺术、法律等等。

这就导向了哲学的历史：诸目标之统一和神圣的世界蓝图。

历史是上帝在世界精神之构型中的启示，世界精神则在诸民族和人格之中自行展开。历史是神正论。1. 历史的最终目的；2. 工具；3.历史的进程。"上帝与生成"。上帝也要"斗争"、"抗辩"。

[补充1.]人的自由是目标，也就是世界精神对其自由的意识。

[补充2.]需求和激情是工具；自由的客观构型是国家。国家是历史的主要载体和主体。

[补充3.]世界历史的进程、人性的阶段进程就是世界历史的诸多种族。人类的统一性和多元论（洛采，小宇宙）。理念的诡计。

[作者在手稿中于此处所罗列的下列十三个要点暗示出批判的立场：]

1. 自由作为"生成"目标：进行保存的要素和[？进行更新的要素。诸文化区域的本质（是）各异的；例如宗教。

2. 必然进程：逻辑决定论。

3. 内在的正义：世界历史是世界法庭。

4. 令人格下属于[？……]

5. 理念的诡计（马基雅维利主义的国家道德）。

6. 辩证法。

7. 乐观主义和对[？多种状况、？诸机构]的疏忽。

8. 片面的唯灵论：人种、经济、权力斗争［并未充分地加以顾及］

9. 政治的历史。对国家的过誉。

10. 欧洲的进步［？］。

11. 成功的机［？会］。

12. 处于领导地位的民族。

13. 处于领导地位的幽灵（Geister）。

东 方 世 界

1. 中国人（是）人类的"童年期"。

2. 印度是一个种族，但不是一个国家。缺乏进行理解的时代意识和世界意识；但使得特殊性首先以种姓制的形式而起作用。

3. 波斯人和埃及人。诸多谬误。

4. 希腊：人类的青春期。"自由的个体性"。客观的艺术品。政治的艺术品。

5. 罗马世界。

6. 基督教。拜占庭帝国。

7. 基督教-日耳曼世界。路德、康德、普鲁士。

批判。卡尔·马克思的出发点

主观精神与客观精神的统一是"绝对精神"。

1. 直观，2. 表象，3. 概念。[下列部分未经修改。]

1. 直观

a) 感性化了的理念、在其显像中的理念是美的。不存在源始的自然之美，只有艺术之美。

艺术形式：1. 如果理念在显像中仅仅使人有所感应，这就是象征的艺术形式（包括了埃及的东方艺术形式）。

b) 如果直观与同一的内容相重合，那么就是希腊的古典艺术。

c) 如果理念至上，就产生了基督教的艺术形式。随着这些新的感触，如爱、忠诚、尊严、痛苦、懊悔、忏悔被引入到艺术之中，就产生了浪漫[主义的]艺术。

象征艺术的建筑。

古典艺术的雕塑。

绘画、音乐和诗歌，浪漫主义的特征。

2. 表象

a) 宗教哲学不应当 = 自然神学：上帝应当在宗教意识中被领会。反对"理性宗教"。但是宗教哲学应当(是)上帝的、对上帝的与对崇拜的意识的最内在的统一。宗教哲学是哲学和宗教。"全部文化的巅峰"。灵知论。

上帝的启示内在于全部现实性之中——尤其是在历史之中。普全的启示。

b) 康德驳斥了对上帝之定在的证明。黑格尔则为之求全。(参见，宗教哲学并且尤其是"对上帝之定在的证明")；不过是作为宗教意识在其向着上帝提升的过程中的阶梯。存在论的证明是最高的那一阶。1. 宇宙论证明给出了"提升"，2. 理性行为(给出了)原[因]。3. [？世界的完满性]。

c) 并非有着两类不同的理性和精神，即上帝的和人的[精神]。要想让宗教也成为可能，上帝必须被认为是：人与上帝之间的关系。上帝。最终：宗教是上帝在人之中的自我意识。

d) 反对施莱尔马赫。

e) 上帝的表象性意[识]：上帝在时间叙事的序列中的行动要

以寓言和神话的方式来理解。福音书是：以时间叙事的形式（而得到表达）的永恒真理（柏拉图的神话。）对基督教的实证的历史形式的消解。（与从古到今的自由神学相比。）理念与人格。

对表象级序的反驳。

黑格尔哲学的统治从1818年延续到了1848年（通过图宾根的神学会）。大卫·弗里德里希·施特劳斯；在（其）《耶稣传》（1835/36）中的神话理论。

四、施莱尔马赫

[以下的简短生平乃是基于手稿中的关键词,作者或许想借此给出一个生平概览:]

首先要提及的是狄尔泰的《施莱尔马赫传》,1870年。弗里德里希·丹尼尔·施莱尔马赫出生于布莱斯劳一个归正会牧师之家。在尼斯基和巴尔比的兄弟会[亨胡特兄弟会的]教学机构中得到了神学学习的预备教育,随后在哈勒攻读神学学位。1796年任柏林慈善医院牧师。1802年到1804年间,他是斯多普的牧师,1804年成为了哈勒的编外教授。1809年在三一教会任牧师,1810年到1834年间在新的柏林大学任教授,1834年逝世于此。

施莱尔马赫与浪漫主义者们往来密切;他是已经嫁与赫茨为妻的海利薇·赫茨的密友。1794年,他在这里结识了弗里德里希·施莱格尔,施莱格尔那时住在慈善医院。

1798-1800年《独白录》和《宗教讲演录——对蔑视宗教的有教养者的讲话》问世。1800年他在其《关于施莱格尔的雅典娜神殿的密信》中为施莱格尔的"雅典娜神殿"(Lucinde)声辩。一些事情——他与埃莉诺·格鲁诺的热恋以及他的言论所激发的效应——导致他不得不放弃在柏林的职位。在斯多普他开始了其著名的柏拉图翻译。1803年发表了《对迄今为止的道德学说的一次批判之基准》。1817年出任关于路德教派和归正教派之联盟的柏林宗教会议主席。1921年①到1922年间：《根据新教教派之基本准则的基督教信仰》。

施莱尔马赫是亲切而温和的——非常有教养，有一种亨胡特兄弟会的感伤，博学多识且感觉敏锐。亨胡特兄弟会的虔敬主义。他身形纤瘦，在人前风度翩翩（有些循规蹈矩）。与谢林相似，他起初是一个想在思维中塑造自我的人，也是一个想要在宗教上和教会中、在人性上和教育上发挥塑造性作用的人。生活与哲学休戚相关；但也几近矫饰、卖弄，并带有一丝狡黠。在道德事务上他往往摇摆不定，且过于善感——但从未失掉高贵。他有着一种强烈的美学的和艺术家式的感官。虔敬主义和康德以来的哲学［？柏拉图主义］在他身上彼此渗透。他是一个严格的博学之才并在哲学上有着超乎寻常的敏锐。感受和直观充实着概念、理论和往往过多清谈、过于优柔和精雕细刻的风格。歌德对他的言辞感到反感。（施莱尔马赫-故弄玄虚者。）他也是浪漫主义的后裔，但仅限于柏林的浪漫主义，它不像那种精致、机智、诙谐的浪漫主义那么激烈。宗教和科学的统一。

狄尔泰在他那里区分出四个阶段：1）少年时代（狄尔泰发表了未曾付印的《独白录》。）2）从1796年到1802年的直觉阶段。《宗教讲演录——致蔑视宗教的文化人》；《独白录》；《关于施莱格尔的"雅典娜神殿"的密信》。3）从1802年到1806年的批判阶段。《对迄今为止的道德学说的一次批判之基准》。柏拉图翻译。4）从

---

① 原文为1821年，笔者疑为笔误，虽在此更正为1921年。——译注

1806年到1834年的体系阶段。《圣诞庆典》。《根据新教教派之基本准则的基督教信仰》。在神学上的批判性作品,赫拉克利特和学术论文。康德、费希特、雅可比、谢林、斯宾诺莎;柏拉图。

[关于施莱尔马赫哲学的关键词]

[关于宗教]

1. 辩护。2. 宗教的本质。3. 宗教的构成。4. 社会学。5. 宗教社群。教会和神[?]甫。6. 诸宗教:基督教的申辩。

[1]独断论的体系是"算计知性的艺术品"。回到英雄。神甫事业是后补的。教条是在概念中对笃信感的描述。宗教[关乎]"对无限者的直观、感受和品味"。不连贯的瞬间直觉,它们随后会被理性化。

本质:"对无限者直截了当的依赖性的感受"/"为我而敬献一缕神圣的、犯禁的斯宾诺莎的亡灵吧"。

科学、艺术、实践。对象道德主义(Gegenstandsmoralismus):对矛盾的夸大。反对理论知识。与艺术的关系。"每一个瞬间都在有限性中与无限者和永恒者合而为一,这是宗教的不死性"。

2. 将一切都视为整体的符号、环节和部分。

3. 所有宗教(都是)"宗教"的部分。上帝的普全启示。实证的诸宗教之共存是合法的。"每个人都意识[到],他的宗教仅仅是整体的部分,在这些关[系]之外还存在着某种[?]其它的东西,它也同样[?]"。

宗教哲学的任务：对各种不同的[？被给予的]笃信共同体的批判性呈现，只要它们一同构成了作为人之本性的笃信的完满显像。

a)宗教的独立性，b)宗教哲学和形而上学（反对黑格尔的灵知论）。批判：1.对感受的片面强调；2.感受与原因；3.不是上帝，而是宇宙；4.对理性化的拒绝；5.分离了笃信与客观的发展；6.主体性；7.关于教条的错误学说；8.依赖性a[？]b[？]。

与诸宗教相联系的基督教

1. 世界作为混沌被给予的阶段。神性显现为有所作为的，或者说显现为非位格的命运。（原始一神论。）以休谟为依凭。

2. 在一种神性的主导和引导下，诸世界区间的某种的复多性显现了出来。有的是多神论，有的服从于自然的必然性（卢克莱修·卡鲁斯（Lucretius Carus））。

3. 存在将自身呈现为总体性，呈现为复多性中的统一性和"体系"。精神的一神论；有神论；泛神论。最高的形式也是终极（形式）：活生生的非位格的上帝。在犹太教与基督教之间的对比。犹太教有着这样的见解，神性的永恒存在是复仇。基督教是解脱宗教：对堕入腐朽的世界之持续不断的拔升，通过传达常新的、日趋完满的、集中于上帝之中的诸位格的救赎。基督教的基本规定是在感受到的世界之缺陷面前保持谦卑。耶稣的重要性在于，他仅仅是所有这些先知中最高的那位。他是中间人。

一切在宗教上能够达成笃信的成熟者所组成的共同体才是真

正的教会。单一教会是笃信之人与那些还在寻求笃信之人之间的粘合剂。神甫与教徒之间应当仅仅是相对有别的：真正的宗教领袖是那些神授的且满足神意的位格。

1. 分离教会与国家。2. 基督教是绝对的宗教吗？不是，而是最完满的。3. 也不是唯一的普全宗教。

独 白 录

"日渐成为我之所是"。反对康德的定言令式，因为它让意愿的形式同一性成为了义务。普遍准则被认为是原则。与之相对地，施莱尔马赫设定了个体主义。每个人都有其独特的任务、独特的义务、独特的天职。每个人都有其独有的强项。这种个体主义 1. 是精神的，2. 不是单元论的，3. 不是反社会的。

[这种个体主义是：]伦常的个体主义的第一种形式。[其中]有其正确之处。反对马克斯·施蒂纳的反社会的个体主义，反对康德和尼采。特赖奇克。这种个体主义尤其是美学的（洪堡：《尝试规定国家的效力之边界的观念》）。在艺术品、小说中，呈现了许多伦常个体。声援女性的精神解放。给贵族女性的理性的教义问答。"尾随男性去欲望艺术、明智和荣誉吧"（参见，奥伊伦贝格）。

《密信》(Vertrauten Briefe)要求：感性元素和精神元素在性爱中的统一。（参见，理卡达·胡赫的浪漫主义之爱）。与浪漫主义之爱的本质相反的，是18世纪对婚姻与爱之间清晰的划分。对灵与肉的划分是错误的。

在其辩证法（论证的艺术）中，他以康德对认识的质料与形式的划分为出发点。它们给予了精神以有机的功能和理智的功能。认识形式符合存在形式(前定系统)。空间与时间是实存的形式,而不仅仅是立义的形式。

哲学与宗教是自主的。反对黑格尔。

伦理学所涉及的是理性的行动,只要同一个行动能够产生出理性与天性的统一。伦常法则和自然法则并非如在康德那里一般彼此迥异:存在与应当。纯粹意志的法则是自然法则(康德)。存在区域中的一切都是自由而必然的;只要它是一个由自身自为地设定的统一性与力量的同一,它(就是)自由的;因为它们交织在事物的系统之中,(故而是)必然的。伦常法则仅能够进行这样的"干扰",这些干扰是由自然的其它部分带来的应当[?]。非伦常之物=低等的力量没有完全接受理性法则的主导。又一次:个体性的正义。

重要的创新:康德伦理学被片面地领会为义务论。施莱尔马赫:善的学说和德性论。有一种善是理性与天性的每一次一体存在(Einssein)。机械论、化学机理、植被、动物化、拟人化都是这种成为一体(Einswerden)的级序。伦常行为的目标是最高的善:作为一切理性与天性之统一的整体性。伦常态度的力量是"德性"。(18世纪与康德。)德性的多样性就是诸物种,理性作为人类的天性位列其中。在朝向这些目标的运动中、在意愿与最高善的合目的的协调一致中,存在着义务思想的起源。

理性行为是"进行组织的"(进行塑造的)或者"进行符号化的"(进行标示的)(行为)。行为与创造。

宏大的体系伦理学

伦常行为的四个区域：1.交往，2.财产，3.思维，4.感受。不甚清晰却构思精巧、但人［？为痕迹较重］的体系论。四种伦理关系：权利、社交、信仰、启示。四种伦理机制：国家、社交共同体、学院、教会。

美德是品质和技能：明智、爱、审慎、自决和勇气。

义务：法律义务和爱的义务。随后是基督教的道德学说。

对古老的语文学的研习。

施莱尔马赫与新教神学：施莱尔马赫和天主教的现代主义。当代对重［？回］立敕尔阶段的反对：参见，奥托。一种长期以来经由立敕尔学派而重返新教神学（的趋势）（哈那克、［？卡夫陶（Kaftau）］，赫尔曼），今天重又处于宗教哲学的核心。立敕尔与神秘主义、虔敬主义、哈那克、海勒。在新教主义的地基之上对：1.神秘主义，2.形而上学的复苏。

* * *

在此无法处理浪漫主义学派的哲学文献了，尽管其中蕴含着很高的哲学价值。尤其是事关三位人物：弗里德里希·施莱格尔，他早期在费希特的决定（性影响）之下论证了一种天才个体的个体主义和一种"浪漫主义的反讽"的生活形式，后期则勾画了一门格局颇大的历史哲学和启示哲学（宇宙诗歌和神话学）；此外受到哈登贝格(=诺瓦利斯)——浪漫主义者中最深刻的思维(的影响),他勾勒了一种并非作为体系,而是作为思维形式和生活形式的"神妙的个体主义";还有亚当·海因里希·缪勒,他在其国家学说(《国家学说的元素》)中想要在英格兰的现实性的强烈影响之下以重建的方式为国家、经济、法律、政治奠立新的基础。1.传统主义的影响,2.缺乏国家权利和私人权利的划分,3.浪漫主义的货币理论。

五、叔本华

［以下的简短生平乃是基于手稿中的关键词，作者或许想借此给出一个生平概览：］

（［参考］弗劳恩施塔特［关于其哲学的］的书信；格里瑟巴赫的著作；库诺·费舍尔；沃尔克；叔本华学会。）

亚瑟·叔本华1788年2月22日出生于但泽，九岁的时候，父亲海因里希·弗洛西斯·叔本华——一个富有的商人将他带往法国，并且将他托付在勒阿弗尔的一个生意伙伴家中抚养两年。在他七岁那年，（他的父亲）海因里希·弗洛西斯·叔本华骄傲地说："我的儿子应当阅读世界这本大书。"在这里他彻底变成了一个法国人，以至于他返乡之后不再理解自己的母语。这位父亲有着强烈的反普鲁士的思想倾向。当但泽要被并入普鲁士之时，他离开了但泽，并在1793年迁往汉堡。［在这里他的儿子上了］一所为年轻商人开办的私立学校。亚瑟让父亲送他去一所文理中学。［但他的父亲让他在一场］长达数年的旅行与文理中学之间进行选择。他决定选择旅行。这样他就在十五岁到十六岁这两年游历了［比利时］、英格兰、法国、奥地利、瑞士和德国。（日记。）旅行与怀疑主义。1805年他回到汉堡成为了一个大商人的学徒。仅仅几个月之后他的父亲就过世了。他的母亲约翰娜·叔本华迁往魏玛。给母亲的信。在长期的软磨硬泡之后,她同意他的儿子去学[？习]古代语言。他在哥达和魏玛孜孜不倦地学习了两年的古代语言。他补考了他的考试。他与父母的关系。与女性的关系;孤独。

[他接受的是]这种教育:语言知识,大量的异域文学[？知识]。对人的比较和观察。汉萨城邦式的世界视角。语言与风格的形式。世界公民式的、周游世界的生活方式。履历,补遗。

在日记中,他已经露出悲观主义的态度。尼姆的竞技场废墟:"成千腐烂的人"。在土伦:对橹舰上划桨的奴隶的生活的印象:令他的性情震动而变得阴郁。在里昂广场上的滑稽的热闹与革命[？]。在刑场:"不可捉摸的是,时间的权力如何模糊了活的印象和可怕的印象。"时间——永恒地摧毁自身者,杀死了父母,吞食了孩童。弥尔顿的向往。

叔本华:浪漫主义的观念论标准和面对资本主义的生活现实之时的实在论目光。

他给母亲的信非常富有启发。1806-1807:一切都消解在时间之流当中了。那些时刻、那数不清的细小微粒——每个行动都在其中分崩瓦解——都是啃食着一切伟大与渺小的蠕虫。时间感:无聊与悲痛。还有"生命的无目的性":他看着人们漫游在他的小小一方天地中,从不思考从哪里来,到哪里去,"就只勤勤恳恳地追逐下一步"。"我来了,我不知道从何处来,我走了,我不知道去向何方……"

音乐:晚期形而上学。

非常重要的是:在苏醒的性本能面前的惊骇。他羞耻地感到被贬低、被奴役,并无能从欲望生活的暴力之中昂起他精神的头[？

颅]。"哦爱，哦欲，哦情欲，哦地狱……"精神与身体之间鲜明的超二元论（hyperdualistisch）张力：原始日耳曼的特征。类似于路德。沉思作为安宁与平静。[？]昏钝的意志力。他的本性的结构，参见[他的]肖像。一架对于他所能发动的力量来说结构过于精细的机器。对原罪的体验：通过本能冲动从静观的、沉思的态度中撕裂出来。对其存在的命运感：无可变更的特征。在魏玛对这样一种恶的设想，一切时间性的恶都植根其中。

这种迫切的体验让人想起佛陀的自觉艺术（die Art der Bekenntnisse Budhas）。

他在哥廷根读了两年大学，还有一年半在柏林。起初是医学，然后是哲学。在哥廷根的戈特利布·恩斯特·舒尔茨建议他，先专注于柏拉图和康德；而非亚里士多德与斯宾诺莎。因此[他就留在了舒尔茨这里]。柏拉图和康德是他的"先行者"、"王位传袭者"。

对费希特的崇拜很快就转变为轻蔑和嘲讽。对费希特讲座稿的边注。与费希特和谢林的论争。反感后康德式的思辨。对洛克的喜爱。

自然科学的学习。相较于哲学讲座课，更多的是自然科学的讲座课。"因此我能够参与谈话，并且在这样做的时候收获了人们的敬意。"

书信显示出他母亲的某种孤芳自赏。[她]从未严肃而深入地了解过她儿子的痛苦。与年轻14岁的约翰·冯·格斯滕贝格的亲密交往，她从1813年起就与他同居。玷污了他对父亲的怀念。（精神分析的面向。）母亲将儿子逐出家门。从24岁起，直到逝世，他都未再见过[她]。"女人们喜欢与情人一起浪费和挥霍父亲的财产",在这个男人死后他的母亲成了继母;孩子们不喜欢这个不爱她丈夫的女人。后来的书信往来。

但他的判断如一。费尔巴哈的判断。

结束了大学生活之后他立马就想踏上学术之路。他的[第一部]代表作《充足理由律的四重根》是在23岁的时候完成的;然后他去了意大利;散尽家财的威胁让他不得不提前了[教师资格论文]的计划。1820年春,他在柏林写作教师资格论文,并在夏季学期举行了长达六小时的讲座:"全部哲学都是关于世界的本质和人的精神的学说。"这是他的第一个讲座,也是最后一个。与黑格尔的僵持不下。

1836年他的代表作《论自然中的意志》取得了巨大的成功。

不像柏拉图、康德那样,连篇的拟述、展开、发展。那些已经发生而不可挽回的印象,世界[原文如此](布洛克豪斯)。直观与印象。统一性与稳定的特质。正如他在世界历史中未看到发展,在人的特质中同样未看到(发展)。(基本特质的无可变更性。)

在柏林,他开始写作关于理由律的四重根的博士论文。它篇幅不长,却是一部杰作,完成于鲁尔多施塔特。于1813年出版。在1814年《作为意志与表象的世界》这部代表作的基本思路就已经得到了构思。《论视觉与颜色》这部短小却丰富的作品主要是在歌德的颜色理论影响之下而诞生的。1818年这部代表作得以完成。随后的一切都是某种扩展。在1814到1818年间:"一个美丽的地方如何在晨雾中出现。"在此是一个微观世界(托尔斯泰)。致歌德:"我的作品——它现在只为米歇尔而出版,不仅仅是片刻驻留之下的果实,而且在某种程度上是我的整个生命所结出的果实。"随后的定然只是展开。随后：对其作品的惊叹。

1836：《论自然中的意志》。1837-1839：文章："论人类意志的自由"，"论道德的基础"（丹麦学会）。1844年以一整卷的《补充》对《作为意志与表象的世界》第一卷的第二版进行了扩充。他希望战胜［？］世界的阻抗。

直到1851年，从这一年起随着《附录与补遗》的出版，成功才姗姗来迟。对心理学问题、伦理学问题、生命问题的概要式的处理。在黑格尔主义的崩溃与大革命的失败之后（这种思维方式的政治反应；普菲次纳、托马斯·曼）。在多次旅行之后（包括意大利，在其柏林时期之后他为了躲避霍乱而逃向那里），他在法兰克福度过了人生的最后三十年。1860年9月21日他逝世于此。

他的著作相对于他的生活的重要性。野心勃勃且追名逐利。［指出］叔本华那确信的、从未动摇的、依赖于外界的自身感受和柏拉图、康德的一面［？］，更有甚者：宗教天才的自身感受。其追随者的结派天性（参见，书信）。"信徒"、"新教徒"、"青年人"。叔本华圈子的这种更像是一个教派而不是［一个］学派的特征直至今日还有迹可循。（叔本华学会。）［？多伊森］。

人格［的普遍性格特征］

1. 他的天性中有着深刻的二元论：正如在奥古斯丁、彼得拉克、卢梭、理查德·瓦格纳、路德那里一样。光明与黑暗、天才观视的自由和极乐与最激烈的本能力量在其灵魂中彼此碰撞。他的基本体验：解放、和平、通过对本能生活之力量的观视而思义。

2. 这个认为意志是世界的本质的男人，是一种意志之人的反面。因此：否认生命意志就万事大吉了。对他来说在人际关系中从来没有过幸福。他有一种显著的不合群的本性，即一种反社会的本性。生活形式：显著的个体主义。单身，单方面地（是）智者（einseitig Weise）。丢勒的骑士与死亡（正如尼采在《不合时宜的沉思》中（所言））。只有在观视中，创造[原文如此]。因此著作就是天才在其理智世界中所找到的更高的第二次生命。反历史，反社会（国家、教会）：与思辨时期的区别。通过观视与思维的过剩他将自己从欲望和痛苦的桎梏中拉拽了出来：没有困难，没有困境。在这个男人心中有着全然是闷闷不乐、黑暗阴沉、冲动难抑的东西，这将他与物质上可怕的力量相连接。在他的本能生活的黑暗困境中，他与路德（日耳曼人）无异。"平庸"者牢牢控制着他。对其生活的严重蔑视就源出于此。

但也因此才有了他的生活、他的人际关系与他[原本的]学说之间的矛盾。库诺·费舍尔认为：他是如何忍受其悲观主义的？他观看这个世界的悲剧，就像坐在一把最舒适的扶手椅上用望远镜观看一出戏剧，为了随后深有感触但心情餍足地回到家中。"伟大的演员，在他的力量中有着悲剧又诙谐的效果"。在此真真假假，亦真亦假。

a) 这种行止依照他的哲学的必要性。b) 无误的是，共苦从不驱动助人的行动，[而]仅仅（带来）对一个巨大的共同受苦的逐渐意识。c) 但因此[他不需要]成为一个演员。真正的受苦只有在沉思的态度中才能得到解放。这种态度是很容易理解的。重要的是，美学的[？理性]艺术对他来说首先是由于救赎价值而有意义。在这个意义上他的哲学本质上是美学的。

但是这种生活与伦常理想的不匹配始终存在着。这个同时在圣人身上看到了其最高的人类理想(佛陀)、也在修道院徽章[？]前悲怆落泪的男人写道：经营人生的准则[《关于人生的智慧的格言》]，它是以乏味的幸福论为目的的。在威尼斯与拜伦的变故。[？]安宁、安全、坐拥财富和他的物质享受——对于他来说事实上是最主要的事情。伦常榜样始终是美学享受的对象——这不是实际的情况。无度的野心、追名逐利、哗众取宠、恨、对哲学教授的污蔑、鸡毛蒜皮、永远的畏惧都被掩藏、被抹去了。(不具备任何伟大姿态的市井小人。)但最大的谬误就是将他称为本质上是"印度的"、佛教的。

3. 这种本能生活是魔鬼的(生活)。一个天才必须具有激烈的、狂热的性格，尤其要有强烈的性欲。无疑叔本华的"意志"首要地是对万有之根中的力比多的一种映射(力比多，生命意志的焦点)，这同样也发生于狄奥尼索斯宗教中。不过在狄奥尼索斯宗教中是以积极欢乐的、极乐的方式。但在这里是消极、悲伤、忧郁的。因为他不是以基督教道德，而是以印度道德来衡量这些事物的。为性欲所奴役和暂时通过劳动、艺术享受、观视而获得的自由：这是他的生活的支撑物。这种奴役状态一直持续到老年。关于少年人，他说，他们处于魔鬼的主宰之下，他们在为魔鬼服徭役，这种徭役简直不给他们瞬间喘息的机会，并且与此同时或直接或间接的始作俑者首先就是降临在人身上的不幸(Unheil)。升华问题。"性爱的形而上学"完全是个人的。一个人种中的天才，[他说]，会在充满向往的目光之严肃中、在被迷惑的性爱妄想之极乐中沉思。当他老了——人们这般传说——当他论及救赎之时谈到激情所具有的魔鬼般的力量，出自这个老翁之口的尽是感恩、崇高感和思想。叔本华从未在更高的意义上爱过。他害怕一切更高的爱——它是哲学的竞争者，比传道士更甚。只有在女性的最低层次上他才会有所触动。贬低女性的来由：母亲。关于"女人"。对"欧式的爱"与欧式的性别习俗和性别道德的可怕的抗争。1.反对婚姻。2.对女性和殷勤的崇拜。反对更高的爱（献殷勤，骑士精神）。亚洲主义。

自主性、独立性、无所畏惧；无政治偏好的思想者，对政治的恨滋养着叔本华。"纯粹的内在性"和保守主义（圣经）。

他表现出的异域的亚洲品格。就算掌握了渊博的历史知识，在历史中只有：殊途同归（eadem, sed aliter）。面具、服饰——一成不变的人类本性掩藏其下。掌声献给：亚里士多德，悲剧和历史一样传授着知识。存在学说、伊利亚主义、寂静学说、寂静主义。机动的与寂静的。对（信奉）基督教、犹太教的欧洲的蔑视。他站在这个世纪的整个哲学的对立面。不存在历史哲学。反对尼采的《悲剧从音乐精神中的诞生》。反对噪音与声响。蝙蝠的耳朵是被一种封闭瓣膜所保护的。他表现得粗鲁、下流、没有教养。"片面的单身汉哲学"。（特赖奇克。）晚期斯多亚的影响。与他那个时代的资本主义的关系。生命的孤独。

什么是哲学？

哲学是对世界本质的认识——形而上学。它不仅仅是认识论或者心理学——像在休谟、洛克那里那样。但它也不是［根据叔本华的观点]一种先天地源出于纯粹概念的科学。形而上学也必须回溯到直观、经验之上去。诚然它在（描述）其直观的概念中呈现出来。但是概念性的认识相对于直观性的（认识）来说是第二性的。叔本华是一个明确的直观哲学家。直观是"对全部内在经验和外在经验之一切洞见的取之不竭的现实源泉"。对经验的普全理解。[？尤其是：]那尽可能素朴地被给予的直观之物突然为概念所把捉。叔本华对直观的把捉并不清晰。事实上他借此所指的是"直觉"——不是成堆的感性感知。但是[它不具有]特殊的认识和确定性质，因为他借由谢林的"理智直观"而将这种确定性质视为是出卖了灵魂的。

因此叔本华总在尝试让哲学在方法上贴近科学。自1814年起的笔记（所呈现的）则是另一番景象了。形而上学无论如何都单向度地规定着伦理学、美学、自然哲学等学科——在科学停止进行解释的地方：重要的规定。科学依据根据律考察一切：哲学却从不过问为什么、为了什么、缘何，而是问道：什么是世界，什么是它的本质？它的对象是不可解释之物。对世界的理解和释义。

这一点常常隐含于这个定义之中，"对事物的考察方式不依赖于根据律"。观念、本质认识。纯粹而清明的世界之眼一旦形成，时间和地点就不再有任何含义。哲学是本质认识、本质观视。叔本华通常与这个观点相去不远。因为他认为空间与时间是个体化原则，那么观念世界就是一个自足的世界，这是其方法所具有的柏拉图气质。那些仅仅像实证科学家那样遵循根据律的人，据其本性将永远不会抵达终点。反对"第一因"。哲学的目的不是世界的原因，而是它的本质。不是让它停下——就像叫住一个出租马车夫——

实证科学仅限于对合法则的关系的定义和揭示。直到哲学才踏出 93
了这种关系知识。根据律在其四种构型中都无异于一条裹挟一切
的无始无终之流。哲学一直都在终点。科学是——无止尽的。实证
科学通过彼一者解释此一者。"社会：这是 X 的朋友，这是 Y 的姐
夫，等等"。但是这整个社会和我有什么关系？

哲学因此是本质观视，是从合感受地被给出的直观出发而朝向
事物之所是的沉思。

因此，相较于科学，它与艺术有着更为深层的亲缘关系。它被
视作科学的基本依据，但却是较之更高的种。早在 1814 年他就说：
"一切科学都是如此的贫乏和饥渴，还有它们的漫无目的之路。"但
是哲学离开了这条路，并投向了艺术。在这里它会像艺术一样"丰
饶和富足"。哲学应当充分地从那载着科学的永无止息之流中超拔
出来，成为那岿然不动、波澜不惊的艺术。

但是艺术品在概念中[被解释]。观念观视却是通过描述。概
念中的哲学[就像]大理石。

哲学家的设备是对日常事物感到惊异的能力。叔本华的这种
惊异的强烈感受确确实实是哲学的。他用一双纯粹的、无传统的
眼睛看待世界："自我与世界"。死亡这个事实：哲学家的缪斯。形
而上学的不安在其中作为这个问题而存在："为何有物存在而不
是无。"

尤其是在他指出这一点之时，即人们如何获得一个关于作为意
志的世界之特性的学说，他特殊的哲学认识论就还在另一种意义上
呈现出来。此处面对的是"一种全然本己的认识"。我是以一种截
然不同的、无与伦比的方式意识到我的意识。1. 在此被勾销的仅仅

［是］主体与客体之间的对立。2. 我正是我所知。这里有一个我从内部出发而了解到的世界——因为我就是它本身，这是一个破解世界之谜的必要的、类比性的出发点。3. 直接的认识。（"钥匙"。）

这难道不是拟人化吗？叔本华认为不是。"这不是人心中的天性的内核吗？"［在叔本华那里我们可以看到一种］直接的自身本质观视与世界认识的统一。

他也将其称为内在经验与外在经验的统一。外在经验必须通过作为渴望者、受本能和意志驱动者的内在的自身经验才能得到阐释。世界的钥匙在"我"之中。（柏格森。）

他的现实的哲学也建立在直观、专注、瞬间体验的基础之上。这使得他的个性如此丰富多样、五彩斑斓，以至于年轻的托尔斯泰能够说："全世界都在一本小书里。"生动形象，类比方法（后来费希纳在其经验形而上学中的（论述）与之类似）。但这还是逃不脱片面性、印象和巨大的矛盾。无论是在其理论中还是在其对哲学认识的实践中，叔本华都没有找到直觉和概念之间的正当关联。

一、认识论

出发点：对一部观念论与实在论之历史的素描。

与笛卡尔和费希特一样，叔本华从"世界是我的表象"这一原理开始。这条真理应当同欧几里得的公理一样明见无疑。"最确信的、最简单的真理"。

1. 与对一个直接被给予的超验世界之设想的决裂。对笛卡尔、"新哲学之父"的颂扬。

2. 对于理智之路来说这不仅是出口——也是终结。"真理就是，人们在表象之路上永远无法超出表象"。涉及这个超越-意识的世界时的主体主义和怀疑论，这种主体主义和怀疑论是无限制的、理性主义的。只有通过意志[？欺骗]，有效性体验才会摆脱怀疑论的意志。没有思维和推理[会导向这一点]。整个空间与时间中[存在着的事物]的世界都仅仅是表象现象。质料仅仅是诸作用可能性的总和。（贝克莱）"外部世界（是）内部世界的部分"。

3. "没有无主体的客体"。对世界的主观的基本规定性。

4. 空间、时间、因果性是理智（Intellekt）的形式。"理智和理性"。符合这些形式的——除了意识，别无他物。对康德关于空间和时间的命题的接受。诸直观形式同时是个体化的原则。（后来的先-天-理论。）尤其是用新的感性内容充实了同一性。惯性原则：时间没[有]物理学的效用。世界的自身毁[？灭]。

5. 无法不去思考空间。对光明的视见、形而上学的推动力是世界意志的统一。循环。

6. 解释作为[？个体的]梦幻观念论。反对康德。对象有两个层次，而非三个层次。客观的经验世界是面对假象而[被抬出来的]。天空中的月亮 A，实在的月亮 B，物自体 C。A 和 B 彼此融汇了。"如果你将显像视为假象，那是你自己的责任"。客观世界和梦幻是以同一种形式被浇铸出来的。（卡尔德隆的戏剧[《人生如梦》。]）"那引发梦幻的同一种脑功能也[引发]了客观的世界观"。柏拉图、品达："生命是一个影子的梦"；莎士比亚[《仲夏夜之梦》]；奥义书。"摩耶的面纱"；梵天的梦。无持存的、短暂的、朦朦胧胧的。直到动力（Dynamik）将实在性带入到世界之中。康[？]的观念论会作为剥夺世界的价值的工具而被熟知。表象＝一种现实性的幻影、伪装、前模仿（Voräffung）[原文如此]，这种现实性不是——感性的引诱、蛊惑、刺激。浪漫主义的印记。

[在此有一种]对欧洲土生土长的（思想）的有意识的拒斥，对实在与恶之间的所作的等同也同样。生命的意义因此仅仅在于对这一土壤之上的果实的压抑。对世界的去实在化。（不仅仅关乎于意志，而[且也]关乎于欲望。）[与此相反的]欧洲公理：万事皆好（omne ens est bonum）。

7. 脑现象。生理学的观念论。

在此叔本华的哲学开启了它唯物主义的一面和一种极端的不确定性，还有一种矛盾的交织。质料是认识者的单纯表象。另一方面认识是质料的产物＝脑功能。这两条原理应当同时为真。总的来说，反对"理发师和药店学徒哲学"。

8. 对个体和永恒的主体、认识的永恒之眼进行划分。它如何同时是质料的产物[和]脑现象？

二、先天论

充足理由律的四重根。1. 对康德范畴表的拒绝。2. 唯一的范畴是根据律。3. 生成、认识、存在、行动的根据。

a) [？唯有]变化是原因和效果。

b) 原因先行于效果。对于交互作用的拒绝。

c) 没有第一因。

d) 原因、刺激、动机。原因等于效果（Causa aequat effectum）。接触；刺激不是接触——而是有机体的反应。原因对于现有张力是引发性的；动机：[？把握]当下和[？不在场]，概念。严格的决定论。

e)"先天性"的证据：无意识的[？具体]推论。

f)"直观的理智"。

g)根据叔本华的观点，诸因果原则共[？同]对于外部世界而有效。他倾向于否认一种自主的心理因果性。作用和质料是交互概念。康德那里的"空间中的实体之物"上的质料的持久稳定性；叔本华仅只想要赢得因果性中的质料。[他的]质料；非常不清楚。

质料＝得到了客观领会的因果性自身，纯粹效果。[？只能]被认为是纯粹知性的相关项。因果理论的有意识的和无意识的功能。这应当是知性的作品。1.视网膜影像的颠倒成像[又是怎样呢]，2.两次的被感觉之物与一次的被直观之物。3.第三个维度？理性、概念。在此处处都太过忽视思维的重要性。尤其是在其与数学的关系中。反对欧几里得。直觉的必然性[正如]在勾股定理的证明中一样。

三、形而上学

何以[叔本华]超出了观念论和唯我论？无"可辩驳"。但是没有意义。因果性仅仅论证了此一物[或彼一物]的此时此地的定在。

[人们必须]从身体的确定性出发。它是（同时）从内部和外部被给予的。从内部，作为本能之复合、作为欲求、作为意志（而被给予）。在此人把握到其显像的本质：人身上的极端之物。[对叔本华来说]相对于意志，理智是第二性的。

一条源于内部的道路直接引领我们抵达世界的本质。意志是对本己自身的意识。

意志与任意。意志是无理性和无意识的。它是向生的意志，是对定在、对生命乐趣的追寻。它是最激烈之物，是不知疲惫的本欲作品，它[设定了]一切意识现象的黑暗的根据。其焦点是幽暗的、兽性的性本能的欲求。意志是亲密知己。因为我们是意志。快感与不快是第二性的。如果没有盲目的定在意志，即使在快感赤字的情况下也没有人能够接受定在。意志的无根据性。

从自身意识中意志的优先性[出发，人就]仅仅为意志而负责。诸道德特质。人自身。其余一切只是"应当"。对死亡的惧怕。意识是（关于）表层现象的（ephiphänomenal）：睡眠、无力、中断，意志却在持续运行。感触和身体过程：消化、月经、腺体[？]。知性："火炬"。自身[欺罔]的游戏。

他最有力的想象让全部外部世界的自然现在都成为了意志的客体化。只是看似僵硬又无神。即使石头和木块也为意志所亲熟：构型[？的]波动、意志力的重构。瀑布、海洋、重力、植物-动物世界。

作为方法的类比。什么是实在性？磁铁指向北极。击中水晶。身体蜷缩并滚动直到找到自己的重心。化学物质的亲和力，等等。总意向。

针对世界意志的[批判性观点]

男性意志的不知满足。2.[意志的]盲目性，3.[意志的]同一性。4.[意志的]无根据性。5.绝对的偶发事件。不清晰性与贯彻中的矛盾："观念学说"。7.无时间性：万物一体（hen kai pan）。

8. 意志的不可分性：空间和时间仅仅是多样化［？］。个体化原则。

诸显像［如］面具或飘动的披风一般［运作］。主观的事实。与有神论和泛神论的关系。衰落的一神论和泛神论。有神论。将宗教领会为对"人的形而上学需求"的见证。"给大众的形而上学"。基督教：1.道德的苦修，2.有罪和原罪。3.犹太［？］元素的反对者。（反犹主义者）。

意志在永恒的诸种单位所构成的等级王国中自身客体化。对意志和显像世界进行关联的中间王国。观念＝事物的永恒形式。1.普遍的自然力：重力、不可入性、刚性、流动性、弹性、磁性。1.植物、动物。矛盾：反对统一性，2.用知识的有效性。3.［？目的性］。

［对叔本华的批判性观点］
二元论的唯意志心理学

1.反对"灵魂"。反对柏拉图的理性主义；2.我们的判断经由希望、怕、爱、恨而被扭曲。欲念神学（Theologie der Einfälle）（弗洛伊德）。［关于］阶层和党派的偏见。反对黑格尔。3.通过需求和本性对理智的提升。提醒何者对我们而言是重要的。"遗忘"。4.意志的无度和理智的程度。追名逐利、鬼灵精怪、暴饮暴食、穷奢极欲、狼子野心的心理学。［？简直］奇迹。进行认识的自我与进行意愿的自我的同一性。

"比陌异者先行一步的工薪阶层"；"强壮的瞎子把张望的瘫子扛在肩上。"

心理学是其悲观主义的基础。这种悲观主义的本质是，将幸福论的价值视为最高价值。1. 绵延与重复令快感麻木。无痛。康德、卢梭。痛苦与快感的抵消。2. 痛苦在同等刺激的情况下比快感增长得更为激烈。3. 持续更久的快感：恶心、无聊。

1. 哪里有未满足的"需求"，哪里才有追求和意愿（洛克）。痛苦、缺乏是一切意愿的底层结构（阿德勒）。一旦所力求之物得到了实现，它就失去了其刺激。无聊、饱和、乏味。摇摆于痛苦与无聊之间。在痛苦的斯库拉（Skylla）和无聊的卡律布狄斯（Charybdis）［之间没有出路］。快感只是"在这两种状态之间的过渡"。

2. 被积极［看待的］并非快乐状态，而是痛苦。快感只是对需求的满足，亦即痛苦、困境、寂静之质（Qualität der Stille）的中止，我们持续占有的一切都不会是可感的。只有在一次失去之后（才能）再次体验到快乐。

那盲目的、贪婪的、永不满足的定在欲求，在每次实现一个目标之时，都会在精神中层出不穷地产生出新的愿望，我们苦于这些愿望的未充实状态。所以与其说生命是快乐——后者自身不过是（一种）无痛状态，远不如说生命是痛苦。浮士德的伟大形象——他在享乐中因欲望而备受煎熬，唐璜的（形象）——他纵情游走于不同的女性之间但还是没有得到满足；收购者（的形象）——他的收购始终都只是对下一次的收购的刺激（资本主义精神），这些形象对于叔本华来说就是人性的真实写照。现代人：浮士德式的。对想要在有限之物中得到满足的"无尽的追求"的重新评价。

对我们而言，生命中的持留之物据此就无法作为一个理性的根据：［在此没有］这样的洞见，即生命是值得一过的。它是一次无明的碰撞："你们引他进入生命"。［原文如此］

痛感在生命物的组织序列中和在历史中的提升。尤其是人知道:他将死去。

历史:需求的发展比为满足它而设计的系统的进步要更快。因文化而产生的疾病比[用来抵御]的医药要更多。

时间:一切幸福都在距离的魔力之中。幸福与享受只是从远处才可见的海市蜃楼,一旦人们走近去,(它就会)消失地无影无踪(浪漫主义的爱)。

连续的失望对于生命是结构性的。

对荣誉的贬低:在陌生人(眼)中的形象比我们的存在重要。雄心壮志和爱慕虚荣都是胡思乱想、虚假价值。反对骑士荣誉;反对决斗和学生决斗。

尤其是性爱的幻影。对所爱对象的升华仅仅是一种幻觉,通过这种幻觉,意志通过生命的繁衍得以在其定在中自身保存。希望、白日梦。那些寻求自己幸福的参与者落入了这一物种命中注定的骗局。一切对爱的欲望都仅仅是一个为了实现物种繁衍而让意志服务于生命的策略。(弗洛伊德的先行者。)伪善,假面舞会。

人性的一成不变。[人性看起来就像一个]自然的工业产品。[99][例如在]战争中。反对进步。[只强调]最低的价值,控诉一切现代文明。

如果人们对此有所概观,[那么人们就肯定会得出这个结论:]世界是其所不应是。定在自身是史前的罪、一次堕落的结果。(谢林。)我们的罪的根源并不在于[高傲],而在于本质(essentia)和实存(existentia)。这一点在生育行为的[?过程]中或者有鉴于死亡都是可以感觉得到的。人诞生于欲望的幻象和短暂的肉体欢愉之中。他的结局是丑陋的腐烂。在此之间是一连串的失望。(有罪和原罪。)世界的受苦是永恒正义的结果。它是原罪的结果,是原罪将世界置入了定在。

目标:无痛状态。出于自由意志的认识是唯一的[?解脱途径]。对观念的认识。(此处)有翻转:这是对生命意志的否定。这如何可能?

状态:清晰的世界之镜,进行观视的认识的永恒之眼。不再是关系;[问题应当是:]不是在哪里、为什么、为了什么——而是什么?主体完全献身于客体。超个体的和超时间的,并从一切关系中突显出来。囚牢之光与宫殿之光。主体与客体的神秘融合。

纯粹的认识主体卓然傲立于时间之流和欲望之流之外。它是永恒之物。

意志将我们撕碎成个别之物。作为从意志向着生命的拉扯。对这种内在循环的卓越描画。凭借意志自由主体可以出离一切折磨;[其中]灵魂平静的永恒之地得到拯救。"灵魂之物从苦难的人间中浮现"。

叔本华那里的神秘的认识理想:主体与客体(之分)的终止。这如何可能?如果没有更高、更源初的精神行为——没有理性的意志?

理智溢出意志:救赎。人。天才。占优势的观念认识。灵感、无意识之物。受苦与失望。

这样的[?否定]1.在美学直观中并通过艺术(艺术家);2.通过哲学;3.通过道德(圣人);4.宗教——形而上学的先声。

艺　术

对观念进行无利害的直观。康德与内容美学。永恒的形式。"这正是你所竭力追求的自然"。赋灵、解放。假象与非现实性。

艺术学说：建筑艺术令各种不同自然力（如重力、内聚力、刚性和硬度）的观念显现出来。意志最钝重的可见之物就是自然的基础低音。

最高客体的观念：历史绘画和雕塑——最后是诗歌。在悲剧文学作品内部。精妙的分析。反对对悲剧的道德理解。1. 伟大的悲剧英雄的罪责在哪里？奥菲利亚还是奥赛罗之罪？生命自身是基于罪的。每个人［都是］"对的"，但［还是有］命运悲剧。埃斯库罗斯。2. 对性格的揭示。3. 英雄的没落程度。

音乐：［它］不是对观念的描摹，而是对意志本身的（描摹）。崇高的地位：万物之心。对意志、欲望、激情、愉悦、平静的体验，［？一种］声音的质料。世界是具身化了的音乐。人的意志［就在］旋律之中，就像自然的王国（处在）和谐之中。

理查德·瓦格纳：叔本华反对音乐剧。反对歌剧。莫扎特和罗西尼。但瓦格纳接受了这种神秘主义的、形而上学的解释是极易理解的。

"无尽的旋律"。

道　德

［1］自由。以决定论歪曲康德针对个体［？直觉］的特征的

学说。

　　2. 前时间的自由行动。

　　3. 经验特征的一成不变。行动遵循性格和存在。但是其自身（是）有罪的。懊悔。反对 a）命令式的伦理学。实践理性；b）反对应当；c）根源：同情（Mitleid）（卢梭）。

　　1. 利己的行为。2. 纯粹的恶。3. 同情。正义仅仅是消极的美德：利己主义和恶会受到压制，积极的美德是爱人，它自身是同情的后果。

同一化。人，动物［未完成。］

　　一元论：对个体化原则的透视；摩耶的面纱。这是你（Tat twam asi）。这是你。对同情所做的直觉主义的和神秘主义的阐释。1. 价值［或者：作品］；2. 共同-受苦；3. 痛苦与行动；4.［？臆想的］正义；5. 爱；6. 一元论的谬误；7. 对基督教道德的重释。尼采的出发点。

　　最高的形式：神圣性。自愿的贞洁，贫穷，顺从，俄式模型中的僧侣理想。

［进一步的］批判

　　1. 对泛神论、乐观主义；2. 对历史主义；3. 对逻辑主义所做的回应。动态原则的自主性。

内在矛盾

1. 进行认识的"大脑";2. 盲目的意志,一柄火炬?如何? 3. 对生命意志的否定。如何可能? 4. 观念学说与意志形而上学之间的矛盾。

主观观念论:谬误

1. 对思维的错误评估;2. 对悲观主义的错误论证。快感的实证性。需求理论。(伦理学;参见,《同情感》)。

六、赫尔巴特

约翰·弗里德里希·赫尔巴特(1776-1841年)生于奥尔登堡，1794年迁往耶拿，在那里他听了费希特的课。对费希特的自我概念和对谢林学说的批判：关于自我或者关于人类本质中的无条件之物。矛盾：从1797到1800年在因特拉肯的一个姓施泰尔的伯尔尼家庭当家庭教师。在一次拜[？访]中他结识了裴斯泰洛齐(1746-1827年)（也读到了他的讲课稿）。他一直从事哲学和教育学。1802年他在哥廷根开始他关于哲学和教育学的任教资格论文；1805年成为副教授，然后在康德的后继者去往莱比锡之后，通过威廉·冯·洪堡作为正教授[1808年]前往哥尼斯堡。1833年他受聘前往哥廷根，并在1841年逝世于此。

[普遍性格特征]

他在道德事务上是如此地严肃和严格，以至于他在现实中仿佛从未站在过分岔路口前。定言令式就活在他身上。随之被给予的是活生生的人的某种不完整性。

他的典型特征是强大坚定又略显迂拙的知性，——但也不乏天才的、灵动的直观力量。他有着德国最好的那种踏实的手工业者身上的品质。

前康德式的理性主义。但不乏对令人费解之物的偏好。他也生活在[危险的]图像思维之中。一位18世纪的男士：在某种意义上沃尔夫式的形而上学被修复了，但却与英国心理学相关联。严格的新教有神论者，但是产生了跨教派的效应。泛神论最坚定的反对者。反对斯宾诺莎的持续斗争。并非没有法利赛人的特征。数学-自然科学的教育——但是与心理学和精神科学相关联。（拉扎勒斯；施泰恩塔尔：大众心理学）。对人性的卓越了解和细致入微的心理学、伦理学观察。对英国联想心理学的扩展，并尝试将数学应用于心灵之上。重要的伦理学家。

在形而上学中的伊利亚主义以及同时受到莱布尼茨影响的多元论。在认识论和形而上学中的实在论。引人瞩目的康德批判者。

[主要特征：]重要的伦理学：美学的部分。主要成就：其教育学的有效[性]。

对哲学的理性主义定义：哲学是"对概念的加工"。并非由"理性"出发。反对心灵能力的斗争。"未经设置的心灵"（洛克的斗争）。这种加工是为了这个目的：消除矛盾。参见[他的]《哲学导论》。

体 系 哲 学

1. 逻辑学（参见，德罗比施）。它应当教授（如何）构建清楚明白的概念。明白性在于对诸特征的区别中，清楚的诸概念会成为判断。诸判断的推论[？集合]。

2. 形而上学：认识的基本概念（诸范［畴］）中存在有待克服的矛盾。对自然科学、事物、运动、关系的推进。

3. 心理学、自然哲学、理性神学。

4. 对诸关系之间的相合或不合的判断就是美学。狭义的美学（从齐默尔曼那里提炼出来的形式美学），伦理学［作为其美学的分支］。

逻辑学：概念就是所思的东西。数字 3 的同一性。（参见胡塞尔：《逻辑研究》）。严格地说：形式逻辑。同一律和矛盾律是放之四海皆准的。判断是对一个问题的决断，它通过两个概念的相遇而产生。重新吸取了斯多亚的判断学说。一切范畴判断都不设定主体："上帝是全能的" = 如果有上帝，那么他是全能的。对实存判断的特别的研究。绝对者与有条件的设定。以同一性判断为尺度。

形而上学：绝对位置的无法消解，这个位置是基于在实存判断中的感觉而被"设定"的。就算我们不知道万物是什么，它们还是存在着。所以产生了一种简单实在本质的复多性，它能够无矛盾地被思考，这让经验成为可理解的。经验的形式是"被给予的"。康德批判：形式不是任意地与质料相关联的。更好的经验秩序从何而来？特定的形式加特定的内容。但是这种"被给予的"形式在其自身之内是充满矛盾的（迈农）。

广延物应当通过空间的各个彼此外在的部分而自身延展。通过延展，唯一之物被撕碎为复多之物，但唯一之物与复多之物还应是同一的（莱布尼茨：不可分者的同一性原理）。同一个事物在不同空间点上不（是）同一的。一切点的［概念的］同一性。

质料也是充满矛盾的。无限可分性。从绝对单纯性中重新赢获质料的不可能性。

在时间概念中的矛盾：类似于空间。在不同时间段中同一的质料事物是违背了无矛盾律的。时间的各部分在概念上是相同的。

矛盾：事物的同一性及其特质的复多性。唯一之物也应是一个复多之物。但是这种"拥有"又必须是事物之所是的一个后果。"拥有"（乃是）作为复多之物，因为借此一个事物[是]一个复多之物。

仅各相异的诸关系无法改变一个真实的实在之物。事物不是一个真实的实在之物。

在变化和运动以及因果性概念中的矛盾。变化既不在内部：自身规定；也不在外部（机械论），也不是无根据的绝对生成（黑格尔）。1. 无限中的无限倒退。遭受者在变化之后既是同一的又不是同一的。在自身规定中的矛盾。在绝对生成中的矛盾：生命的匀质性，在"自我"中的矛盾。

形而上学必须消除矛盾：通过补充概念的"关系的方法"。

什么是存在？绝对的实[？证性]，一切否定和关系都被排除在外。

七、弗里茨

我只想简短地提及作为思辨观念论的对手的雅各布·弗里德里希·弗里茨（1773-1843年）和弗里德里希·爱德华·贝内克（1786-1854年），并在二人之中只谈谈弗里茨。

弗里茨出生在巴尔比地区，并在兄弟会中被抚养长大（虔敬主义在其宗教哲学中的后续作用）。1801年在耶拿完成了任教资格论文，1805年为海德堡的编外教授，1816年在耶拿成为教授。1819年为普鲁士和奥地利政府所迫而被停职。1824年成为数学和物理学教授；1825年（开设了）哲学讲座课。

自从（结识）了纳尔逊和他的学生圈子以后，他就一直生活在一个较紧密的学术团体之中，这个学术团体坚决反对柯亨的新康德主义。

他反对思辨的体系，用最犀利的言辞对其进行批判。他自己是一个康德主义者，并坚持"物自体"。他接受的是数学的和自然科学的教育，尽管他也对哲学的一切分支都进行过详细的论述。但是他给予了"理性批判"一个显然是新的解释，一种心理人类学的重释。"物自体"对意识不起作用。研究认识者与对象之间的关系是完全不可能的（参见，纳尔逊）。这是一种必须被接受的元关系。我们唯一能做的只是：将间接的认识回溯到直接的认识上。这通过理性的自身观察、通过将直接的知识剥出来已经发生了(两种在数学上直觉的、基于纯粹直观的、直接的理性洞见,它们通过一种回归的方法而被发现)。理性功能的先天并非自身是先天的,而仅仅是后天地被认识的。向亚里士多德和健全的人类知性哲学靠拢。不存在基于经验可能性原则而对范畴与原则的演绎。"理性批判是一种基于自身观察的经验"。一种"对理性的自信"取代了关于知识何以必须与对象相一致的学说。理性原则将仅仅被指明,而不会被证明或被演绎。感知一开始就[？拥有]对象:感觉加生产的想象力加直观形式加形式的、先天的知性形式。

在自然哲学中:对有机体的机械论解释。(施莱登:"植物"。)

道德哲学上,他本质上追随着康德。"每个作为人格的理智都有尊严,并作为目的本身而实存着。"个体主义的理性主义和自由主义。[对他而言]一切自由的统一都被期待着,友爱联盟。黑格尔的激烈反对者。"我们对国家的要求就是能够满足我们的需求的可能性。"国家的目标是树立正义和实现正义。立法的原则:福利的尽可能平等,关系到在分配财产时享用方式上的尽可能自由。

在严格的伦理学中:除了义务期待之外还有一种根据完满性而对人格进行的存在评估。(参见,纳尔逊的伦理学。)美德学说是关于心灵之美的学说。(席勒)。"美丽心灵"。

在其历史哲学中(存在着)对历史目的的拒绝。1.历史要以因果的方式得到解释。2.每个阶段都有自身的价值。3.只有在理智区域才有进步。

在其宗教哲学中(能够发现)虔敬主义与浪漫主义的影响,它们导致了某种"信仰主义"。与美学的密切关联,美学成为了宗教哲学的一个部分。对虔信的分析；惩罚与祷告，信仰第二性地建基于其上[《知识、信仰与惩罚》，1805]。尤为重要的是惩罚概念，它会作为对神圣之物的合感受的领悟而被并入那为知识和理性所必需的信仰之中。

英法实证主义运动

[孔德、穆勒、斯宾塞]

有别于迄今为止所描绘的德国的观念发展，法国和英国哲学则 109
走在一条截然不同的道路上。其中存在着这样一种哲学，它更激烈
地反对一种所谓的进步哲学，并建基于实证科学和公民工业主义的
社会解放运动之上，并且是一种受到目的论规定的反应性哲学（波
纳纳德、迈斯特、拉梅内）。在法国，伴随一种更强的新教主义的是调
和思维的缺乏，这种思维构成了德国哲学的特征：一种无神论的实
证主义和教会的、浪漫主义的哲学，除此之外也是一种思量着复兴
前大革命状态的哲学。随后出现了一种折中主义-唯灵论学派，它
由科拉德承续里德所创立，并由维克托·库赞基于对德国路数的大
量继承而有所完善。库赞的授课[？方式]导向了一种与德国哲学
相近的折中主义。

［法国思想的三条线索］

I. 实证主义线索。鼻祖：1. 休谟、达朗贝尔、孔狄亚克、孔多塞
侯爵（认识论和历史学说）。德斯蒂·德·特拉西（意识形态），2. 圣
西蒙、勒鲁、雷诺、傅里叶、普鲁东的社会哲学。

孔德的实证主义是对这种双重追求的一次伟大的综合（他对应
着英国的约翰·斯图亚特·穆勒和赫伯特·斯宾塞）。

晚期实证主义：富耶、居伊约。德国实证主义：拉斯、马赫、阿
芬那留斯、冈珀茨。

整个英法哲学都较少地受形而上学-宗教的规定，而更多地受社会-政治的（规定）。

II. 反应性哲学的线索是为夏多布里昂所规定的（《基督教真谛》），波纳德、德·迈斯特、拉梅内（民主的教皇极权主义者）。德国浪漫主义：亚当·缪勒、弗里德里希·施莱格尔。

III. 唯灵论：比朗，库赞将其称为法国的第一位形而上学家。对孔狄亚克式的感觉论的克服。所作所为；因果性；后来的基督教-神秘主义哲学与极具阅读价值的人类学。

罗耶-科拉德、儒弗瓦、安培（整个世纪最伟大的物理学家、形而上学家和心理学家）1. 主动性、努力、非肌肉感觉。2. 客体间的关系指向了我们并不直接认识到的本体（Noumena）。3. 作为"假设"的质料、灵魂、上帝。

维克托·库赞：调和苏格兰常识哲学与德国形而上学。

承续着这个学派的是实证主义和唯物主义的革新者：雅内(1823—1899)、卡罗（对实证主义和唯物主义的批判）、拉韦松(1843—1900)、与谢林相关联的塞克雷坦①、瓦谢罗特、格拉特里（《灵魂的知识》）。认识论方向：贝尔纳、贝特洛、庞加莱、库图雷特、迪昂。

雷努维尔(1815—1903)的个［体的］新古典主义；法国的康德。

最新的形而上学：拉舍利耶、布鲁特、［？汉金（Hannequin）］、柏格森。

19世纪的法国思想除了这三个大方向之外，宗教哲学的潮流

---

① 查尔斯·塞克雷坦（Charles Seceretán）是瑞士哲学家，曾于慕尼黑师从谢林。此处疑有一笔误。——译注

也掺杂其中。1.维内、[？塞瑞龙（Scerelon）]、萨巴捷、弗洛梅尔、佩考特。2.新托马斯主义和现代主义的天主教哲学，其最重要的发起人是：[？卡普林神甫]（道德良知）、德尚主教（信仰的心理学）、纽曼主教，以及后来的乔治·蒂勒尔（祈祷的方式）、布隆代尔（《行动》）、勒·罗伊（《教条和批评》）、拉贝松尼尔神父（……的致歉）、卢瓦斯。

到处都有实证主义的倒退：分支：英美实用主义。新元素：英[国的]生物[学主义、]转入实证主义的进化论。

孔　德

奥古斯特·孔德出生于蒙彼利埃。中学之后他上了综合理工学院，然后去了巴黎。在那里他提供数学的私人家教。1818年结识了圣西蒙，后来二人关系失和。1826年开始[在巴黎]（发表）关于其体系的著名报告，期间普莱恩维尔和洪堡也置身观众席中。有一段时间他的神经失调了，因此必须去一个封闭机构疗养（尝试自杀）。1828年他重新拾起了他的讲座课。1833年完成了在理工学院的教学，在其代表作发布后又失去了教职。他的学生和朋友支持着他的生计。与妻子分手后，他在1847年结识了与其丈夫分手的克洛蒂尔·沃克斯。友谊，狂热而神秘的崇拜，在她死后[一年以后]还一如既往。1857年逝世于巴黎。

作品：《实证哲学教程》，六卷本，巴黎1830-42，[以及包含于其中的]《社会学——论实证精神》，1844。《实证政治体系或创建人道教的社会学》，1854（四卷本）。关于孔德的著作：1)格鲁伯：《奥古斯特·孔德——实证主义的创始人》，[1898]；2)约翰·斯图亚特·穆勒：《孔德与实证主义》，[1865]。3)利特雷（撰写了）其传记。4)奥伊肯和策勒，论文。5)保罗·巴特：社会学与历史哲学。6)特勒尔奇。

哲学的任务

a) 它不是对象，b) 不是隔离于诸科学之外的特殊认识论。哲学在科学面前是"综合的精神"。孔德的实证主义（休谟）就这样从数学和实证的自然科学中诞生了，但是他用一门新的科学——社会学，对这些科学进行了补充。1. 英国经验-感觉论的认识学说（培根、休谟、孔狄亚克、特拉西）。2. 为一种实证科学加方法论的新体系论所进行的尝试（科学表）。圣西蒙的历史学说。

I. 1. 认识论。人的认识无法抵达所谓的事物之本质和事件的原因（力），也无法抵达世界过程的初始状态和终结状态，例如引力与重力。它能得到的仅仅是：a) 诸现象，b) 现象的法则。实在之物是不可认识的。（现象主义。）不可知论。

不存在形而上学。与康德的区别，孔德将其计入形而上学家一列。作为问题的返祖现象（Atavismus）。

II. 为了预见的看（培根）。a) 法则无处不在，在社会和历史中也同样。b) 认识理想的技术论。但是无意识的。并非实用主义。对理智需求的满足。（无意识的和有意识的实用主义，例如奥斯特瓦尔德）。

III. 科学的等级秩序。

属性表：从简单（属性）到复合（属性）、从抽象之物到具体之物、从普遍之物到特殊之物［的过渡］。

过渡的飞跃性。反对拉普拉斯的认识理想。拒绝机械论。诸显像的含［义］。［？质的］物理学。机械的热力学。没有对生命显像的机械解释。没有对社会和历史的生物学解释,没有进化论(与拉马克的关系)。

向实证阶段过渡的秩序。对培根思想的接受。

缺乏心理学。缺乏国民经济学。

对科学与秩序的历史的研究,在这种秩序中这些研究抵达了实证[的]阶段。生物学和社会学的角色。社会科学和历史科学经由孔德才进入了实证阶段。

社 会 学

1. 一切人类的群聚及其历史都必须从诸个体的共同作用出发来进行把握。(反对德国的活的总体性的历史哲学。"社会"概念)。

2. 并非目标,而是进程的诸种依[赖关系]的法则。

自然科学是精神科学在方法上的榜样。

3. 两种依[赖性]:社会静力学与社会动力学。静力学关乎于诸个体、家庭、社会之社会实存的普遍条件。社会本能,而非契约或有用性。反对18世纪的绝[对]哲学:a)卢梭的平民心灵(Volksseele),b)契约论和自然权利。相对主义。具有社会发展之普遍法则的动力学。社会学主要著作。

1. 在一切人类社会发展和历史发展中的主导性(因素)和引领性(因素)是什么?沉淀在关于自然的理论知识之中的正是"理智"。理智并非自治的行为结构、先天的认识或发挥着作用的参与能力的形式。它仅仅是a)观察,b)纳入关系与推论:归纳与演绎。单纯的归纳尚不足够。事实首先是在合法则的统一性中相对于其它事实之所是的东西。

宗教就是在理解自然显像时所进行的解释中的一种原始形式。113 不存在特别的道德进步或者变迁。它仅仅是变化和知识进步的后果。意志与感受跟随着知性。"好"与"坏"只有通过认识与发展才会[产生]。

在政治和经济关系面前，理智也具有主导性的地位。孔多塞的动机和圣西蒙第一阶段的动机。每个知识阶段都对应着人类社会的一种特定形式的政治经济结构。唯物主义的历史学说的对立面。独立变量。

2. 历史是严格地被决定的。它在死亡面前是可变更的。思想随着历史的进程而增长："死者将愈发强过生者。"自由、个体性、人格性作为历史最终的因果要素是不存在的。只要这个历史体系是集体的：因果集体主义和价值集体主义。

三阶段法则

在孔多塞那里已经有了三阶段法则的雏形，圣西蒙继承了这些雏形。

人类的一切社会历史状态的流转 1. 在各个民族那里（都可以看到）；2. 对于整个人类来说的三个阶段：神学阶段、形而上学阶段和实证阶段。一切状态都是对理智的依[赖关系]，而知识规定了自然认识和对诸如此类之物的解释，也规定了宗教、政治和经济。

在神学阶段，会从一个人格性的具体的意志出发来解释诸显像，这个意志被认为是自然显像的基底，或者［就像］超自然的人格力量。拜物教、泛灵论、诸神。光线是福玻斯①射出的箭。类人类学的、人格的。在神学时代内部开展的是 1. 拜物教，2. 多神论，3. 一神论（人类迄今为止最大的进步）。统一世间之力与精神之力的权威。

在形而上学阶段则离开了这种解释自然的形式。取代了人格性的具体而直观的原因的是非人格的所谓观念、智慧和实体，它们是抽象而不可直观的：智慧与力量。"生命力"，目的论，一切先天主义。其范本是亚里士多德的自然解释。这个阶段对第一个阶段是否定且批判的。其基本特征是这个设想：绝对的原因和绝对永恒的真理。

在实证阶段，这类解释的诸种形式［又］被抛弃。取代了本质、原因、力量的是诸显像的法则。观察、归纳、实验和反驳 1. 每种形而上学，2. 每种绝对的学说——在社会学中也同样。

这三个阶段贯穿了诸种科学——但是在不同的时间，一种科学愈是具体，就愈晚抵达第二和第三阶段。数学最先抵达。二乘二等于四并非由于诸神的任性。从未［有过］重力之神。［抵达它］所需要的时间最长的是生物学和社会学。例如当化学还是炼金术的时候，已经有了力学和物理学。

随着一切社会-历史发展-知识发展而来的是什么呢？

首先是宗教的发展。实证主义的宗教理论：1. 拜物教-多神论-一神论；2. 不［实行］宗教行为；3. 宗教的衰亡。取代了上帝观念的

---

① Phöbus，太阳神。——译注

是伟大的存在（das Grand Être）——人类。但宗教仍然是必要的。人只有通过适应环境、通过设想作为世界历史的领导者的类人的人格力量才能获得生活的勇气和对生命的信仰，否则对一切都会充满害怕和畏惧。在形而上学的批判阶段面前，孔德对宗教阶段的爱［是他的典型特征］。最为真实和纯粹的是多神论中的宗教。对天主教教会系统的赞叹不已。对教会和国家进行分别的意义：为了人的自由。与新教主义的关系："良知自由"——"民族主［权］"的进程。对良知原则的否定。主体的阶段：人道教。女性，姐妹。有意识的拜物教。"追求原则，追求基础，追求进步"。私人崇拜与对伟大的人类促［进］者的崇拜。日历。八十四个实证主义节日：九个社会圣事。"对人类的爱"。"利他主义"的胜利。

与三个认识阶序相关联的是各自独特的社会状态。其特征通过财产获得与商品生产而得到刻画。对应神学阶段的是占领和战争年代。在此起主导作用的人的类型是传教士与战士。孔德对这一阶段致以最高的钦佩之意。对劳动的轻视很久才褪去；只有通过对投身于战争的人民的强制。对一种劳动之乐与劳动意欲的培养史。实证科学的最初的迹象始于劳动并伴随着劳动而自行展开。定居（模式）形成，一神论随之出现。

圣西蒙：实证的和批判的时代。圣西蒙以工业和技术为现代科学的先导。

形而上学的阶段仅仅是人类历史的一个过渡现象。孔德对其有所轻视。它本质上只是对人所具有的统一理性的信仰，这种理性有着绝对自然的尺度。［它在］12和13世纪出现苗头，并终结于启蒙主义。与之相对地，他持有历史相对主义（的观点）。在从以军事掠夺和农业文化为主的时代向工业时代的过渡中，起主导作用的人的类型是立法者，亦即法官。他的[原文如此]国家形式会愈发趋向议会制。中世纪、封建制、天主教会制。反对趋向形式民主的传统。

实证的时代：1. 通过对一切精神和政治-经济文化状态的社会学的依赖关系的日益增长的洞见而产生的伦常变迁。"利他主义"。基督教的教义："爱你的邻人，像爱你自己"是不够的——而是必须这样说："比爱你自己更甚。""灵魂救赎"。通过实证宗教和理性而（实现的）对感受的系统化是自愿地服务于心的。在天主教制度下(是)非自愿的；在形而上学的时代则是心服务于知性。

社会秩序必须交由三个要素之手：

1. 经济和技术专业人才（之手），亦即工业家和技术人员。管理事物应当属于他们，而非"喋喋不休的、议会制的"立法者；

2. 大商人＝银行家。国家政府应当交到他们手中；

3. 作为一种精神的制衡力量，应当成立一个由受过实证教育的人所组成的上议院，它构成了一个类似于天主教教会的纯粹属灵的（机构）。他们也为人道教提供秩序。

在巴西和在实证主义教区的贯彻。[在]柏拉图、黑格尔、孔德那里的哲学家的统治。

批　　判

1. 错误的认识论。对人类精神的狭隘化。

2. 阶段法则：a) 错误地将自然科学方法转用在社会和历史之

上；b)合目的的［？ 总体性］；c)［没有区分］社会、生命共同体、总体人格、人群；d)三个阶段：对人类精神各种各样的永恒资质的错误的时间性解释。资本主义工业时代这个插曲被认为是人的持续的机制。宗教、形而上学、实证科学过去也一直是有的。［没有注意到］将其同时从神话中分别出来。实证科学与形而上学在现代世界中是彼此有别的，而非彼此交替。

3. 对技术与现代科学之间的关系所作的错误规定。（圣西蒙、柏格森、实用主义）。

4. 对历史所进行的错误的理智化。宗教不是对自然的原始解释。存疑的宗教发展。从传统出发而错误地把捉到的天主教与中世纪社会世界的结合。

5. 错误的进步学说。欧洲主义和实证科学的中心。对人类诸阶段的世界史的分工。诸伟大文化的独立性。分割文化的各种运动形式：宗教、形而上学、科学、技术。

6. 错误的道德：诸伦理形式与首要转变的自主性。伦常的进步与退步是依赖于理智的。"利他主义与人本爱"。对更大圈域之爱的法则贬低了爱的价值客体。

7. "人道教"的不可能性。善与恶的客观性，价值级序。

在英国，实证主义思维开展出了诸多体系，我们只详细考察其中的两种，约翰·斯图亚特·穆勒与赫伯特·斯宾塞。对培根主义的推进。

英国实证主义的直接先行者是詹姆士·穆勒(1773-1836)：《对人类心灵现象的分析》［1829］。他接续着休谟和联想心理学，并且统一了经验认识论和联想心理学。还有杰里米·边沁(1748-

1832),新的英国功利主义之父。义务论。法则:"最多数人的最大幸福。"快乐计算。"每个人对自己(的快乐与不快)都最为了解,没有人对他人(的快乐与不快)比他自己更为了解。"道德与立法是这般规范人的行动的艺术,即能够产生最大的快乐总值。得到了充分理解的自身利益。

1. 快乐源泉的学说。将占有解释为其它一切的条件;2. 在对立法的批判中对尤其是税收和惩罚的应用。惩罚尤其不[能]制造那种以不可证明的方式减少群体总快乐的不快。反对报复和复仇理论。

约翰·斯图亚特·穆勒

约翰·斯图亚特·穆勒于1806年5月20日生于伦敦。他接受其父[詹姆斯·穆勒]的教授。他是一个神童。八岁时就能阅读古典诗人与历史学家(的作品)。边沁最显著的印迹[？义务论]。十七岁的时候他成立了功利主义学会。1836年到1850年他在东印度公司的管理部门担任秘书一职,1866年到1868年出任下议院议员(妇女运动,自由党派)。1873年5月8日逝世于阿维尼翁。高贵而自由的精神——一个有着最纯粹动机的人。他经历了一段非常幸福美满的婚姻(见他在《论自由》中给妻子的献词)。高贵的人道主义者。清楚、清醒、[或许]缺乏深度是他的特征。

他的著作由冈珀茨所翻译:1.《逻辑体系》(1843);2.《对汉密尔顿哲学的考察》(1868);3.关于宗教的文章;4.《奥古斯特·孔德与实证主义》(1865)。除此之外他还是一位重要的国民经济学家和妇女运动的推动者;5.《论自由》(1859)。

[约翰·斯图亚特·穆勒哲学的关键词]

一、逻辑学

他的逻辑学有着经验主义的原则。因此它是一种归纳推理的理论。判断是面对一种表象关联之时的信或不信(的态度)。这种关联断言了或者否决了一种"事实"。[对此]有四个等级:1.[？意识]状态;2.它所具有的幽灵;3.受到这些状态激发的身体;4.这些状态之间的关系。一切知识都是基于感知加上推理。并存、因果性、相似性。推理:从一个(命题)到另一个(命题)。三段论理论:循环。人皆有死,如果[？]不是终有一死的话。大前提仅仅是索引,是过去经验(奥托、汉斯等人都死去了)的缩简形式。本真的推理是从一些(命题)到一个(命题)。"对一次记录的破译"。(见西格瓦特,逻辑学)。归纳是基于对自然的形式同一性的设想。每一次归纳推理都在一组三段论的形式中得到表达,其中自然的形式同一性是大前提。但这条原则也是归纳的结果——而非如康德所说的先天综合判断。只有源初的归纳,通过对形式同一之物的兴趣而被提升。

科学归纳的四条规则

1. U 是有规律的在先之物。2. U 是在非 A 处的无效之物。3. 伴随变化。4. 量的分层。数学公理和逻辑公理是此前的归纳的普遍化。应用于心理学和精神科学。

二、关于外部现实性的学说

对外部对象的信念是对在其自身之内合法则的诸感知可能性的信念。持久的感知可能性对于我们和[？其他人]而言是共同的。自我:对感受可能性的信念。但是:感受自身能够作为序列而被意识到。

三、功利主义

反对边沁：两种幸福：1. 精神幸福与感性幸福；2. 善就其自身而言是有价值的，因为它始终与有用之物相关联。"贪婪"。如此各[人]对善好之物的爱就关乎于他自己的意愿。《论自由》。

四、宗教

1. 此种洞见，即此间没有任何状态能够完全满足我们。2. 由对善好[？]人格的信念所支[撑]的伦常生活，唯有当它不被认为是全能的时候（才有可能）。质料的秩序。

[1] 一致的方法

规则：1. 如果一个有待研究的自然显像的两种及以上的情况仅仅只有少数几种共同状态，那么就只有那种诸情况在其中达成一致的状态是这一自然显像的原因。

2. 区别的方法

如果一种有待研究的自然显像于其中得到了证实的情况，和该显像于其中未得到证实的情况，除了个别例外所有的状态都是共同的，而这个例外仅仅在第一种情况中出现，那么这种状态——唯有通过它这些情况才得以彼此区别——就是这个自然显像的原因或是它的一个必不可少的部分。

3. 剩余方法

如果自然显像发生于其中的两种及以上的情况只有一种共同

状态，而其未发生于其中的两种及以上的情况之间除了这种状态的缺席之外没有任何共同之处，那么这种令这两个情况序列有所差异的状态就是这个自然显像的效果或者原因。

4. 剩余

从任一自然显像中，人们除去那个通过此前的归纳而被认知为某种原因之效果的部分后：那些剩余就是其余原因的效果。

5. 伴随现象

一种自然现象是变化着的，如果还有另一种自然现象以任意一种特殊的方式而变化着，那么前者或者是后者的原因，或者是其效果，——或者它通过其它的因果联系而与之相联结。

实证主义的一个新时期开始于对进化论的引入，它与查尔斯·达尔文和斯宾塞一脉相承。

达尔文的《论依据自然选择即在生存斗争中保存优良族的物种起源》(1859);《动物和植物在家养下的变异》,(1868);《人类的由来及性选择》,1871.《人类与动物的感情表达》[在此仅顺带一提]。

赫伯特·斯宾塞

赫伯特·斯宾塞于1820年4月27日生于德比的一个教师家庭；逝世于1903年12月8日。1837年他一度是伦敦的一位铁道工程师；1845年起从事作家职业。从1848年到1853年[任]《经济学人》杂志的编辑。[主要著作：]《合成哲学系统》[1862-1892]：第一卷：《第一原则》；第二与第三卷：《生物学原则》；第四与第五卷：《心理学原则》；第六到八卷：《社会学原则》；第九卷：《伦理学资料》；第十卷：《伦理学原则》。

第 一 原 则

1. 不可知之物。只要我们所认识的只是关系，一切可认识之物在主体面前就都是相对的。但是关系预设了一个绝对之物。不可知之物，"不可知的力"。绝对之物是不可知的。对一个绝对实存者的不确定的意识，既不是精神的，也不是质料的。敬畏。

一切思维都是对对立、区别、相似性的设定。那无对立面亦无法与它者相区分之物并非思维的对象。解释就是将某物回溯到另一个与之相同的东西之上。这对于绝对之物是不可能的。

宗教的价值：对彼岸的意识[……]，并防[？止]人们完全迷失于相对之物之间。宗教又始终是非宗教的，因为它将绝对之物与有限的构型相等同。科学将这个非宗教的元素从宗教中剔除出来。绝对的存在是自身意识的必然相关项。

2. 哲学是科学的完全统一。a）不可知的力；b）以相似或不相似的方式规定现象的意识能［？力］。c）强观念和弱观念（印象和观念）。

空间与时间是对一切同时性关系和相继性关系的抽象。质料＝同时产生阻抗的形势；运动＝相继并存的［？位置］。一切都（可以）从力的概念中推导出来。力是相对的现实性。

3. 关于"诸源初真理"的学说（反对穆勒的归纳学说）。

a）质料是不可摧毁的。终止一种质料的存在，就意味着会认识到这样一种关系，它的某一环节并不在意识之中。以力的不可摧毁性为起点进行推导。

b）力的永存。先天。各种力之间的关系是永存的：自然法则［？演绎］。对等效原理的发展。力学原则。

c）始终处于新的分布之中的质料和运动构成了世界进程。进化原则："质料的结合"伴随着运动的出现，而具有不确定且不相干的同类性的质料会转渡为具有一种特定且相干的异类性（的质料），并且［？被保留］运动会经历一种平行的重构。"进化无时无地不带来平衡状态"。（无生命的自然；人类社会。）对一切张力与差异的扬弃。消解也同样是普全的。

可见世界：在世界进程无休止的戏剧之中的插曲，在世界进程中无限的力无限地运作着。理性主义的先天真理的来源。

生 物 学

"生命是异质的诸（既是同时的也是主观的）变化——在与外部同时性与相继性保持一致的情况下——的特定组合"。"生命是内部关系对外部关系的某种适应"。有机体愈是高级，这种适应就愈强（！）。一切形态学和生理学的差别都[将]回溯到外在的力之上。没有生命中[心]。没有对目标的追求。

但是自然选择原则不允许这样一种情况，其中要设想一种势[能]，经它的协力各种生理功能会和谐地变化为一种生理功能。

变化了的功能产生出变化了的结构。功能性的适应是巨大的（魏斯曼）。存在着直接的可遗传适应。与拉马克的关[？系]。反对魏斯曼。（诸组织特性止[步于]诸适应特性；人与环境。每种有机体都是与环境相适应的。（关于笛卡尔的讲座课。）胚胎原生质（Keimplasmas）的连续性。

心 理 学

为生物学观点所支配的原子论的联想心理学。存在着不可知的精神存[？在]。感觉和关系。元感觉是碰撞。

伦 理 学

《伦理学资料》。伦理学的个[体主义]。直觉主义与功利主义①。生物伦理学。行动只有在关系到生命最大化的时候才会是好的或坏的。对自我与对物种的保存二者皆是广泛而强劲的。生命最大化的标尺是快乐的多少。斯宾塞相信，快乐或不快是对生命之促进或阻碍的可靠无疑的标志，并因此用幸福论的＝功利主义的原则取代了生物学原则。（他不认为有任何独立的生命价值：高贵-平庸。）这在活力论的伦理学中截然不同，尼采、居伊约等等。并非保存，而是展开：源初的主动性。对斯宾塞来说糟糕的仅仅是有缺陷的适应，它显示出（在酒鬼等人那里），某人将快乐与有害的行动关联了起来。道德的进化：行动对感受的适应。完备性（义务、牺牲）——消失不见。

用具与机械文明仅仅是有机进化的推进。（活力论会说：对进化的阻碍，或者更确切地说，进化之停滞状态的结果。）尼采和斯宾塞关于文明的不同判断。

斯宾塞的生物学有一种对功利主义的依赖性。它是以功利主义的方式被推导出来的。理性主义的功利主义：能够直接被实现的只有正义的基本原则，而非幸福。如果人们追求幸福，那么幸福将是不可达及的。客观原则，正义是主观的。"义务感"。（受到可遗传的外在素质的强迫。良知＝种的本能。）"应当"和义务的消失——在彻底地适应了社会（社会平衡）的情况下。个体的自我保存优先于物种保存的本能。为下一代的牺牲。成年人：自我保存。

方向：1. 自由主义与个体主义。对"国家"的厌恶。对社会主

---

① 原文为 Utilismus，译者疑为笔误，遂更正为 Utilitarismus（功利主义）。——译注

义的厌恶：将死之人的话语［：］"个体权利"。2.从身份地位到具体情态。3.军队道德与个人道德［之间的区别］。［经济学的-自由的］和平主义。

功利主义的等级：边沁、穆勒、斯宾塞。

社会学资料

1. 生物学学科。

2. 对原始精神等级的描绘。源自祖先崇拜的宗教。幻影、睡眠、疾病、死亡、对癫痫的原始认识导向了一种幽灵理论和精灵理论；它关乎于祖先崇拜与诸神信仰之间的关联。

3. 个体有机体与社会有机体之间的类比关系。共同体并没有［？团体］意识。国家仅仅是为了公民的福利而存在的。

4. 家庭、仪式、教会与国家，种姓之分、职业之分、地位和阶级之分，经济学的体系是掌握在进化原则的手中。

德国实证主义

1. 恩斯特·马赫，2. 理查德·阿芬那留斯。［在手稿中并未完成。］

德国哲学的演进

在盛行一时的唯物主义（沃格特、摩莱萧特）这一插曲之后——它始于1854年（自然学者们以鲁道夫·瓦格纳的报告"关于人类命运和心灵实体"为契机而会聚哥廷根），对机械的自然观点及其形而上学真理和含义进行检验的必要性出现了（生命力；析出）。为了解决这个着眼于历史而被设定的任务，在德国涌现出了两种重要且新颖的哲学方法：古斯塔夫·特奥多·费希纳的（方法）和鲁道夫·赫尔曼·洛采的（方法）。还有尤里乌斯·罗伯特·迈尔（海尔布隆的医生）的《对无机自然之力量的评述》(1845)、《对机械的热能等效的评述》(1850)。能量守恒定律。

费希纳的泛神论的万物有灵系统

费希纳生于1801年,卒于1887年。他是所谓的心理物理学的创始人。(一定比例的心理学和实验美学。)他是一位牧师的儿子。在大学他学习的是医学。1854年成为物理学教授。

[主要著作：]《心理物理学纲要》(1860)、《死后的生命手册》(1836)、《南娜,或关于植物的心灵生活》(*Nanna, oder über das Seelenleben der Pflanzen*)(1848)、《物理学原子论和哲学原子论》(1855)、《岑德维斯塔,或关于天堂和彼岸之物》(*Zendevesta oder über die Dinge des Himmels und Jenseits*)(三卷本,1851)。

在对心灵问题进行写作时,他为了找到不可见之物而遍历了可见世界(莱比锡,1861)。《信仰的三个动机》(1863)、《实验美学》(1871)(黄金分割)、《日思对夜想》(莱比锡,1879)对其心理物理学主要论点的修正。《关于生理量化原则和韦伯法则》(1887)。米瑟博士(化名)的证明,对"月亮由碘构成"的证明。对天使的比较性解剖学。

他有着深邃渊博且极其犀利的头脑,他是一个随和开朗且单纯的人,但不乏幻想和形而上学的魄力。在精确的自然科学的地基之上,他与德国神秘主义、谢林的自然哲学也关系密切,并且也有着孩童般的基督教的虔信。鲜少为人赏识。原创性。视野开阔。自行运思而观察世界时罕有的独立性。谢林和[？奥卡姆]。希腊式的思维方式。

方法：基于类比方法的归纳方法（底层原理的必要性）。作为基础的是：在人之中的东西必须处于大背景之下、处于太空之中。不作为诸部分存在的东西，同样也不作为整体而存在。"大宇宙和小宇宙"。（布鲁诺、莱布尼茨）。

a）植物（哈勃兰特），b）天体，c）地球的万物有灵。这种观点的错误，意识与思维是与大脑相关的。肺与呼吸[是脑功能的条件]。意识不是"产生出来的"。意识的诸种类。根据个体性阶序对意识的划分。每一个更高的整体性的个体性都是将更低的个体性捆扎成束。人的躯体是地球躯体的一部分，人的心灵同样是地球之灵的一部分。"正如我将图像和思想向上抛入大脑，地球也这般处理它的生灵及其命运。"细胞、组织、器官、整个有机体；集体之物：家庭、种族、人类[是]意识的特别中心。地球没有大脑，亦没有人或动物性的心灵。地球之灵生于风暴和潮水[中]。上帝是存在之总体性的普全意识。天体之灵之于上帝，就像人类心灵之于地球之灵。在普全意识中的一切，都会在所有的中心之中得到确证。我们思维一种思想，那向来更高的精神则以这种方式通过我们而在上帝之中思考它。它是一种一次性的思想。意识阶序的学说会通过准确的争辩与集中的对立论点相联系。潜意识中心的学说。一切精灵都在上帝之中，一切精灵都生于上帝之中。

伦理学也是由此出发的：被纳入整体的权利，在快感感受中得到彰显。对我们来说最高的快感是那仅仅关乎于主[？的]快感时的（快感），主通过我们而赢得这种快感。带有宗教意味的幸福论：

"人应当,在其自在地所是的程度上,尝试将最大的快感、最大的幸福带到世界中来:带到空间与时间的整体中来。"

死亡学说(斯维登堡)。死亡是从感性中获得解脱。但不是实体。记忆图像的来生——这些图像同时包含了实在性。我们继续在记忆图像中生活。解脱了的心灵直接地接入上层之灵的整体之中。天使。往返于此岸与彼岸之间:灵异显像。一切人的存在和发生都仅仅是一个量化的、可计算的侧面,平行于它的是一个心灵的、质的(侧面)(心理物理的平行论)。

有机体和状态[建基于]这样一种状态之上,它既不是有机的,也不是机械的。人仅仅是两个世界之间的一座桥梁。反对斯宾诺莎:世界目的论。原子论——每个原子都[有]有意识的侧面。

非常重要的是:《日思对夜想》。无法量度的客观的声音世界和色彩世界作为上帝意识的内容。有机体只有运用其各种不同的器官,才能从这个质的世界中析取出一些部分。与达尔文深刻的争辩。一种合目的之物偶然产生的概率接近于零。

《心理物理学纲要》,[1860。第一部分]关于身心关系的精确学说。大小和尺度。韦伯曾规定了触觉的阈限和区别阈限。$E=\log. R$[感觉强度和刺激强度的对数成正比]。(对韦伯法则的三种解释:物理-生理学的;心理物理学解释;生理学解释。)费希纳给予了这条法则 $E=\log. R$ 一种心理物理学的解释。感觉的测量单位是那恰好可察觉的感觉区别。[原文如此]同样的东西出现了多少次,亦即一次感觉中包含了多少次恰好可察觉的感觉区别?"三种方法:极限法,常定刺激(法)以及均差法。"对这一法则的批判:定义了1.外部的感觉,为了测量其客观的大小。2.注意力决定了感觉的发生，R 与 E 的比例。3.[？]。4. 并非在全部延展中都同样大小。

《生理物理学》的第二部分：大脑和心灵（非常深入的研究）130 1. 没有点，2. 对大脑局部所代理的职能的理解，3. 类比推理。"自下而上的美学"。联想因素。内容美学（Gehaltsästhetik）。愉悦（Gefallen）与快感（Lust）。

鲁道夫·赫尔曼·洛采

在有神论的基础上将唯灵论与机械的自然学说相联结，这是由洛采完成的。(有神论学派最重要的门面，乌尔里希和外瑟也属于这个学派。) 1817 年 5 月 21 日出生于劳齐茨的鲍岑，一个军医的儿子。就读于齐陶的文理中学，并于 1834 年的复活节进入了莱比锡大学。他听了费希纳和韦伯 (E. H. Weber) 的课。对他产生了强烈影响的是外瑟的哲学。1838 年攻读哲学博士和医学博士学位。关于"内科"的医学讲座课。他曾是齐陶的实习医生。1839 年完成了教师资格论文。他与费希纳和外瑟相交甚密。1842 年成为哥廷根大学的编外哲学教授，1844 年获得编制。洛采逝世于 1881 年。

[普遍的性格特征]

相较于费希纳，洛采完全是另一种精神构型。他是一个更加微妙、细致、精神上火花四射的思想者——在很多方面也是一个热爱无拘无束的精神王国并在其中自得其乐的思想者。就原创性而言他略逊费希纳一筹。他所做的是高明地对现成思想进行了多方综合，除此之外他还是一个重要的学者(心理学)。他深谙古典哲学和古希腊哲学。就洞察力而言他在费希纳之上——就原创的形象性而言则不如他。他有一种强烈的主观主义，充满了巴洛克式的念头，并以一种精巧玲珑、繁复无比且迤逦不绝的风格词藻华丽、文采斐然地述说这些念头。

作为一个人和一位修辞学家，他的喜怒无常有点像一位娇生惯养的女性——即使他有着最为严谨而深邃的才学，即使他接受了卓越的、实证科学的教育。他经历了丰富的变迁。他的视野可谓开阔辽远。他的足迹遍布哲学的一切领域，认识论、逻辑学、伦理学、美学、心理学、形而上学、宗教哲学、重要的历史哲学。(参见其讲座课的基本特征。)将精确的基础研究与主观的精神王国关联起来，这构成了他独特的面貌。但是总的来说他缺乏严格、客观的力度、对简洁的古典思路的感受力和造就伟大哲学家的哲学情感。他后来，有所反思地，苦恼于对这些念头的选择困难症。[原文如此]从人性的角度来看，他爱慕虚荣、孤芳自赏。这种生活方式令人想到洛可可(风格)。纤弱秀美，纷繁琐细，就像施莱尔马赫——不愿与小市民为伍，但又比他自己所知的更为市侩。(对市民性的畏惧。)

他的哲学的科学基础

他的哲学的科学基础可以说是非常宽泛的——可以说自然科学的思考占据了主导。哲学上他受到的启发来自1)柏拉图，他在逻辑学中给予其观念论一种新的阐释；2)费希特和康德，考虑到他令价值和应当成为其哲学的基本命题。(对现代价值概念的引入。)；3)笛卡尔和机械的自然观点，他严格地贯彻了这种观点；4)莱布尼茨，他吸收了其单子论思想；5)赫尔巴特(形而上学)和黑格尔(小宇宙），通过分别进行的纸上论战；6) 在心理学中是费希纳和韦伯；7) 还有在其哲学中为吸纳基督教基础而做出的努力。

他反对一种泛神论，尝试支持有神论。他个人的基督教是温和而真诚的，并颇有虔信派和信仰主义的色彩——但也不乏某种自相矛盾的甜美和过于乐观的生活态度，这种态度并不与宣扬堕落和原罪的宗教相符合。他的宗教观中也有着过多的美学享受：主观的、完全个人的教育宗教性（Bildungsreligiosität）。

如此他的系统就毋宁说是出自一种熔铸——不必然有所增益，而是一幅由多种多样的动机所组成的精雕细刻的拼贴画。

1)《形而上学》小册子，1841。其哲学之开端。与康德的争辩，在此他尚未接受其范畴学说和空间学说。目的论的理念论和对生命力的排除。机械论仅仅是世界呈现客观的观念王国的技术，这个王国的中心是善的观念。人格主义。（心灵的实体性。）

2)《逻辑学》小册子，1843。所有认识都是通过伦理目标而被规定的（西格沃特）。

3) 1843 年发表于瓦格纳的《心理学小词典》中的关于生命和生命力的文章。1852 年的《医学心理学或者心灵的心理学》。交互作用学说，反对费希纳主张的心理物理学的平行论。躯体是心灵的一个组织分明的辅助工具。而心灵是独立的实体，是关乎主体的作为；它的功能是不依赖于躯体的，就像被演奏的曲目不依赖于管风琴的机械。心灵生活的统一性。不可能将心灵的存在及发生想成是自主的诸力量之合力（判断而非联想）。反对联想心理学。这种统一性与一切唯物主义的解释都相抵触。一切过程都是在"自我"之上、之中的过程。心灵实体是无地点的。这种心灵直接地通过世界根据被生产出来,世界根据则经由化生行为的刺激而进行此种生产。能量原则在交互作用中并不会被打破,物理能量等效地转化为心理能量(施通普夫)。

经验上来看,存在大量有价值的东西。论空间表象和时间表象之产生的学说中的地点标记理论和时间标记理论。[他发展出了]完整的感觉学说,尤其是感受学说。(无限的质性,意向感受。)意愿的自主性。

举足轻重的著作是《小宇宙》,1856-1864。哲学文献的一个有代表性的里程碑——包罗万象:第一卷:躯体、心灵、生命。第二卷:人、精神、世界进程。第三卷:历史、进步、物的联系。

自然机械论走的是这条路,它为了实现自己的目标——善——而选择了上帝。机械论得到了严格的执行,得到的却是对观念和上帝的暗示(参见,赫特林)。只有当初始状态被安排得当,一个有意义的世界才能通过机械力演化出来。二律背反:世界的二元论。1)法则;2)实在性;3)观念;4)价值和世界的目的,对世界的理解和解释。

机械论仅仅是——显像。交互作用的不可能性。"一切现实之物都处于关系之中"。但是实在的诸关系(被)考虑为诸自我。无生命之物的一种自主存在是悖谬的。机械论是让有声有色的世界在意识中焕发生机的工具。这种 M.(机械论)[原文如此]是人格的,因为人格是就价值而言最高的实存形式。

"如果这还不是最伟大之物,那就没有最伟大之物了,而且,显然不可能的是,最伟大之物居然不在可思之物之列。"存在论证明的新的形式。直接的获知,最有价值之物、最伟大之物、最美之物拥有更多的存在(mehr ist)，正如[？思想]。永恒的真理是形式，上帝在其中发挥着作用。(基督教的观念学说。)

历史哲学：1)自由；2)种族多元论；3)自由与人格；4)对进步论的批判；5)幸福论的价值评估。

哲学体系。1874-1879；逻辑学(米施)；形而上学；伦理学[未完成]。

在其逻辑学中(一部意义重大的著作)洛采做出了双重的成就：一种针对归纳性因果认识的深入透彻的方法论，它与穆勒(的方法论)同时被提出，但今日已超越了他。逻辑学的一种哲学基础，这也在胡塞尔、文德尔班、李凯尔特那里有其效应(柏拉图式的理念论和有效概念)。

区分思维行为和思维内容。思维内容的反心理学的实存方式是"有效"。蓝色和蓝色的东西；圆和圆形的东西。一个句子是有效的。概念之有效在于其含义。对"理念"进行的实在的实体化在柏拉图学派中就已经是一个误解了。理想世界，第三王国。普遍的和单数的概念。句子和概念法则。关系仅仅为思维着的意识而存在。"世界的可思性"这个幸福的事实，思维和存在的目的论。对世界的可思性的信仰。

形 而 上 学

1)反对认识论。如果人们不需要切什么话，磨刀就是件无聊的事。

2)存在处于关系之中。无关系的存在＝虚无。实体的存在是直截地被给予的。反对一切(对此的)解释。[对于传统形而上学的第一原则意义重大:]有物存在……

3) 交互作用。从 a 到 b 的效应传递。伦理学。1) 幸福论。对康德伦理学十分恰切的批判。自由。义务。在诸快感感受之间的程度区别与阶序区别。自由意志行为的原因。世界[? 根据/? 目的],极乐的甜蜜内核,而非道德的不完美。

洛采的影响 1) 新教哲学;立敕尔。价值判断。2) 赫特林并经由他波及天主教世界。3) 逻辑学:西南德意志学派,胡塞尔。4) 在普及(? 教育)中对一神论①的巩固。

---

① 此处原文为"Theimus",译者疑为笔误,遂更正为"Theismus"(一神论)。——译注

爱德华·冯·哈特曼

作为伟大风格的综合者——尤其是在形而上学和古典哲学以及实证的自然科学阶段之间——生于1842年的爱德华·冯·哈特曼登场了。他是一位普鲁士军官之子。1865年膝部受了损伤。1906年逝世于大光野。

主要著作：1.《无意识哲学》，柏林 1869。《道德意识现象学》(*Phänomenologie des sittlichen Bewußtsein*)，1879。《精神宗教》(*Die Religion des Geistes*)，1882。《美学》，1887。《认识论的基本问题》，1889。《形而上学的历史》(两卷本)，1900。《现代心理学》，1901。《世界观和现代物理学》，1902。《生命问题》，1906。《哲学体系概论》(八卷本)，[身后] 1909①。

他代表着一种实在论的认识论，并区分了三个领域：1. 主观显像，2. 客观显像和 3. 绝对领域。《范畴学说》，[1897]。范畴＝无意识的范畴功能。没有意识行为。

哈特曼拥有一种逻辑的力量和在哲学上令人惊异的博学。他处理了历史的全部素材，并且借助实证科学的成果将其总结为一个多环节的体系。长久以来他都未受到应有的尊敬。但是近十年来

---

① 原文为1809，译者疑为笔误，遂更正为1909。——译注

他开始受到重视(文德尔班、拉斯克、杜里舒)。诚然:他并非是一个拥有本己的世界触觉的创造性精神。

实在论的认识论(康德和实在论),物自体:实存,实在性,因果性,时间性,实体性,统一性,多样性和必然性。对绝对的意识观念论的拒绝。只有范畴概念是意识的;范畴功能则是无意识的:这些功能设定了来自单纯强度的关系。超个体的(Supraindividuell)和无意识的。这样就产生了诸质性。

a)主观上的理想领域,b)客观上的实在领域,c)形而上学上的绝对领域。

感性之物的范畴和思维的范畴:感觉(量,质,强度和延展的时间性以及直观的(时间性):空间性)。

自　然　哲　学

他代表了一种原子论的力本论(Dynamismus)并且(对于)能量和原子区分了质料化的力和非质料化的力。意义深远的活力论概念。生命动因和心灵事件的平行论。[？新活力论。]一本关于达尔文主义的书,它在所有本质的东西上都是对的。对海克尔的批判。对无意识概念的引入(莱布尼茨)。

1. 对绝对无意识和相对无意识[的区分],例如脑灵(Gehirnseele),意识中较低层次的意识显像。

2. 一切行为、动作、意愿[都是阶序],

3. [阶序被]为a)从活力事件开始:无理智的合目的操作,b)灵感,d)范畴功能所证明。

无意识的精神是超个体的并且与神经系统一道才能规定意识和自我。心理学＝意愿＝感觉复合体（杜里舒）。同时（支持）平行论和交互作用：个体形成过程中的阶序。

形而上学和宗教

上帝是绝对的无意识的精神。观念加意愿。一种非理性的冲动将世界撞入它的此在。但是这种非理性的冲动是追随着理性的观念的（对叔本华的批判）。谢林："如此就是现实世界中最好的那个，一切现实世界作为'现实的'都很糟糕"。世界的这种如在合理性（Soseinsvernünftigkeit）通过对一切都有效的合目的性而被表明。对目的范畴的一种非常深刻的分析。在无机物中的常量和法则是如此的有条理，以至于世界尚能存在。生命力自身分解为那可与能量原则和机械原则共存的上层力量（关于理论物理和"自然哲学"的讲座课）。可能性：旋转交叉着的力量改变着能量的水平面。（笛卡尔。）他将黑格尔的演化论与这种目的论相关联。1.第二热力学原理。世界进程的有穷性、能量熵。非常犀利。2.历史演化是一个从这种不幸的状态中将神性救赎出来的过程。[它是一个]工具，无意识的精神创造了自身（最终是在人之中）[并且]摆脱这种意愿的不幸，就是意识。在此无意识的精神在人之中认识自身，认识其动力的非理性。对无意义的动力的收回，并且上帝会重获极乐。

宗教：灵知派（Gnosis）。对基督教观念的理解。保罗是基督宗教的创始人。人的意识是神在人之中的自身意识过程。人救赎了上帝。悲剧主义，受苦。

具体的一元论：在实在客观的领域中的多样性。"自我救赎"。信仰和宽恕。

反对"上帝的人格性"（有意识的上帝，自我意识）。上帝在受苦。

1874年基督教的自身解体和未来的宗教：自由的新教主义不再要求在基督教中还有任何正义；但是它除此之外以其肤浅的乐观主义和庸俗的自然神论无法为宗教意识提供任何东西：它和非基督徒一样的不虔诚。[关于此]有很多很好的批评家。新教主义是基督教的掘墓人。教条的含义。对立敕尔理论的批判。

尼　采

弗里德里希·尼采于1844年10月15日生于吕茨恩的吕岑。他出身于一个教士家庭。1858年到1864年就读于普佛达学校，1864年到1869年①间在波恩和莱比锡读大学。跟随罗德和立敕尔学习古典语文学[和哲学]。1869年成为巴塞尔的古典语文学编外教授。在1870年德法战争期间成为了一名伤患护理员。1879年[因病]中止其教授职位[？]。自1889年就患上了一种麻痹症。1900年8月25日逝世于魏玛。

个 人 特 质

他有着一种道德志向的纯粹性（参见叔本华，书信），相应地也很温柔、心软且同情心强。与叔本华和瓦格纳的关系；随后[他对]伏尔泰、实证主义、达尔文感兴趣。他的形象游移不定：诗人、哲学家、作家、批判家。他不是经典的哲学家。[许多]杂文和格言。他接受了哲学-历史学的教育。同霍德、布克哈特与叔本华一样，他重新看到了一种从古典时代发展出来的英雄理想。他的思想有着

---

① 原文为1969年，译者疑为笔误，遂更正为1869年。——译注

一种强大的力量，——在批判中。他的批判比之积极建构要更加重要：超人理想，生物学主义。将他视为诗人是错误的。体验范围的广度与宽度。对历史主义的牺牲者［的批判］。自伤和自愈（露·莎乐美［他的挚爱］）。吞噬自身的火焰。

他的哲学是他用概念写就的心灵历史。与德国的俾斯麦的关系。在1870-1871年［的战争之后］的失望。他的宗教批判和道德批判中的深度和严肃。尼采作为堕落者。"风格"。［他是］今日之世界局势的前提。他那未被聆听的、革命性的、为整个近代打上问号的力量。我们能够在他那里找到在高涨的情绪和虚无的感受之间的变换。不精确的问题。卢梭以来的文化哲学［推动着他］。三个阶段：1.叔本华的效应，2.实证主义的启蒙，3.超人和重估一切价值。

什么是狄奥尼索斯式的悲观主义（究极者）（ipsissimus）？在其发展中［他是一个］恒常不变之物。在对悲观主义的、灵性的（daimonistisch）世界观的坚持之下，无条件地肯定定在和生命。首先［他］在古希腊文化中认识到了悲观主义。奥菲斯式的＝狄奥尼索斯崇拜。首先：艺术中的狄奥尼索斯主义和阿波罗主义。悲剧的起源。对哲学和古希腊哲学（赫拉克利特）的见解。

《不合时宜的沉思》［1873-1876］：用来反对［作为］教育庸才的施特劳斯的锋芒毕露的檄文。1.［第二部分］"历史对于生命的利与弊"。［1874］。a）榜样［？］历史的天资，b）虔敬：对过去的理解，c）从过去中解放。商业［？活动］。历史部分地（是）"最高的样本"。超人。叔本华。

1878年到1882年间实证的方法。伏尔泰：生命是一个认识者的漫步。从[纯]音乐的醉生梦死中得到复原的人。道德批判:《道德谱系学》和《善恶的彼岸》。

我在这些谱系学的和批判的文字中看到了尼采的主要贡献(参见[我的文字:]《道德建构中的怨恨》)。善与恶。好与坏;黑(μέλας),-亏的;坏的-朴素的)。伦理的价值规定不是从那些道德上得到了评判的东西出发,也不是从自以为"好"的东西出发,即高雅、幸福、自由。价值设定者-价值铸造者。好=幸福、高雅、强大、富有生命。其它的则是坏的东西、下等的东西。(伦理的唯名论。)

道德中的奴隶起义概念。怨恨,复仇:价值重估。犹太民族和基督教。基督教的爱[为尼采所误导]。共苦,为善。病人、弱者、下等人:上帝尤为偏爱他们。"坏良心"的起源,主人也感染了坏良心。懊悔,谦卑,等等。奴隶起义,群氓市场。这种道德胜利了。现代民主道德——直到实证主义都[要求]"在上帝面前灵魂的平等"。革命理想。错误:基督教作为社会运动。相反地[它]有如一种社会主义见解。

对功利主义的批判:高贵之物;生命价值。(保罗·雷。)作为人性之巨大耻辱的基督教。旧约和新约。对保罗基督教的批判。对社会主义的批判。工人问题。没有奴隶就没有更高的文化。对共苦道德的批判。叔本华教会了他万物归一(Ineinssetzung)。关于共苦的错误(参见,同情感)。①

实证的目标设定:尼采在此岸的土地上要求一种新的英雄的、贵族式的文化。"我向你们发誓,我的兄弟们,对尘世忠诚,不要相

---

① 见于,《全集》第7卷。——编者注

信那些谈论超越尘世的天堂的人"。结果：上帝死了。上帝和真理观念。纯粹真理[？观念]作为苦行。

1.对民主的拒绝，2.对民族主义的（拒绝）。出于世袭制，血统最高贵的人们应当与精神最高尚的人们携手，然后在现代大众的基础上开展一种新的贵族式的凯撒主义；穿透虚无主义。世界的意义在于其伟大的诸人格。3.伟大的欧洲人性。对德国精神的批判（参见伯特拉姆）。在《瞧，这个人》中这种批判假定了各种各样极端的特征。

生命最大值。唯意志论的生命概念——强力意志（认识、道德、美学）。正确的东西。不是保存，而是向着对于[？人种含义]的内在决定因子的展开。对形式思想的感受，达尔文主义的错误影响。更有甚者：1.实用认识论。并非：促进生命之物都是真的，而是：确立了一种古老的真理概念，但却是在价值问题中提出的[原文如此]。谎言、迷误、幻觉、虚构。内在世界的现象。2."生命充实"的实证主义伦理学。超人，永恒轮回。

《重估一切价值》

四本书：1.欧洲虚无主义，2.对迄今为止最高价值的批判，3.一种新的价值设定原则，驯化和培育。《瞧，这个人》（重估价值的导论）。

尼采最大的意义在于：

1.为起主导作用的市民道德打上问号，

2.[借此]（令）现代民主和社会主义的理想（成为可疑的）。

3. 对一切随着上帝思想一道走下神坛之物的洞见。在基督教中他也发现了很多错误的、腐朽的东西。[他是]最伟大的警世者，基督教与现代市民道德更加鲜明地分别开来。

4. 实证之物没有给出任何可持续的特定之物。不是像柏拉图、康德这样的古典哲学家。他依赖于一切触动着他的印象。他的思想以挑衅的方式展开。一个伟大的心灵，但不是伟大的思想者。

如此我们就即将迎来当代哲学之潮流。当代哲学是通过被给予的诸历史前提而得到规定的——但却在这样一些方向上有其目的，这些方向只能以符合诸历史前提的方式而被规定。世界大战和革命[应当也]对哲学史来说是一个判然的阶段划分。

对《全集》的两个补充文本

[1. 总体懊悔(1919—1921)]
[对《全集》第5卷(的补充):
 "懊悔与重生"]

因此,在这本书中将对于懊悔行为的分析作为讨论的开端是有其用意的。因为在一切宗教-道德行为之中,懊悔行为并非是出于对人和人性的关切而得到考察的,而首要地是出于我们的关切,它乃是通往宗教之路。不仅仅有个体懊悔,也有总体懊悔,不仅仅有对本己之罪的懊悔,也有对共同之罪的懊悔,这一点在此已有所言及。但是关于社会学的重构形式(总体之罪的进程正是以这些形式实行的。(社会学形式。))在此还有几点需要补充。

自柏拉图以来,对人类心灵的构建就不无道理地不断与对人类共同体的构建相类比。正如柏拉图的心灵学说对应着他的国家学说那样,中世纪的心灵学说也这般对应着中世纪的国家学说;英国的联想心理学亦如此(对应着)英国-自由社会学说。这一点我将会在别处进行详细展示。但精神-意向的心灵生活的本质事项在具有社会学特征的精神事件中也有其精确的类比项。让我们针对懊悔来指出这一点。

懊悔行为和懊悔感的实际实现乃是发生在个别心灵之中对价

值评估、目标设定的——这些价值评估和目标设定甚至可以主导人格——有力的、某种程度上暴力的压抑之中，（这种压抑是）为了潜在的、相较于曾居支配地位的诸理想而言具有更高道德价值的意志萌动。被错误的习惯所压制的"善良意志"在一个[更好的？]我的懊悔行为中又能唱回主角——主权——，善良意志一度丢失了的主权，使此前支配着人格的欲求目标居于其所主导的领土主权之下。[但]如果是一个种族在懊悔，又是怎样的呢？

那[？严格]类比的进程通过诸群体意志之间的支配关系和依赖关系的变革呈现了出来——并且是对一切可能的群体而言——共同体正是由这些群体意志所构成，总体懊悔之流贯穿了这一共同体。（家庭、共同体、[？国家][？]）。一整个种族或一整个文化圈的充满懊悔的思想变迁在历史上是在其群体的支配关系——政治、经济、文化——的变迁中实现的。（新的精神。）这一种族懊悔的进程并不必、也不应以一种暴力的形式而势在必行。每种暴力都仅仅是对进程的一种中断，也仅仅[？]设定了需要懊悔的罪。只有当居支配地位的群体之僵化和固化变得如此强烈，以至于已经不再能及时软化它们的时候；或者当在种族的群体倾向中潜在地"更好之物"的新权力尚微弱得无法[？凭借内在的权利]适时地站上公众事务的领导地位的时候，才是暴力的道路，它中断总体懊悔的进程和种族的重生。在第一种情况下是革命之路，在第二种情况下是暴力反抗。

这两种对于情势张力的暴力解决都中断了总体懊悔和重生的救赎进程，就好像对于复仇之结果和冲动本身的单纯害怕中断了个体中的懊悔进程一样。（参阅前文。）除此之外它们[再次]设定了总体之罪,而不是去打破和扬弃旧的(罪)。种族之总体心灵的革命,它在其总体懊悔中以社会学的形式而实行,这让暴力革命和暴力反抗变得不再必需。

对于导向救赎的总体懊悔和种族懊悔之进程来说,对可恶的犬儒主义只能这样来解释,它符合懊悔的自责理论(Katzenjammertheorie)。(参见前文。)但是在此处这种见解也是错误的。失败引发了懊悔行为,它并不为其构型,也不对其发挥作用,并令它保有完好无损的高度自由。一个共同体的总体懊悔愈是深刻和有效,它就愈深地探入到作为懊悔对象的状况和行动之原因和根源中去;它就愈是接近转变式的懊悔和思想变迁。进一步地,(总体懊悔)就愈是涵盖共同体所划分出的所有种类的群体:种族的每种起源,每个家庭,每个党派,每个职业,每个特殊机构。因为善与恶本质上从未如此地被分割开来,以至于它们能够与社会学的群体差别相合。在一切群体中它们都存在于独一无二的混合关系中。一个群体对于另一个群体的复仇欲和单纯的指责态度——这总已经孕育着暴力——中断了懊悔的救赎之路。

在这个意义上,所有参与了战争的种族的总体懊悔都是一切宗教更新的首要出发点。

[2. 对受苦的外在克服与内在克服：斗争与忍耐（1927年前后）]
[对《全集》第6卷的（补充）："论受苦的意义"]

（从这个极其片面的）受苦理论出发，现在让我们返回到纯实事性的（受苦理论）中来，[那么]我们现在就能非常清楚地一览这两条岔路，即迄今为止的人在弱化和扬弃所有种类的受苦时所走的救赎之路和解脱之路。

第一条路是："抵抗罪恶"——对引发疼痛和受苦的无机的、有机的、社会的外在刺激源的控制，以及对这些源头的引导，借此实现受苦和威胁的最小值（对自动阻抗的理性引导）。

这是欧洲文明主动的-英雄式的主要道路，是它那首要是摈弃肉体的（entsomatisch）医学（在外科学的技术奇迹中达到巅峰）。它的物质财富生产方式（机器）、社会的组织方式和技术方式（刺激需求的经济）。

如果人类受苦的种类和规模是一种外部刺激的精确功能的话，那么这条路将是唯一可能的道路。但因某物而受苦的层面愈是深入，这条准则的效力就愈弱。从感受感觉到活力感受和心灵感受，直到精神的人格感受（罪感）它都在逐渐失效。贫穷-富有：这对于个体的幸福来说意味着什么啊！感受位置愈深，它就愈少能被人的意愿和行为所影响，但却愈发具有"仁慈"和"机遇"的现象特征。但是即使对于感受感觉，这条原则也不适用。有人戳了戳我的皮肤：当然，这通常是会痛的。但并非始终。如果我被强硬地带入了本能性的注意力之中（例如在本能中的攻击），如果我被暗中引入催眠状态，那么这就不会痛。我不仅能够用物理-化学的方法人为地制造无痛状态；"局部麻醉"和全身麻醉（意识的疼痛区），而且或许也可以从内部开始（如印度的苦行僧）。在各种疾病状态中我们都能找到各种程度的无痛状态和过敏状态（Hyperanalgesie），在这种状态下最小的刺激就已经造成了疼痛（有机体的功能种类）。

如果以下论断对于一切可能的感觉都适用，即它们从来都不在精确的意义上是刺激的正比例后果——在衰老的过程中则日渐接近——，那么这对于感受感觉更是如此。痛感及其出现始终预［设］了一种人格的总体状态，这种状态自身是变化无端的（在此我无法深入），但是一种持续的、伴随着所有这些方向的痛感之发生的共同条件看来是存在的。它是自动的、亦即任意地出现的、对疼痛刺激的受体器官的自发阻抗（核心-阻抗）。"受苦态度"，亦即疼痛体验的一个条件，才是与这种阻抗相连的。柏格森、闵斯特伯格、普特表明，对每种感觉都有可能的是：感觉始终被一种质料的冲力＋本能性的注意力所共同决定，这在疼痛的情况下还要清晰得多。正如对现实性的体验（一切感觉的共同特征），尤其是对现实性之阻抗的遭受，先行于一切在情态上有所分别的感觉，这种遭受也先行于个别的疼痛体验。例如在天国中①就没有对实在性和现实性的体验。在一篇发表在《生物》上的文章"疼痛"（Die Schmerzen）中，冯·魏茨泽克说道——完全在我对这些事物的理解的意义上："那么相较于我们所承受的疼痛，受苦就是更古老的；相较于对拥有疼痛的感受，疼痛就是更古老的；相较于某种感觉的内容，感受就是更古老的，生理学和心理学最终才将这些内容抽象出来。"

让我们先遵从这条法则，将其作为已被证实的，那么必然还有一条殊途，即从内部扬弃各式各样伴随物理疼痛之影响的不快：一条原则上完全无需关心外在疼痛刺激条件和受苦的道路，而仅仅关心这一自动阻抗的心灵成分。

这是"忍耐"之路，耐心（patientia）之路，它在被道出的心灵技艺的帮助下，抑或未曾受此帮助，能够直接导向从直截的接纳（行为）直到主动的英雄式的忍耐。"坚定性"［在此被视为］忍耐的素质。

什么是忍耐？古印度的奎师那（Krischna）神话。类似洛采。我们称之为"忍耐"的到底是什么样的一种行为？它是某种——在这个词的一般意义上——单纯的无所作为、听天由命吗？

绝非如此！在忍耐的人为技艺——它是对总是自动的阻抗之肆意妄为的忍耐——还未问世之时，忍耐已经是一种人类最高主体的全然积极而主动的行为。它在哪里呢？忍耐是精神阻抗对自动的活力阻抗之萌芽的反对，后者是心理生理的有机体面对某种刺激时而产生的：在精神上对每种阻抗的着意阻碍——在此已经着眼于它最核心的根本。剧烈的疼痛将整个神经系统、全部肌肉系统、一切

---

① 参见，《全集》第9卷，第278页及以下。——编者注

感官牵扯到它的躁动之中。应激性的灾难出现了。例如对一记耳光的忍耐。复仇和忍耐。忍耐是对因疼痛刺激而自动出现的心理和生理反应的精神的着意控制和克制，是最高的"精神意志行为"。

这种行为如今能够从简单的忍耐开始直到英雄式的牺牲，从抑制对疼痛刺激的动觉反应（保持平静，例如不去抓挠一块发痒的皮肤）——这对每个人而言都是可能的，直到那种人为的瑜伽术，它的目标是将无自觉的肌肉、乃至血液循环、饥饿、呼吸，在不断扩大的程度上置于意识和精神意愿的主导之下，[——这种行为可能]具有各种可能的层级和程度。忍耐可能并且大体上也的确仅仅意在减轻现有的疼痛和受苦并阻碍它的扩散；但它也可以为自己树立更为远大的目标（佛陀的伟大思想）：通过将本能中心以及一切从其出发的自动的运动机能之可能视为非现时的，将不快与疼痛的产生扼杀在摇篮中。那么忍耐之路与对世界进行去现时性的技艺就了无差别了，后者正是对活力的本能阻抗的扬弃——塑造观念的本质化（行为）的前提。（认识论与佛陀的伦理学之统一。）"观看万事万物是美好至极的，作为某事某物而存在则是可怕至极的"。畏与现实性，"只有在诸形式所寓居的地方，尘世之畏才有尽头"（席勒）。

让我们首先明确这一点，即一切从人格中心发出的核心的精神"意愿"，虽然都能够在理想区域中积极地决定某物，[能够]设定和赞同一项决议、一个项目；但是一旦涉及到实在的作为、涉及到做与不做的区域，它就只是持续地以否定的方式发挥作用。它从未能够说出超出"阻碍"＝非是（non fiat）的东西，或者不-阻碍一种现有的、具有决定性激发作用的本能冲动，也就是说非非是（non non fiat），——"允许"它的效应。

因为意愿和不意愿不像本能性的欲求"我饿了"等等那样是一种有止尽的能力,那么它就不再能够像一种被给予的本能冲动那样转向或拒绝属于它的表象——没有这种表象将没有任何特定的事情可做;而又是分别以这样的方式,即不阻碍那种有能力实现某个目的的冲动,或者阻碍——勾销——破坏其实现的(冲动)。

忍耐现象现在仅仅存在于对每种因疼痛刺激而产生的阻抗进行阻碍(的过程)之中以及所有自动就含有刺激的内在和外在的表达运动之中:如四肢痉挛;会"眼冒金星"、出汗、面红、血液循环和心跳都处于无定向的变化之中。叫喊和哭泣相继而来。忍耐就是"阻碍这种扩散"。

克服疼痛和受苦的两大原则——从外部出发和从内部出发,通过对自动阻抗的合理引导和引领,直到扬弃疼痛刺激、扬弃阻抗——渗透了所有的伟大文化,在这些文化中这两大原则正有待[?]得到应用。欧洲与亚洲(尤其是印度)。只有人能够忍耐。忍耐相较于阻抗更为属人。但它在动物的装死(现象)中还是得到了预示;在遭遇巨大的震动和无力时暂时失去意识①。这些各种各样的针对疼痛的行为方式作为案例而被提及(也请参阅,《知识社会学》②):1)仅治疗心理的医学和仅治疗身体的医学。2)欧洲和亚洲的自杀行为(两种不同的英雄理想)。3)消极政治学和积极政治学:猎手政治学与猎物政治学(拿破仑与俄国;今天的英国与中国)。4)

---

① "意识"。在手稿(BI 235a)中写有"意识"(Bew.)。将其在文本中释义为"运动"亦通畅。但是读之前置的二格定冠词宁可作"des"(意识)解,而非作"der"(运动)解。——编者注

② 见于,《全集》第8卷,第52-190页。——编者注

非暴力不合作运动：莫罕达·甘地（参阅，日本人鹿子木（Kanakogi）关于鲁尔区起义的判断）。5) 形而上学的知识和实证的知识。

处在这些不同的态度背后的终极是两种不同的形而上学信念，它们可以通过这两个命题而得到简要的勾勒：万物皆好（Omne ens est *bonum*），或万物皆坏（Omne ens est *malum*）（叔本华、尼采）。二者之间，万物皆"无差别"（Omne ens est "indiffenrens"）。

但现在才会出现这个问题，它所针对的是迄今为止的全部论述——鉴于其广泛的含义我在此只能略提几点：我们应当在这两条路之间进行选择吗？我们应当只走一条路，抑或两条都走呢？我的回答是：两条都走。

这里将得出这一命题，它是严格出自我们的本质规定的后果：快感与受苦在牺牲的结构中有其统一——正如"爱"（爱若斯）和死亡本能。①

让我们尝试如此来构型这个自动的感受过程，让它对整个人格而言成为尽可能有价值的，那么我们首先就不应该忘记，我们始终都只能扬弃或者改变这整个结构，而不能仅仅是其极点，即疼痛极和受苦极。绝对消除受苦会一并消灭所有欢愉（不动心）。在对受苦进行反抗时，在改变刺激之路和忍耐之路之间的选择必须依据受苦所处的深度而得到规定。

1. 愈是肤浅和边缘的受苦，人们愈能够通过重构刺激来扬弃它，并且人们也就愈应当如此。

2. 但是在四种不同的程度之间，它们所处的位置愈深，它们就

---

① 参见，《全集》第 6 卷，第 45 页。——编者注

愈是人格性的、由气质决定的，那么这条路也就愈是走不通：人们也就愈是应当使用忍耐其处境的技艺。

让我们在这方面稍作停留，它表明：只有忍耐之路通向人最终的成功和解脱。相信这一点的人必然会指责整个西方文明之成就的核心，它的功能知识、它的技艺、它的医学。并且他们会尝试用下面这种方式来论证这条原理（参见，甘地的文本）：每一次或大或小的对外部自然及其力量进行积极主宰的尝试，都关联着一种可能的危险。这种可能的危险在于，作为主宰者的人成了用具、机器、社会组织等等这些他在自身与自然之间所设立之物的仆役和奴隶。若干世纪之后他或许能够达成目的。但是：这种可能的危险在人们生活于其中的世界机构中会原则上并总是大于可能的得益，即令精神的价值和目标听命于自然与社会。培根的名言："我们只有通过顺从自然才能主宰自然"——他们会说——这是错误的。这一名言会如此被改写："只要我们想主宰自然，我们就处于自然的'主宰'之下"；在物质生产技术和社会组织的不断进步之中，我们恰恰会日渐深入地卷入这种因果性之中。每种针对不适的阻抗都将我们更深地绞进去！他们恰恰是在欧洲-美国的历史进程之中尝试例证它的这一最高的基本原理。难道不是我们自己在不断指控，各式各样的机械论风头无两，并最终只会导向人的不堪重负？（物质生产的机械论、金融资本主义、社会组织、选举等等，[？正驶向]机器战争："出于技术原因，这是不可能的。"（俄国动员、潜艇战等等。）会出现比消毒和治疗所能消除的（疾病）更多的文明疾病。

在此我却只能简述这一论证的动机。一本大部头可能会应运而生。

反对派、极端的欧洲乐观主义和实用主义会回答道：恰恰相反！你们的忍耐之路是软弱之路，是一个人种的病态生命意志、一种有缺陷的存在信仰和生命信仰（死亡本能）的表达，是沮丧、怨恨、怯懦，是想从你们的无能之中制造无-意欲、从困境和无力中制造美德的尝试。你们的思维方式、形而上学、受苦技艺仅仅是尚有缺陷的生产关系的意识形态表达（正如马克思主义者），或者是社会秩序对生产关系的不完全适应的意识形态表达。其他人又[会说]：你们的思维方式是奴隶道德，它从古至今始终相较于主动美德而偏爱所谓的"被动"美德，如奉献、忍耐、谦卑（尼采）。一切铺就了主动的-英雄式的控制自然之路的实际受苦与不适虽然得到了承认，并且是无法拒绝的，——但仅仅是控制自然的一个突如其来的阶段的一种过渡显像。（美国、意大利。）也是在这个意义上，一本大部头会作为针对这一命题的反命题而被写就。

　　这两种信念中的任何一个我都无法接受。

　　如果让我简要地叙述我的信念，我会说：

　　1. 唯有当克服疼痛与受苦的两条道路——战胜不适的外部权力意志之路与忍耐之路都在足下之时，唯有其中的一条能够在另一条行不通的时候作为一种技艺而替补，才实现了对事物的完整权力，这种权力处于人类本性的"本质"之中。对深度受苦的忍耐，将其净化。与肤浅的受苦相斗争，将其消除。

　　2. 我要说的正是：如果完全没有忍耐技艺及一切从属现象的话，例如个体与群体的自身集聚、沉思、自身思义、本质研究、去现实化、观念化——或者更确切的说，如果完全没有这些技艺，那么所有例如莫罕达·甘地隐隐约约预见到的事情都会发生：人与自然的积极主动的斗争最终会导致（人被）束缚在机械论及其片面的技术之中；这就是说：导致那种即死（zum *baldigen* Tode der Art）。在这个意义上，克拉格斯并非全然失察地将欧洲文明称为用不适合的手段所进行的实验。不堪重负——似乎被机械论所盘绕，而这机械论是生命随着衰老从自身之中心理和物理地产生出来的——正是一切死亡的本质特征。但是，如果所采取的是在斗争与忍耐、生命技艺或者说心灵技艺与外在的生产技术之间的恰切节律的话——在医学范围内它意味着心理治疗与身体医学相关联，那么，这就并不必然是与不适进行主动斗争的欧洲形式的必然结果。

从这两个不同文化圈中的人在反对不适与受苦的共同斗争中所选取的大方向的方位来看，我因而会说：

3) 命题：两个方向和两个文化圈在这个大问题上可从彼此身上择善从之。

一个全人的理想必须具有这二者："从外部"克服受苦的技艺和"从内部"克服受苦的技艺：通过外在斗争和内在忍耐，智慧和本质沉思。

[摘自小型手稿] I

关于因果原理的先天（未注明日期）

1. 所有"某物的实在存在"都是一个起作用的行动的[伴随性]后果；

2. 我们不仅直观地拥有作用，而且（在奠基秩序中）在作用者与接受作用者之前就已经拥有它了——根据一切实在者之中的主观先天之普遍原则，这是一种解释了实在之物的变化的作用[？]。

* * *

前世（1916年前后）

如果时间在康德和叔本华的意义上只是人类直观的一种形式，那么就自然可以在同样的意义上谈论一种前世。叔本华的这个推论是合理的。这样就只有心灵的漫游，是心灵建构了一个固定的数，或者将对个体不朽的否认建构为可能的设定。（精神原则向其出发之处的回返。）因为一种不依赖于身体的个体实存（实存的无时间性）排除了个体的前世，然而仅仅后有来生，这看起来与我们的思考是相悖的。

基督教学说预设了不依赖于有限幻象的时间实存，并且只能唯独坚持来生而否认前世。每个人格都是从上帝的创世之手中全新地诞生的（创造论），亦即踏入时间的，这是与如下一点相关的，即时间不依赖于有限的意识而实存。但由此永恒的生命和在时间上延续的生命就将是毫不相干的。

对此一困难的解决

如果人格那时间性的生命是对其无时间的实存的呈现（这一呈现是客观而非意向的），并且是以一种与生命有所关联的直观形式（及适合它的材料），其特定的生命尺度甚至会被拟造出来，那么在我看来相同的推论就不再有效了。当它（人格）通过其行为而自身"永恒化"，也就是说，以永恒的内容充实其无时间的存在时，延续的尺度将是适合于程度的。因此如下这样说就是错误的：同一此在的无时间性意味着每时每刻，并借此排除了生长与更新。不如说时间仅仅是更新的一种特殊的方式方法，其张力域似乎仅仅在一个维度和方向上。时间是对一种更新的限制，对生成一般，而非其条件的限制。

在无时间的实存和无时间的效应之间存在着现象的过渡和动态的关联。生成之动态（在更迭、运动和变化中同样存在）是先行于时间的，也是它的共同条件。正是生成的张力拟造了它的时间，仅仅在回望之时，生成-内容的被给予的阶段性结果才会向我们的活力意识显现为已经为时间的框架所决定了的。正是因此，人格的一种无时间的创造行为恰恰是可能的。

一种渐弱音的现象在于，其实存的时间并非独立可变地减少的，而是依赖于其音量而可变地减少。在此强度的降低在现象上显现为绵延减少的根据。以类似的方式行为中心能够据有其自身不同程度的实行实存(Sichselbst-Vollzugsexistenz)，而因其实存、绵延仅仅是对绵延之增减的自身表象的形式。

*　*　*

整体中的——而非个别的大脑的功能
（约1921年）

1.［大脑］并不产生任何心理之物，［亦］非记忆图像的"寓所"。

2. 自然的部分［在这个部分中整个世界决不可被认为是依赖性的。］（平行论，见柏格森、于克斯屈尔）

3.［它］绝非是内容［的条件］，而仅仅是功能的现时化的条件。（神经系统一般。）；［例如对颜色的看（的条件），而非颜色本身（的条件）］。

4. 大脑［不是心理之物的条件，而］仅仅是对于内容和功能的上意识的条件。环境结构的平行论。

5. 它是动觉能量的分配者（离心的）和凝聚者（向心的）。它激活着［个体］活力动因与物理的宇宙之间的联合，它切断活力中心的那些功能，它们将潜在的可能功能转化为现时的。

6. 阻碍和推进刺激能量向以力学的方式实现着的反应［运动

的转化,这是其向下的成就。对将要发生的纯粹力学反射的勾销(中止)。[它绝不生产思想。]

153　7.[在脑生理学中]定位学说[被放弃了,为了促进]功能性的见解:每种心理状态都有一个与之对应的整个大脑的总体激发;它被以目的论的方式规定为生命动因的整体。

8.质料讯息对于记忆内容和感知内容并不具有单一决定性,而是特定再造之路的初始位置和终止位置。并不[符合]

表象 a b c

脑激发

而是:a-b a-c a-d 整个脑的激发
关于(a->b)+(a->c)+(a->d)+(a->n)=A

[？总体表象]因此是对整体 A 进行分解的条件,即将其分解为各个不同部分及其关系(贝歇尔)。[脑并不联合,而是]切断[这]整体表象的联合。也就是将记忆内容安排到此时-此地的序列之中,以及规定何者被安排进来,而何者相反——对讯息的操持。[见下文。]

9.讯息仅仅是所遭遇到的横向进程的载体(韦特海默)。[被接受的只有整体:]运动现象、构型现象(科勒:心理格式塔)。

10.反对对脑理论和鬼怪理论的神秘化。

11.在进化论上脊髓和大脑是小脑的进一步建构。脑并不包含特定的力量和能量;对古老的、拓展了的"特殊能量"理论的拒绝。

12. 电报-头部基站图示。

13. [a.] 对脑的摧毁使得效应转渡 A——即活力心灵的作用向化学生理的身体部件之上的转渡——整个地或者部分地变得不可能。(每次死亡"脑死亡")。钢琴家①。它阻抑了其服务于机体保存和机体促进之潜能的现时化。活力心灵是不会被摧毁的；其记忆库是不会(被摧毁的)。

b. 这使得对精神心灵之潜能的现时化变得不可能。这是只有活力心灵自身真正的、相继的创造才能做到的。但它完全阻碍了精神心灵的表达——间接的。这意味着：对于客观研究来说，它是前所未有的现成的。(客观研究方法的边界。)

14. 一切讯息都仅仅是某种总体激发的结点，这种总体激发作为整体规定了部分激发和部分激发的特定地点。(参见科勒：生理的格式塔。)这种总体激发是直接经由活力心灵而被以因果的方式规定的。它能够间接地贯穿总体激发而选择质料讯息，后者是再造的条件。(贝歇尔的理论，大脑与心灵。)

* * *

关于对身体与人格的依赖性的评注
(1917/18)

1. 人格性与身体之间的现象依赖性恰恰属于有待研究的事实

---

① 关于"钢琴家"参见，本卷第183页。——编者注

之列，它是例如通过一种疼痛、通过饥饿等本能冲动、通过联想等等所引发的一种思路偏转。若是有人在提出关于身体身体与内在地被感知到和被观察到的进程之间的客观依赖性（而非被体验到的）的理论之前，未曾研究过这组事实，那么他的错误就还不仅仅是理论上的。他忘记了，依赖性的尺度和方式能够通过我们自由的精神行为被决定——显然如此。

2. 当然不存在对依赖性的体验，例如对观看和观看中心的体验；脑和精神活动——更不消说对各种不同的精神活动对脑的各种不同中心的依赖的体验了。（这项研究关系到对陌生大脑的认识，加之对任意种类的被观察到的反应的认识，加之对讯息传递的认识。）但是在问题的秩序中现象学的问题是先行的。

据其本质能够不依赖于身体变更的东西，也不会依赖于身体身体，例如自治的思想事实和意志事［实］。

［以下为手稿中的活页。］

并且对象与行为——存在在其中被给予，并不是有规律的。再明见不过的是这两条原理：

a）脑是世界的一个可以抹去的部分；

b）一项精神活动是属于世界的现象学存在的。

由此可得，精神活动是不依赖于大脑的。

一个精神进程内在地得到感知并且被归属于一个身体，如果为此的条件是通过精神进程而对这个身体意识的变更，那么客观上观察到的依赖性就无法不涉及这两点。也就是说并非 a）精神活动的存在，而是它的被感知；b）精神活动与一个人格的相联，此人格关联于这一身体，亦即这个我通过外感知将其作为身体身体来进行研究的身体。例如[？马索]的观察是，如果大脑皮层中的血液流通受阻，人就会表现出失去思维，没有证据表明，血液流通决定了存在和无法被感知（或许被决定的仅仅是思维得到回忆以及其存在一般）（不仅是人格与这一身体的相联[？体验]）。

[在手稿中接下来的是：II.]类似地，被体验到的人格对身体的作用性是一个[？毫无]疑问的现象，每套理论都应当顾及到这一点；类似于相反的作用性。在此可错性也不能排除这样的可能性，即我不会搞错。参见，曼恩·德·比朗。阻碍体验。

III. 依赖性无法通行之处：

1. 不适用于明见的内容，例如即使对这些内容的知识是被幻想出来的；

2. 不适用于这些行为的本质与存在；

3. 不适用于其自治的法则性。

还剩下什么？a)"欺罔"或者明见性的不完全性；b)对行为，亦即反思的感知；c)与这一身体的相联作为一种身体个体性？（在客观的、历史的精神进程的诸必然性中尚且是可感的。）谁来做这件事？

如果世界作为内容（[这就是说]没有实在设定）是依赖于脑的，那么"陌生大脑"作为部分内容也是如此；因为我只能依据与陌生大脑的类比来思考[我]自己的脑（对此没有[？直接的]意识），那么我自己的脑就必然依赖于我的脑（作为内容，亦即作为一切对此可被言说之物）。这是悖谬的！——

两个相应的事实

人源初地生活在真理之中。

1. 我们那处于其意向中的精神势必领悟着世界，或者说它势必按照实事的要求依据它直觉地看到的价值次序而为世界赋形，只要它在这方面前进着，而非对其存在及其活动的"意识"——那么它在此就是以各种不同的方式被变更的"对某物的意识"。它没有对这一活动之个体的出发点的意识，同样不具有对这样一个拥有人格个体性的身体的意识，对于这一人格个体性它会在第一重反思中瞥见。

只有在这个程度上——当它洞见到，它错了，它没有出于实事的要求而意愿和行为，双重的反思才会出现。欺罔始终比知识更加主观，错误比真理更加主观。

身体意识也就在其活动秩序中与其被体验到的精神迷误或偏差相挂钩。是这样的：我"判断"以及"我认为"等等离信念或许[原文如此]咫尺之遥[？]。在此我指的是现时的身体意识，亦即不是作为孤立对象、而是作为体验的我的身体的意识，[正如]我指的是这个身体的自我。心理学上人首先是面对他者的。做一个面对自身的"心理学家"就意味着像看待一个"他人"一样看待自己。

2. 与之对应的正是，自然科学对脑与精神活动之间的依赖性的实在诊断首先与心理治疗的事实相挂钩。这就是说，并非所有精神与身体之间的依赖性都是病理学的。健康的活动（大脑可能生病，但不可能"弄错"，不可能"在道德上缺失"）也具有这种依赖性，但仅仅在健康的活动与病态（活动）共享其[？性质]的前提下，它们才都是为大脑所决定的。

3. 这一对应也是我们的理论的必然后果，一切客观的依赖性都基于现象的依赖性——而非相反。

精神与身体的依赖性

所有这种精神与身体的依赖性都可以在被体验到的和如此这般的(依赖性)中得到分别,后者乃是基于对陌生的身体身体的外在观察加之以对陌生心灵的观察。

例如在外感知中,我将精神体验为——并非依赖于身体,而是全然直接地依赖于环绕着它的物理世界中的事物。当感知的统一性依感官功能而被分解时,这一点依然如是。我直接地触摸到事物——不论这一感觉的条件是在何处被激发的(牙齿,例如);我看到事物(视物),而非感觉,亦非刺激,亦非运动[诸如此类的]。类似地,不是我感知到的东西,而是思考着的东西(例如天文学的太阳,或者数字)。

在内感知中,我将精神体验为依赖于我的自我的。与这种行为根本不同的是被体验到的我的身体自身的萌动(疼痛、欢愉、饥饿等等)。

我通过实行现象学的还原来研究这二者的本质性。

但我也研究对这两个区域之间的依赖性的体验的本质性,例如对感知偏差的体验,对疼痛、饥饿的感知等等;还有思想与表达——言谈、体验——反应(疼痛/嗷,等等。)

此项研究的成果不会被客观的诊断所摧毁。外感知和被感知之物(内容)永远都不会被视为是依赖于身体的。这就是说,锯下了一根对这些依赖性的研究栖身于其上的树枝。

但可能的是,[手稿中断。]

* * *

人的宇宙位置与形而-上学位置(1927)

关于人的元宇宙的位置，自然的世界观和实证科学都错了。它们使得人仿佛自身就是空间世界和时间世界的一个部分（实在的和因果的）。这种观点完全没有看到，人的"位置"排除了（这种可能性），即他知道且认识到了自己的局限性。它永远都无法解释，为什么在洞悉世界图示的人类病理（Anthropopathie）时的每一次进步都如此剧烈地提升了人的自身存在和自身意识（哥白尼的相对性学说、进化论、历史等等）。

尼采也未曾看到，那在他之中经他所认识到的东西——知性、道德、艺术——是权力意志，它们自身绝不会是权力意志或者其产物——并且尼采为这些原理所要求的那种"真理"，决不是那仅仅作为权力意志之作品的真理。

只要知性被等同于"理性"，"权威"、超自然之物、启示就必须被设定为是超乎"自然之光"的。因为"理智"既无法给出一种统一的形而上学，也无法统治生命。

如果"理性"和理性认[识]的内在技艺——这种技艺每个人都可以学习——以被揭示的方式被给予，那么认识这些虚假但必要的源泉就消失了，并且理性就掌握了领导权。人在宇宙中的地位（不在[任何星]球上）仅仅是一个人类病理的图示，这个图示是人为其自身——并非据其自身、而是据他人所勾画的。

一切"宇宙的"和"元宇宙的"能量的更迭之流-转换位置——对一切可能的能量一般的最高源泉的刻画——在此显现为一种在空

间中的小"画片"。但这个画片就其杂多性和充盈而言是如此惊人地丰富，以至于它能够对整个世界——及其根据进行符号化。

* * *

对生死的两种观点（约 1915/16）

如果我们来看看精神个体性含义的位置的死亡，那么它就向我们显现为坏中之坏。但如果我们看到，死亡恰恰是手段，让生命不仅永远地在我们的地球上，而且连续地自身保存下去，而且似乎也［构成］向着初始的瞬间回返，那么它就向我们显现为生命自身的一种最为不可思议、也最为意义非凡的诡计，尽管它的柔软易碎的外壳远远地生长和绵延到了一切在其基本形式中惯常的材料组合之外。

如果人们从存在一种统一的生命动因出发（构型和生长情况），它在一个无生机的世界中有节律地自行展显，并从中撤回自身，那么每一次出生虽然都有着对其而言必要的、机械的、物理学的和化学的条件，却始终是生命的一次新的创造。生命的连续性在形而上学上仅仅是表面上的，并且这更是一种与其底层的质料自然相关的连续性，"我们"将之称为生命的连续性。

在返老还童的情况下，生死的节律显现 1)为一种动态的行为，2)在同一材料混合物上。在单一个体进行分化时，母体的死亡与子细胞的生命是与各种不同的物体单位相联的，这些单位还在独立地连续产生出来。生殖细胞的配置在从体细胞的位置分离出来以后也发生如此转化，正如所有分化产物的种质生殖力的再生和显现所展现的那样。

* * *

续写生命价值理论（约 1917 年）

我的目光之所向，在有节律的个体之展开中，在种族和人类的演化中，在整个世界的演化中：这三种进程的方向之间的个别的联系对我而言随处可见：腐烂、生命和生命共同体的衰老与死亡、不断上升的机械化与精神化。你无法将其彼此分别开来，因为它们在一起才彰显出那整全统一的世界意义的一个部分。

生命在形而上学上向来处于开端，也持续地处于其中。自生命萌发，以其为中心，向下是无生命的自然，向上则是精神。无生命的自然是赴死了的生命，是排泄物和尸体①。精神却是在概念中通向上帝的生命，生命在上帝之中——有如飞蛾扑火，又出离上帝之外——有如浴火重生。

世界的每个时期都转瞬即逝，它们都还没有看到机械化的这一意义。因此那些促进机械化的人不愿看到，他们所做的一切都服务于精神，而非生命——更不是享乐。他们在其中错误地看到了一种自为目的。而其他人——那些形而上学的反动派——想要机械化地落入衰老和死亡的怀抱，并人为地获得更生动、更简单、更无差异

---

① 关于"尸体"，参见，《全集》第 12 卷，第 285 页及以下、第 297 页。——编者注

的历史阶段。他们没有看到拯救的可能性，它就处于生命不断上升的精神化中。他们没有看到，对于世界的生命而言衰老与死亡是无法避免的，所以，不是通过在它面前闭上双眼，而是要毅然决然地看向我们的本质，才能指出展开的更高方向。

但我们，我们人是自由的，我们总是要在无生命者与精神之间根据我们本己的慎思和良知来作出我们生命的必然决断。

* * *

[人与社会] (1926)

纯粹的伦理之物——善与恶——在有效性的意义上只有对神性而言才有意义。它无限的意义恰恰存在于此。对于人类社会来说，它是全然无含义的。通过善的思义或恶的思义能够以同样的方式促进或损害它。在此有意义的仅仅是健康、精干、尊贵，亦即纯自然惯例下的事物。(刑法仅仅是被精神化了的复仇)。一切最初的社会能量恰恰以此为指向，指向制造出健康和精干的人。遗传性研究、优生学、物种选择原则、剥夺患病父母的生育权、通过计量对出生的限制、教化——这是法律权威首要的最高任务。这样的政治学和伦理诚然预设了有神论和对天意的错误信念已经消失。人终于能够将其产品牢牢握在手中。他可以也应当作为神性精神的环节、协作者和有机部分。

人在整个自然面前是一个"开放的"系统，一个在其中、与其一道并通过它而生活着的系统。自然在人之中只能以这种方式而被意识到，因为人同时也超然于自然的最高峰而掌控着、惊叹着、研究着自然。费希纳说得对：人是与自然最为迥异、最具隔阂的物种。

人仅仅在这个意义上是"属己的"，即他是一切。他孑然一身，并无天命。[？.]

这一机制只是为了实现构型和建基于其上的现象和价值。正如宰制知识（Erkenntnis der Herrschaft）之所为，宰制仅仅服务于沉思和享乐。这样客观地来看，这一机制就只是手段（洛采）。在世界历史的终点，更好的表达是叫作世界的"出自上帝生命的历史"（的终点），权力和精神、爱欲和善业将——是一。将要"消失不见"的不仅是价值无涉的权力，还有无实在、无权力的精神。得以幸存的只有持续知其自身、感受自身，并在极乐中看察自身者。世界和上帝将——是一。生成着的泛神论。

泛神论作为存在（学说）是错的，作为目的理想之学说则是真的——更确切地说，作为生成学说。

国王、宫廷、贵族制的时期一度是那么美好而庄严——它是以极高昂的代价换来的。它不可——也不会再重来。当那些养尊处优的人或者被认为是这样的人总想要卷土重来时，对人的宰制就是一项太肮脏、太下作的事业。宰制属于大生产者、大供给者、大商人——作为毫无保留了地被委以重任和权能的群众代表。信任——出于对其弱点和无知的自身认识——群众后来才会学到。但是他们会学到——并且越来越多地学到，当他们在其中看到的不再是好处，而是义务的——被特定的情势所决定的义务。

如果所有人都来雕琢一件作品——神性的自身实现——，那么素朴无光的善之生命将会赢得声誉和意义。

民主迄今为止无疑已经处处为金钱所宰制——而不是被足够有力而万无一失的理智所宰制。但这不会持续下去。战争会消失——一如折磨、上帝法庭、上帝[？]、定性死刑。和平主义观念的权力将在历史中日益增长——即使这个观念(参见,斯宾格勒)早已是现成的了。

上一次战争(1914-1918)是一场世界大战,这样说是恰当的。在人类能够共同-去爱之前,它必须共同-去恨。①

运动、身体文化、"身体"、灵与肉的统一、同感、自然同一化、狄奥尼索斯主义、跳舞、性自由、果断的引领如听之任之、心理技艺、对作为"它"(Es)、作为自然动因的自身的预期、新的享受能力、集体问题所要求的那些新被意识到的学科——在这里宣告着一次新的"文艺复兴",因为禁欲和(追求)商品的最大化生产的资本主义同时黯淡了下去。欧洲精神从义务转向了"幸福",从禁欲转向了享受,从长达百年的收集转向了收获。收获成为了一度是乐趣和事业的东西;天赋异禀的奇人之乐,曾经是"收获"。生命在此仅仅是为了生产"美好生活"。无果的爱也还是在普全生命中为了能一睹高贵而美好的生活而进行的试验。

对永恒爱欲(它偏爱高贵、美好之物)之力的试验和精致化——这比制作(作品)更为重要。对于礼拜来说,罗密欧和朱丽叶比"传教士与十个健康的孩子"更有意义;这——就像一个工厂的一位优

---

① 参见,《全集》第9卷,第145-170页。——编者注

秀的技术领导要比一位优秀的工人更有意义一样。心的练习和完善与知性的(练习和完善)同样重要。

世界在其进程中仅仅在这种意义上需要[为陌异性所宰制的]人,即当同一个人能够与之同感的时候,当同一个人能够在其身上赢得一个部分的时候。狄奥尼索斯的人(homo dionysius)与智人(homo sapiens)同样古老和可敬。世界进程至少在同等程度上为具有有神论见解的人所引领和误导。顺其自然与放任自流的技艺与统治的技艺同样重要。

医学与心理学、伦理学(形而上学)的联盟赋予了医学新的尊严。作为职业——医生,而不是科学家应得到世界的最高统治①。灵魂与身体是医生的两块同等大小的专业领地。神父仅仅作为心灵医生——应当退位了。诸职业(军人、医生、商人)进行宰制的历史应当得到研究。诸价值的宰制也在此得到反映(马克斯·韦伯:作为职业的政治)。

"礼拜"不是"依据"上帝意志的生活,而是服务于上帝的生成。侍奉——于上帝(*an* Gott),为上帝(*für* Gott);而非仅仅"为"上帝而侍奉。侍奉你,不意味着顺从你,而是在你之中、为你而爱,并且让你的本质成为现实。——

如果我没有(将我自己当作我的真实自身的观念来崇拜),我就

---

① 为此参见,《全集》第 10 卷的概念索引"医生"一条。——编者注

不能崇拜你，如果我没有在你之中与你一道受苦，我就不能爱你。崇拜、惊异、敬畏与共苦的混合（《悲剧性》，这在犹太-基督教的乐观主义中是没有的）：这是我对你的感受！难道爱与死亡和受苦之间不是本质相关的吗？（参见，文章："受苦"①）难道有什么无痛苦、无死亡的东西可爱吗？真的存在有神论的上帝之爱吗？

肯定曾经有过一个最十恶不赦、怀恨在心的人，他是人群中最后的恶棍。我们几乎一定可以这样设想，他并不处身于历史名人之列，因为在人前他一定会矫饰伪装，并有意识地隐藏他恶魔般的心灵。但是我的上帝——我知道：他并未超出你的无限性之外。他只是在你之中，令你深受其苦。他几乎无法实行作为你的忍耐和克制的自由行为，并且在他本应是人的情境中却几乎与动物无异。即使是罪犯，人们也应当——与之共苦；而非责难或恐惧。

那条贯穿了人类历史的善的、智慧的、知识的细线，肯定是有史以来最难得一见的东西。我们迄今为止称之为"历史"的东西，仅仅是一部诸多不同寻常之现象的狂想曲。作为行动者的英雄——而非静默的榜样——显得伟大光荣。这是主动的人格主义的思维方式——不同于存在与价值的（人格主义）（参见，伦理学）。但是对于神性来说，一场风暴、一场灾难不再需要花费如一朵雏菊的盛开的力量。法国大革命不再[是]一个女孩损害其名节和清誉的冲动。

历史伟人们不是从天而降的——这是以自主性、尊严、个人的骄傲为代价的，是它们让群众团结在一起。

伟大的并非那个领导一个国家走向转瞬即逝的伟大的人——而

---

① 见于，《全集》第6卷，第36–72页。——编者注

是那个教化了一个国家的人。因此冯·施坦因先生[①]的伟大远胜于俾斯麦。

* * *

基督教(1923/24)

（重要的是）拿撒勒的耶稣被掩盖的生存方式、生与死的方式，而不是保罗和彼得的"著名"教导，它是为群众所制作和书写的。（每次流传都是一次"贬低"）。耶稣基督并不识得"两种自然学说"，这是一个仅仅着眼于其死亡之后效、而非其赴死之后效的学说。保罗并不看重耶稣的生活。基督教的本质是耶稣的行动，是在人的自身之中为上帝所占据并被上帝所感动。它不是对神性本质和人性本质的单纯洞见。耶稣知道，他是上帝，上帝自身就是他的受苦、他的弊、他的罪。他知道，没有人比"天国中的父"更加善。因此："引导我不要陷入诱惑。"

他与上帝相合一，上帝也与他相合一。"两种自然"是"上帝的"和"人的"自然（属性）自身。

他首先克服了异教的迷狂和声名狼藉的乐观主义、"活力之物"的贵族制。他知道，上帝与他是休戚与共的。他迎着被钉死在十字架上的命运走去——即使他知道，他是上帝，"伟大的"上帝、

[①] 海因里希·腓特烈·卡尔·冯·施坦因（Heinrich Friedrich Karl von und zum Stein, 1757-1831），1807 年由普鲁士国王腓特烈·威廉三世任命为国家总理，在其任上引领了普鲁士改革。——译注

他的"父"无法帮他——就这样他意愿着他的命运。他仅仅因其在上帝之中对上帝的信仰而接受死亡。

福音书是一场关于耶稣基督的意见之争和立场之争，仅仅给出了一些局部的、部分的、片面的对其本质的看法，我们必须查明，在这些一家之言之外，他一度是什么（样的）。——

作为主的上帝，仅仅是支配着有限的空间和时间的主。但是作为爱的上帝则引领着"主"。《约翰福音》——而非关于具有统治意味的"圣父"的彼得（福音），或关于"圣子"的保罗（福音）——，才是基督教的未来。精神是诸位格（Personae）的出发点——首先是圣子（逻各斯），然后是圣父，他仅仅在圣子的意愿之中存在。

如果上帝被认知为精神。那么在他之中的爱和价值存在就是"首要之物"——而非此在和权力。

上帝、爱的"胜利"。

未来揭示的是那向来在上帝之中的"首要之物"。

上帝、还是无力者——胜者。（马吉安。）

［摘自小型手稿］II

［在"活页"中注有从 B III 30 到 B III 36 标号的标题目录］（未标明日期）

标号 B III 30：

1. 对亚里士多德神学的批判。
2. 客观身体。对于心灵而言的客观整体性。
3. 心理之物的［？普遍的］标准。
4. 精神—心灵。
5. 意识—知识—存在关系。
6. 思维社会学。
7. 认识社会学。
8. 精神的力量。
9. 形而上学与宗教。
10. 隐德莱希的定义。
11. 给《高地国家》（Hochland）的文章。2. 部分。
12. 正义与经济。

13. 形而上学与物理学。

14. [关于上帝的内在世界。]

15. 相对论的世界图示。

16. 法律(赫兹与空间学说)。

17. 力与广延。

18. 问题的顺序。

19. 衔接。

20. 完全可分。

21. 整体性与[?]因果性。

22. 原则:感知。

23. 活力因果性。

24. [?]植物——历史文化。

25. 世界历史是上帝的生平。

26. [?心理]领域的生物学因果性。

27. 诸区域。

28. 生命的统一性(奥利弗·洛奇)。

29. 任意与偶然。

30. 无机世界的实体。

31. 目的论。

32. 意愿。

33. 发展。

34. 空间与时间的相对性。

35. 诸区域。

36. 一种真正的哲学的诸标准(谢林)。

37. 形而上学。

38. 诸力量中心之动态论的［？定量的］（活力）目的论。

39. 摹写、排序、构造等等。

40. 本质与此在。

41. 认识与判断。

42. 反对一种观念论的提问。

43. 认识的起源与发生。

44. 交互-个体的世界。

45. 精神的同一性。

46. 生命的统一性。

47. 心理之物。

48. ［？］［关于知识社会学的］诸问题。

49. 认识论与社会学中的范畴问题。

50. 韦伯（A. Weber）。［页面中央。］

51. 有机体——力学——世界。

52. 认识社会学。

53. 认识与［？内容］

54. 批判的实在论的普遍谬误。

55. ［关于帝国学校法。］

56. ［？］哥白尼的立场。

57. 形而上学的认识技艺。

58. 构型与概念，元构型（Urgelstalt）与观念（Idea）。

59. 连续性。

60. ［？］与知识的修复。

61. 关于莫里兹·石里克的"普通认识论"。

62. 知识社会学。[参见，48号]

63. 发展。

64. 生命经验的方法。

65. 连续性。

66. 生命对精神的适应。

67. 历史中的偶然与自由。

68. 演化[参阅，全集，第12卷]

69. 思维与直观。

70. 现实性系统。

71. 思维。

72. 元历史学。

73. 感官质性的社会学的主体性。

74. 作为"图示"的有机体。[参见，全集，第8卷] 166

75. 幸福问题。[参见，全集，第2卷]

76. 形式主义人格。[参见，第75号]

77. [？]法[？哲学]；[？]格劳秀斯与康德。

78. 部分地恢复苏格拉底原则。

79. 人格 针对1。

80. 目的，方向，目标，意义。参见，伦理学。

81. 关于因果律的先天[参见，此卷，第151页]

82. 诸对象域。

83. 自由[？科学]职业的社会条件。

84. 关于人类学。[参见，全集，第9卷和第12卷]

85. 无限性，绝对性。

86. 哲学学科的预备。2. 会议。

87. 社团。［关于社会学。］

88. 社会主义。［参见，全集，第4卷］

89. 划分。什么是社会学和世界观学说?

90. 关于雅斯贝尔斯。

91. 关于法律和［？经济］。

92. 关系到法的起源的心理发生学。

93. 运动种类。

94. ［？巴霍芬］

95. 叔本华。

96. 认识社会学。

97. 形而上学与方法。

98. 感知。

标号 B III 31a：

1. 讲座课。［一页。］

标号 B III 31b：

1. 哲学的本质。

2. 爱与共苦。

3. 自由主义。

4. 工团主义。民主。

5. 基督教民族联盟与团结。

6. 基督教和平主义。基督教群众联盟。列表。

标号 B III 31c：

1. [关于马克斯·舍勒的剪报]

2. 认识与爱。

3. 德国的宗教、文化与政治。

4. 伪善的历史事实[参阅，全集，第 4 卷，第 218-249 页]

5. 德国的英国化。

6. 基督徒，欧洲[？人]德国与爱学院的[？敌人]。

标号 B III 31d：

1. 政治学与宗教。

2. 欧洲文化与未来的任务。

3. 欧洲的文化统一性与未来的诸任务。

标号 B III 31e：

1. 新德国与基督教民主。

2. [印刷校正。参阅，全集，第 6 卷，第 29 页第 36 行-31 页第 1 行。]

3. [印刷校正。参阅，全集，第 3 卷，第 229 页第 35 行-231 页第 3 行。]

标号 B III 31f：

1. 关于肉与灵的研讨班的出勤表。[两页。]

2. 实在性与空间和时间。

3. [？人格统一性][关于逻各斯，存在(ens a se)。]

标号 B III 31g：

1. 感知与[？判断]。

2. 作为生命价值的真理。

3. 死刑。[无文本。]

4. 奥地利酒店。[无文本。]

5. 世界的统一性。

6. [？]诸欺罔。

7. 特定欺罔。怨恨。

8. 产生影响的种类。

9. 范畴的功能。

10. 理念论。

11. 榜样与领袖。

12. 导论。在人类世界中产生影响的基本法则。

13. 关于榜样。

14. [脚注列表。参阅，全集，第4卷，《战争的天才与德意志的战争》。]

15. 导论。[认识理论。]

16. 生命在存在整体中的位置。

17. 认识的方法。

18. [关于社会学, 社会的演讲。]

19. 对生理构型的揭示。

20. 反对科勒。

21. 关于达尔文[?]。

22. 生命的统一性。

23. 生命。

24. 生命概念的普遍[?性]。

25. 泛面相学(Panphysiognomik)。

26. 超越于现象学。[关于纳托尔普。]

27. 熵, Ectropie。

28. 流行病学。

29. 空间。

30. "理智"与"理性"。

31. 诸数量。

32. 质料。

33. 质性。

34. 统一性与复多性。

35. 知性与理性。

36. 自然。

37. T.)[?不稳定的(dest)]序列。

38. [?]

39. 人的有缺陷的适应(力)。

40. 神话与传说的认识价值。

41.［？历史主义］政治［？］与世界观。

42.作为例证的救赎者。

43.本质之物。

44.物种的理想统一性与当代［？］。

45.关于先天论。

46.时间中的永恒生命。不朽。

47.超越论的结论。

48.语言。

49.有机体中的新事物。

50.行动。

51.对于附录。［关于认识。］

52.周围世界与外部世界。

53.内感官与外感官。

54.存在（Ens a se）与无限性。

55.知识的种类。

56.哲学导论。

57.哲学的本质。

标号 B III 31h：

1.为格林鲍姆作序，《宰制与爱》。［参阅，全集，第14卷，第414-418页。已修订。］

2.［带校正的印张。参阅，全集，第6卷，第208页31行-211页20行。］

标号 B III i：

1. 导论：死与来生。[＝导论。参阅，全集，第 10 卷。]

2. 实用主义的程度、类型与层面。[已勾销。]

3. 上帝认识与上帝证明。宗教格言：我相信，我们知道（credo, ut sciam）。

4. 评注。

5. 非理性之物与非伦理之物，"神性之物"、"神圣"对象的存在论面向不在此列。

6. 死与不朽。

标号 B III 31k：

1. 梅菲斯托费勒斯的一个瞬间。

2. 关于伦理学的讲座（时长两小时）。

3. 精神科学与历史哲学导论。

4. 社会学之物。

5. 气质。

6. 认识与方法。

7. 观念与图示 [页面中央]。

8. 善。价值评估。

9. 逻辑学的和思维的实用主义学说。

10. 对于各种不同的意识层级与存在层级的偏好。

11. 对人格内核的见解。

12. 诸人格性层面。

13. [？类比][于柏拉图]的学说。

14. 客观化行为的种类与界限。

15. 个体化的场所。

16. 自我与人格。

17. 选自价值论与伦理学的章节。

18. 身体。

19. 懊悔。[参阅，全集，第五卷，第27-59页。]

20. 关于懊悔的基督教学说。

21. 访问[？]。

22. 比例。

23. 取消[？社会学的]研究工作。

标号 B III 31 1：

1. 精神原则的基本种类。

2. 活力论与生命动因的统一性[？计划]。

3. [？]心的空白。

4. ……通过同一部作品的已找到的理由。接受……[见全集，第3卷，第二版前言，第10页。]

标号 B III 32：

1. 通过哲学向形而上学的转向。

2. 屈尔佩。[关于认识社会学。]

3. 奠基的被给予性的本质关联。世界观的形式与群体的本质类型。

4. 价值贬低。1. 生物学的发展。2. 人。[页面中央。]

5. 精英。衰老。[页面中央。]

6. 空间生物学。

7. 爱与认识一般。

8. 认识与判断。

9. 存在与认识。[参阅,全集,第9卷,第111页。]

10. 死亡的诸形式与繁殖的诸形式之间的平行论。列表。

11. 关于生命一[般]。参见,斯佩曼,1923。

12. 对于有机体的世界的一些提示。

13. 理想与主体(Subjectio)。

标号 B III 33:

1. 诸法的生成。(戈特①。古恩道夫。)

2. 感知。

3. 诸法[?][? 实事状态]。

4. 价值[贬]低的法则。[页面中央。]

5. 卡斯特②:形而上学[?]物理学。

6. 发展动力。

7. 认识社会学。

---

① 亚历山大·威廉·戈特(Alexander Wilhelm Goette, 1840-1922),德国动物学家,主要从事对各种动物的生物进化论研究。——译注

② 威廉·卡斯特(Wilhelm Kast, 1896-1980),德国物理化学家,主要从事晶体研究。——译注

8. 形而上学的诸问题。

9. 斯宾诺莎的批判。

10. 世界观的悲剧。

11. 关于悲剧的必要性。［参阅，全集，第 3 卷，第 149-169 页。］

12. ［1926 年 11 月 9 日一位学生对马克斯·舍勒关于"生命现象的本质"的私人讲座的监督纸条。］

13. ［"给德国哲学的页张"的标题页，由海因茨·海姆索特编辑出版，柏林 1934/35，内含目录。］

14. 作为对象"诸形式"的认识和作为对其含义的共同-实现的认识。

15. ［1928 年针对法国哲学的目录。］

16. 元生物学（Metabiologie）。

17. 自我，自身，心灵。

18. 注意力。

19. ［？］非理性［？］。

20. 对其它物种的规制。（无文本。）

21. 对于［？人类］精神的功能的分工。［参阅，《德国的广播与天主教思想》中的导引文本，全集，第 4 卷，第 515 页及以下。］

22. 现代人的罪责。

23. 用认识所进行的分工的联系［？］。

24. 关于诸现象［？］的形而上学。

25. 认识作为参［与］一般。自然世界观及其瓦［解］。

26. 亚里士多德［？］

27. 托马斯。

28. 认识的本质。

29. 认识。托马斯。

30. 李凯尔特。

31. 诸范畴。屈尔佩。

32. 针对胡塞尔。

33. ［关于认识。四页。］

34. 怕的［动力］。［关于和平、裁军、协约。参阅，全集，第 13 卷，第 77-121 页。］

35. 文化的重建。

36. 人格与心灵。与时间的关系。

37. 注释。［关于男性、女性、性别、婚姻。或许属于同情书。］

38. 主要观点。导引性思想。

39. 死亡。

40. 社会学之物。

41. 改革与启蒙。

42. 人格。［页面中央。］

43. 根据认识的认识目标。

44. 对绝对的诸对象的本质经［验］。

45. 1. 义务思想的界限。2. 哲学的本质。

46. 政治［学之物。］

47. 上帝之怒。

48. 拉加德[①]：信仰中的虔诚。

[①] 保罗·安东·德·拉加德（Paul Anton de Largade, 1827-1891），德国圣经学家，东方学家。政治上持保守态度，是反犹主义的支持者。——译注

49. 战争精神与宗教精神的关系。

50. 实在之物与思维之物。

51. 自然科学的任务。

52. 我们的命题。[关于感知、批判的实在论、观念论。]

53. 爱。

54. 专业教师[？]与教育。

55. 拉特瑙。参阅,全集,第六卷,第361-376页。

56. "论教派间的和平"[基[调]。[参阅,全集,第6卷,第227-258页。]

57. 批判的实在论与观念论的谬误。

58. 奥古斯特·梅塞①。认[识论]导论,莱比锡,1909。

59. 理智的[？]。1.感知,感觉。1.因果性与现[象学的感觉概念。2.分析,感觉感念([？简单性])3.[？精神的]感觉概念。

60. 生物学的因果性。

61. 永恒与现时[？][关于战争,人种。]

62. [？还有]页张。

63. 机械的世界观。

64. 宗教、形而上学、科学。

65. 灵肉。

66. [？]就真理而言。

67. 先天论的[？内部]重构。

---

① 奥古斯特·梅塞(August Messer,1867-1937),德国哲学家,研究重心为心理学,隶属于由奥斯瓦尔德·屈尔佩(Oswald Külpe)领导的维尔茨堡学派。——译注

68. 斯宾诺莎与普罗提诺。

69. [《一个知识社会学的问题》的印张。参阅,全集,第 8 卷,第 25 页第 25 行-第 29 页第 2 行。]

70. 石里克。

71. 反对[?革命]的斗争比[?]更重要。

72. 科谢尔特①:第 146 页。也包括单细胞生物的自然死亡。

73. 论证[?]概[要]。[关于实在有效。]

74. 价值无涉。阶层构[建]。[对于社会学。]

75. [?杜里舒]

76. 无差异。[无文本。]

77. 节律。

78. 绝对区域。

79. 针对力学的自然科学的新物理学的位置。马克斯·普朗克。物理学的前景。

80. 宇[宙政治学的]和平。

81. 自由的打工者。[页面中央。]

82. 活力价值的降低。

83. 对于[理智的(nötisch)法则性。(关于[?]。)

84. 空间。

85. 对于实证主义。

86. 对因果原则的证明。

---

① 奥依艮·科谢尔特(Eugen Koschelt, 1858-1946),德国动物学家。主要从事比较与实验进化史和动物学的研究。——译注

87. 提问［对于感觉器官，感知。］

88. 意识（Bewußt*sein*）。

89. 明见性。

90. 变得可见的过程。［页面中央。］

91. 认识的本源法则必须在世界生成的实证的诸发展阶段中得到充实。［对口袋书的一页的推进。］

92. 认识论和心理学。

93. 实体的自身。

94. ［1919 年 7 月 30 日校长对系所的邀请。］

95. 绝对的实在性。

96. 将认识拓展到可能的经验对象之外。

97. 具体的一元论。

98. 一次可能的德国革命的诸条件。

99. 19 世纪的［？批判］的认识论。

标号 B III 34：

1. ［？］卢克斯（W. Roux）[①]。［参阅，全集，第 12 卷，第 263-269 页。］

2. （U）本源［？］。

3. 关于情感生活的意义。

4. 哲学［？判断］的新尝试。［作者-主题名单。］

---

① 威廉·卢克斯（William Roux, 1850-1924），德国动物学家，胚胎学的先驱。——译注

5.［关于科学与技术的一页报告。］

6. 存在与时间。

7. 自［？然的］实［？在论］。

8. 认识。［参阅，全集，第9卷，第111-114页，关于"知识"。］

9. 自然科［学］。

10. 先天。

11. 反对屈尔佩。

12. 最明见的原理的秩序。

13. 对个［体原则的］合理的［？诸异议。］［针对中世纪。］

14. 创造。

15. 知识与教育。［参阅，全集，第9卷，第85-119页。］

16. 教育与知识：科学；认知。

17. 诸经济层级。

18. 杂多性的同一性与在客观的生命进程中和在活力心理层面上的诸联结方式。

19. 作为一的存在(Unum ens)与"人"。

20. 因果性。重读卢克斯。［参阅，全集，第3卷，第6、9、11、12页。］

21. 持续时间的(Sesdauersche)［？］［对于"国家"。］

22. ［作者名单。］

23. 理解的诸本质关联。

24. 自［然的］价值贬低的法则。

25. 进化论主义。

26. 针对［林德沃斯基］的心理学概念。

27. 埃里希①。前苏格拉底论者。

28. 保利。

29. 瓦格纳。拉马克主义的历史。

30. 心理之物是得到了延展的,并且［？有］能量。

31. 2. 报告。

32. 统一性。

33. S［？］的显现。

34. 秉性,性格,人格。

35. 对生成与本质的考察。［页面中央。］

36. 人的观念。［参阅,全集,第3卷,第171-195页。］

37. 曼恩·德·比朗。

38. 纯粹［？原因］。

39. 民主。

40. 故乡与祖国。［页面中央。］

41. 柏拉图主义。［五个要点。］

42. 内在的矛盾。

43. "理解"（参见,狄尔泰）。［参阅,全集,第3卷,第318-323页。］

44. 社会主义。［单元论］。

45. 方法之物。［针对社会学。］

46. 文化的不朽。伟大的范例:在天主教会中的诸阶层。

---

① 埃里希·R·多比希(Erich R. Döbrich, 1896-1945),德国画家、插画家。——译注

47.［？］＝客观目的论的语言能力。

48. 发展观念。

49. 被言说之物对于历史来说意味着什么？ 175

50.［名单。］

51. 诸心理技艺。

52.［作者姓名。］

53. 合作社。宰制。

54. 人格。自我体验或者体验自我。

55. 社会民［主。］

56. 新教［主义］。

57. 混杂的诸作品。［页面中央。］

58.［？］［文献目录。］

59. 克里斯（O. Kries）［？］。

60.［？ 科学］的发展。

61. 诸尺度。

62. 生物学的价值评估。

63. 一夫一妻制。

64. 伦理学。［作者名单。等等。］

65. 人格的建构。

66.［要写信的名单。］

67. 人种。

68. 目标。

69. 右翼党［派们］。

70. 诸平行关系。

71. 目的论。先成系［？统。］（Präformations［？ ystem］）。

72. 附入！到第9页。［或许属于全集，第7卷，A，II 的开篇文本。］

73. 布尔什维克［党人。］自1917年11月起。

74. 空间与时间［？根特。］

75. 比勒。

76. ［？？孩子……］

77. 关于人的退化的读物。产品，生物学价值。

78. 理论［的］人。

79. 协作。差异化［页面中央。］

80. 经院［哲学的］知识、信仰、完［满性。］

81. 先天。

82. 第一因。

83. ［？荷兰。］

84. ［？一个名字。］

85. ［？哈特曼］赛尔茨巴赫、米塞斯、萨尔姆（Salm）［？］、塞尔兹①。

86. 戈特舍德。

87. 弗罗贝尼乌斯②：太阳神的时代。

88. 精神的诞生。

---

① 奥托·塞尔兹（Otto Selz），德国心理学家、哲学家、教育学家。——译注
② 利奥·维克多·弗罗贝尼乌斯（Leo Viktor Frobenius, 1873-1938），德国民族学家和考古学家，德国民族学的先驱之一。——译注

89. 科学并非确凿[无疑的]。

90. 精神与权力。

91. [？作者名单]：地中海国家[？]事实[？]的阶段。

92. 施穆勒①。

93. "对某物的意识"的诸被构造的区域与相应的诸存在区域。

94. 意识是人格规定性。

95. 欺罔方[向]。

96. 文化诸关[联]。

97. 对于统一性：1.人格与一[？]。

98. 从人格[？区域]到诸客观理论[？]的过渡。

99. 暗示性[？]人[？格]的界限。

100. 替代[者]与来生。

101. 这种真理的特殊本性。

102. 人格的相[继]表[？现]。

103. 同时性的自我分[裂]。

104. 生命与人格。

105. 赴死。

106. [？还有]种的死亡。种族死亡。科尔施。[？目标的]生物学哲学。12.9.1916，编号262。参阅，戈比诺②，斯宾塞。种族的死亡。

---

① 古斯塔夫·冯·施穆勒(Gustav von Schmoller, 1838-1917)，德国新历史学派的创始人。——译注

② 阿蒂尔·德·戈比诺(Arthur de Gobineau)，法国贵族、小说家。因在《人种不平等论》中发展了"雅利安人主宰种族"理论而知名。——译注

107. ［一个人名目录的部分。］

108. 羞与怕。

109. 精神与生命是最后的二元论吗？

110. 扬弃心灵一般的发展阶段思想［？］的时期。

111. 精神对身体产生的作用。

112. 对宗教人格与教会的天主教主义进行深造的可能情况。

113. ［来自天主教学会的信。1921年8月给马克斯·舍勒。］

114. ［？］认识。

115. 生命的统一性。

116. 对于同一感。

117. ［名单。］

118. ［名单。］

119. ［？本质概念。］

120. ［？］黑森（J. Hessen）①。

121. 社会学主义发展的必然阶段。

122. 经济社［会］。

123. 资本主义：获得欲相对其余欲望（性、权力、享乐、饮食）的优势地位。（参阅，全集，第3卷，第343-395页；全集，第4卷，第621页与全集中"资本主义"、"欲望"标题下的概念索引。）

124. 6月22日，周二去参加学术考试院在哲学研讨班上的考试的邀请。

---

① 若阿内斯·黑森（Johannes Hessen, 1889-1971），德国哲学家、罗马-天主教神学家。——译注

125. 柏格森。

126. 柏格森与关系［？］。

127. 法国：宗教。

128. 总结。

129. 如雇（？主）(Arbeitsg［？］)。

130. 前见。［第四行。］

131. 普全生命。

132. 片段，［？］［左边的页面。］

133. 自我，人格作为总体［显现］，并作为单［一］系［？统］。

134. 对于相互作用。参阅，前文。

135. 对于考夫卡①。刺激关系。

136. 对于相互作用参见此前的第5条。

137. 人的结构。1)身体身体。2)身体。3)活力中心；纯粹心灵的中心。5)精神中心(向下)。向上进入哲［？］学［？上帝］。

138. 沃尔夫冈·奥斯特瓦尔德②。

139. 资本主义的原因［？（……）］

140. ［？］［对于神话。］

141. 塞尔兹。生产性思想的法则，哲学I与II。

142. 事物显现。

---

① 科特·考夫卡(Kurt Koffka, 1886-1941)，德国心理学家，格式塔心理学的创始人之一。——译注

② 沃尔夫冈·奥斯特瓦尔德(Wolfgang Ostwald, 1853-1932)，出生于拉脱维亚的德国籍物理化学家。是物理化学的创始人之一。——译注

标号 B Ⅲ 35：

1. 生命与同情。

2. 价值与感知。

3. 时间的相对性。［关于相对论］

4. 心的秩序。

5. 心理学。［页面中央。］

6. 刺激与内感知。

7. 对不可感知的意识自我的假设性设想。［页面中央］。

8. 机械的自然观点和［科学的］心理学。

9. E 和 V，一个直观的组成成分。

10. 诸事实。［页面中央。关于对颜色的看。］

11. 尼采的超人［？传说］［？］［？人格］。

12. 英国化。

13. 死亡与共同体［无文本。］

14. 欧洲的精神：主动，对待尘世的严肃态度，自由感。

15. 对财产的新的见解。

16. 资本主义的首要原因［？］。

17. 2) 欧洲文化重建的正确方法与错误方法。

18. 德国的英国化与英国的德国化。

19. 文化斗争。

20. 资本主义精神的世系表。

21. 柏格森的学说。

22. 上帝与世界的统一性。

∵∴∵

23. [关于笛卡尔。]

24. 迈诺特①的形态学立场。[参阅,全集,第12卷,米诺特标题下的概念索引。]

25. 视大小与视构型。

26. 原子事物与感官事物。[原文如此。]

27. 什么是视觉事物?[原文如此。]

28. 外部世界意识与身体。

29. 生理学理论与心理学理论。

30. "未被注意到的判断超出了未被注意到的感觉"。

31. 生命的统一性与生命力与心灵之同一性的证据。

32. "对大脑的神秘化"。

33. 生物学(1917)。关于生命力概念。

34. 5)生命的两种关系。1)与熵原则(的关系)。2)与相对论(的关系)。直到1。

标号 B III 36:

1. 给尼迈耶。[页面中央:]现象学与认识。

2. 对诸问题的解决。

3. 欲望。

4. 人的本源。第一点:"人的结构与无意识学说。[参阅,全集,第12卷,第64页。]

---

① 查尔斯·塞奇威克·迈诺特(Charles Sedgwick Minot, 1852-1914),美国解剖学家,也是美国精神研究协会的创始成员。——译注

5. 人的本质现象学。形而上学的预备问题［七页。］

6. 理性,知性,升华;

7. 对客观方法的［？整合］。［属于全集,第12卷,第102页以前。］

8. ［1］繁殖学说。理论的自明性。［2］死亡是一位伟大的革命者。［参见全集,第12卷,第337页的文本。］

9. 我们说,在梦中,在假设中……［这一页在手稿的背面＝全集,第12卷,第71页:"16.年轻人……神话。"］

10. "但是［？姓名］是从生命欲望中产生的。死亡欲望［？］本身。［见全集,第12卷,第71页背后。］

11. 哲学与民族国家。

晚期学说中的格言。
关于形而上学和哲学人类学

[关于哲学史]（未标明日期）

因为所有历史都是一个处于现在、过去与未来之间的精神行为，所以对于每一个历史瞬间来说都有另外一个"历史"，它对于这个瞬间是[？必然的]和可能的。不存在"绝对的"历史：正如不存在[牛顿式的]绝对空间和绝对时间一样。

* * *

什么是一个阶段？一个群体的总体生命的统一性，它被同一种生命节律、同一种社会学的底层结构和精神的顶层结构所规定。

* * *

我们能够从诸文化统一性和诸理想之物、[？有效用的]诸价值中认识到那向来可能的历史，并将其与现实的（历史）进行比较。

由此，历史如何"生成"以及它一度如何生成就是可认识的了——或者说，就诸目的、诸世界[？观]、诸愿望而言，何者被遗失了。

诸文化统一性引向了最后一点：诸价值结构与客观精神的诸构型的统一性。我们不再能够将其回溯到1.[？]及其主观目标之上，2.经济学和生物学之上。本己法则：精神的总体发展的过程。我们也不能以逻辑和辩证法的方式彼此外在地去把握它们。每一种都是新的——即使它是从先行着的（那种）之中产生出来的。每一种都提供了新的世界概观——但其中也包括对上帝的概观。我们必须将其回溯到上帝的启示之上——一种伴随观点：历史的神性观念。因为永恒之物反映在所有的历史之中：历史是时间的超感性之物、在时间之中的——可绵延之物。统一之路。历史不是河流，而是流淌着。对超拔于河流之外及与河流及其被体验到的存在的干涸[？的意识]。

* * *

[人的生成与历史]（1923/23）

历史是动物连续不断地"生成为人（的过程）"，这在形而上学上也恰恰是同一个过程，正如人生成为神和神生成为人。（精神的进入 = 人文化（Humanisierung）。）它是一个进程——只是从各种不同的视点出发。

* * *

[受苦的历史与生成着的精神] (1925/26)

受苦、苦难的历史是精神生成的历史;至少是较高级的感受与追求(的生成的历史);显现在英雄身上的意愿(的生成的历史)。世界历史的第一天是生命的绝对欢呼;是活力的-无痛苦的一秒钟。受苦——增长着,其中精神增长着。智人看起来是冰河世纪的产物。他开始令其首要的欲望——那为了繁殖的欲望"变得肆无忌惮"。相反地,第一天是最大化的精神受苦;它随着历史的进程而减轻。

观念的星空(1927)

这是柏拉图的谬误。对他来说,为了赢获永恒的几何学真理,诱因乃是自然。而对我们来说,作为整体的数学(但并不因此个别纯粹[数学学科])仅仅是对本质可能的自然的在先筹划。这一点也适用于价值王国。它是对一种历史上有待被创制的、可能的社会秩序的在先筹划——而非一种分有的存在,对其而言历史(Historia)仿佛只是诱因。

* * *

死亡的繁殖理论的自明性（1923/24）

若使生命"静止"的东西并不与生命由之而得以"生成"的东西（繁殖）紧密关联的话，这也会是罕见寡闻的。

哲学体系的括号（1924/25）

现象学对理性主义哲学的反对首先在于，现象学似乎开启了哲学研究的一幅五彩缤纷、连绵不绝的镶嵌画，它永远无法达成一种知识的体系性统一。（"连环画现象学"。）我已经说过：体系意志仅当世界自身并非体系性的时候，才是"谎言"意志。将体系彻底驱逐，是无政府意志。

一个演绎意义上的体系一去不复返了。我们希望有一个并非是被制作的、而是自行产生的体系——它不是被想出来的，而是长出来的。一个开放的——而非封闭的体系，例如斯宾诺莎的体系。哪里有推导，哪里就必须有"括号"。

* * *

关于衰老（1924/25）

日渐衰老的人愈发领悟到典型的东西、大的关联，而他对于偶然的个别性的注意力或许会下降。

变得机械（（重视）效率而非结构化和赋形）以及"超拔"到精神行为之中，是同一个展开进程的两面，这个进程始于感官上具有统一性的本能行动和感知。愈是机械，精神就能够愈高地超拔到它独有的任务中去——正如一个钢琴家对技艺的完全掌握才能给出音乐上的终极性。

* * *

上帝（1923/24）

上帝自然将存在着和发生着的一切都"看在"他的精神之眼里。但是他一边爱着所见之物，一边恨着所见之物。如果他作为精神是全能的，那么他就必须避免坏的和恶的事物。说他预见到了他所不爱、所不愿之物是徒劳无益的。因为，他所不予"许可"之物无法在-此。许可显然是其意愿的唯一形式——而非如此-意愿（So-Wollen）。

哦，上帝：只有当我知道了，你并未承担对这世界的此在和生成的创始和责任，只有从这时候起，我才能崇拜你并爱你！从这时候起，我心如止水，在你之中我完全得到了庇护和拯救。再也不会随俗浮沉（Er-folg）！

但是，为了意愿善和它的实现，他必须（忍痛）任其发生。他拥有"天命"——但并不拥有对世界的绝对统治。只有当一切时代终结了（马吉安），他才会成为全能的主，即令人惊恐的耶和华，"造物主"和"立法者"。

是的：上帝是一个"陌异者"，一个完全的"他者"。只有你作为纯粹精神而从他那里直接感触到和看到的东西——才是作为精神的他（直接的上帝认识）。从他的诸多作品中，你只能推断出他的"逻辑"，而非他永恒的秘密、他的"最内在人格"。在这一点上马吉安也是对的。——（保罗："自然宗教"的无力。）

作为"主"的上帝是上帝的第二个属性。第一个属性是其"无力的"爱。宗教历史将对上帝的历史认识与上帝的内在[？趋势]相等同。

但是基督的新（约）喝退了旧（约）；新"酒"要求新瓶。上帝的此在不是首要的，其本质才是首要的。因为几乎没有此在是出自本质——在上帝之中也没有——而对所有此在而言都存在"局限"和理想的可能性。作为精神的上帝曾存在，或不如说他曾生成。因为所有的此在都是既成的。它是既成性（Gewordenheit）。对爱的崇拜——这爱永远无力，但又为着永恒的权力和实现而被规定：这是我们的宗教态度。

在朝向全能上帝的"爱"中，人们现在又落回了加尔文主义和雄伟主义（Majestosum）（巴特、戈加尔顿、奥托），人们绝对地臣服——不问"主"的"存在"或作为。但是理性和人性的时代真的是徒劳无功的吗？他们正确地看到了，全能者是不"可爱的"，而爱并不是全能的。但是从中并不能得出他们的命题——而是"我们的（命题）"，亦即上帝在上帝之中是陌异的，并且仅仅是爱和智慧——但不是全能的。

你只有在回看时才能看到上帝的生成，而不是在对历史的前瞻中。

我崇拜你，我的上帝，作为精神。我惊异、敬畏于你永恒欲求着的"本性"（natura）。

我敬畏那作为永恒实体的你、作为 summum aestimativum（最"可-敬者"）的你＝人们必须"尊敬"的事物。

但我知道——你是"有歧义的"，而我必须自行决断你的更高本质——因为我源出于你。

我知道，我通过我的罪能够比你更为严厉地惩罚你，而你并不愿因之而惩罚我——即使你能够这样做——，因为我知晓你永恒的善，知晓我的罪因你的缘故而得到缓释：你那无限的慈悲。但正是因此我至少"意愿"——顺从地、即愿你所愿地、心怀爱意地不"惩罚"任何人——你。我不愿犯罪。帮帮我，让我停止使你受苦。

* * *

［在上帝中的生成进程］（1924/25）

首先上帝曾说：是的！"让"（fiat）和"是"（wese）你自己。自此上帝的"生成"就开始了。直到他说道：对这世界"听之任之"（non non fiat）。这些是在无时间的生成中的奠基。

永恒的行为实体，潜在的、萌芽的欲求活动与精神的意向行为的同一主体（它们在精神的绝对自由的意义上是未-实行的）只是"未曾生成的"。

因为最高的行为种类——爱曾对行为实体轻声耳语："成为你之所是"。或者：令你"隐含地"所是之物，成为"外显的"。

借此永恒实体才自身设定为能够拥有属性的存在。逻各斯、意愿与直观是自此而横空出世的。

逻各斯在实体的统一性中看到了欲求,它命令意愿,"听之任之"。

只有在这些在永恒上帝中的生成进程之后——才生成了世界。

* * *

神话(1915)

神话是前历史的。神话不具有时间位置,正如——根据弗洛伊德的观点——永远自身重复的无意识过程。

神话是"精神的诞生"的图像,而不是精神的图像,也不仅仅是活力心灵。

它是种族命运的模型。

* * *

我的宗教的信条(1921)

1. 上帝必然地为他自身之故——也就是说,为了成为那若无世界他则不曾是且曾不能是之物——而令世界从自身中产生出来(而不是被创造出来)。也就是说"从自身中",而不是 a)从虚无之中,b)相对于质料。

2. 整个世界都在上帝之中，但上帝不仅仅是精神、理性，而且也是普全生命。（神性世界根据的泛神论与非理性主义）。

3. 上帝会始终在世界中身体化自身，只要他自身还不完全是他的"主"，亦即〔（还不）是〕和谐的精神-身体之物。直到世界得以完成——上帝才是上帝。元存在者（Urwesen）仅仅是上帝的观念——而不是上帝。

4. 人的一切历史存在和历史作为，其含义都会延伸到神性的存在和状态之上。每种受苦都在他"之中"颤栗；每种快感〔？〕。

5. 上帝在我们之中、通过我们、为我们而自身救赎，而我们则为他、在他之中、通过他（而自身救赎）。

6. 没有罪与原罪——其实是人们自身如此命名了永恒的世界生成：向"下"-向"上"的过程。

7. 精神是真正的超自然。它至大无外。只有最高种类的精神之人格形式。

8. 存在的唯一道路是：每个人都直面世界、感受世界，他只有一次生命和一次冒险。只有（在包罗万象的休戚与共的精神中的）最彻底的个体主义能够拯救我们。从来都不是社会主义。

9. 一切历史之物都是平等的！也是同样地有价值的——在上帝面前。尘埃与歌德：（有）同样的此在权利——只要它1）是真的，2）知其所是，为其所为。植物-动物-人：我始终行进在平等众生之中。唯有这一信仰（独行者（sola fides））会为你带来极乐——并借此使你更好。要无畏；做——你——只有你。相信自己，也就是说，（相信）你的心灵。

10. 作为精神的心灵是不可摧毁的。

11. 上帝与人相分别，只是如同整体与部分（相分别）那样——而非质的（分别）。有神论的上帝仅仅是——一种向往，它冒充现实之物：对"理念"的背叛——对此还有泄露出一种错误的、僭越的理念。

12. 当上帝对我说：我的(Mein)是罪责，面对这份罪责，你认为你自己是有罪的——不要畏惧！——我便获得新生并得以知晓——以上帝的[？无限]视角，上帝是谁。并非是我用我那无法忍受的罪责沾染了上帝之身！而是"它们的""善业与恶业"将一种罪责沾染在了我身上，这罪责构造着宇宙万象——也包括上帝的实事本身与效应本身。我已经认识到，如果世界是有神论的上帝的作品的话，它将必须是何物。我看到了"现实之物"！！——

我彻底游离于造物、人和路西法的"罪责"之外。

因为我看到，这一罪责比人和路西法所能担负的要大得多。路西法如何能够"堕落"？

我也看到，这罪责不是"罪责"，而仅仅是上帝与其自身的缠斗。

13. 我知道，子女也必须救赎父母，而非仅仅是父母（救赎）子女。贫瘠的亲爱的上帝。富有的[？伟大的]上帝！我们本质上是同一的！——"地狱"？你的不快。拯救你的凯旋。

14. 耶稣和我们所有人都是孩子，"上帝之子"——并且是在[？]的意义上，而非在同样的意义上。然后就有了那些最大程度上贬低人的尊严和你的（上帝的）[？]的人。借此你才成为了——看似——截然不同之物。但我也"永远在父之中"。

* * *

教育与自然(1925/26)

[1]人之为人意味着,作为神性精神的同行者、作为他的长"子"是超拔于全部自然之上的,但只有他以其所有"摄取型"器官而在感受上与自然相一致之时,他的精神教育才能随之恰切地发生。随着在他之中的鲜见的闪光,他是自然的同乡人、它永远的兄弟;而非陌异者、流亡者——不是一个将作为精神的上帝如抛锚一般尘封其中之物。

[2]自然之于他(方济各)是家乡、兄弟、姐妹。他不是远道而来的异乡来客。每一秒他都吸吮着自然的乳汁,他的快感与蠕虫的快感并无二致。

[3]那些精神与全人的教育价值——它们能够谋取自然知识——恰恰并非锚定于数学的自然机械论之中。而是在于自然学(Naturkunde)、纯粹的认识、理解和形而上学。

[4]自然势必植根于我们称之为神性的东西之中。它是欲求和爱者,是艺术家和游戏的心情。它是永恒的欢乐,是自我满足,而且是一种同样具有精神的永恒之物的力量。

[5]在人之中有某种东西,它对自然付之一笑,它意识到自己在其之上的崇高;它感觉自己是自然的主人、它的匠人、它的国王。还有另一种东西,它显然是人的四分之三——,是与自然全然同一之物,而且仅仅是其诸种力量的一个特例。将之视为客体,并同时将它作为一种"生活",并生活于其中,这就是——人的。

* * *

[绝对时间]（1927/28）

在绝对时间中没有同一之物的重复。在此一切皆"新"，并且一切都仅仅通过这进程的整个链条而得到规定。

* * *

[本质之如何]（1927/28）

某物如何存在的方式，与其本质是不可分的。

* * *

[欲求-精神-创造]（1927）

在其浪潮最高的顶端，作为源初源泉的欲求-精神-能量创造发明了一物，在这一物中，他成为了自身可见、自身透明的，并通过它的统一的行为而尝试在其自身之中成为一。

* * *

[欲求-人-精神]（约 1927 年）

在出自生命的最广泛的欲求之中以及在共同实行中的上帝精神之中迸发火花，并在其中成为创造性的，这就是人的任务。

人是欲求-精神达成一致的场所。

附 录

活力价值(1915/16)

为了充分认识将活力价值纳入价值级序中的意义，根本上至关重要的是，去追问生命的本质、它在宇宙整体中的位置、它的诸种起源以及它的活动与开展的目的，这些目的对其自身及其秩序和种类而言是内在的；这些追问如果这般进行——如我所指出的那样①——即像专门的生物伦理学那样试图将伦常价值和精神价值回溯到生命价值之上去，并且试图在规范性的纯粹伦常法则中指明，这仅仅是普遍生物学法则对"人"这个物种而言的一个特例，那么就是误入歧途了。因为即使如此，生命价值也包含着一种特殊的、不可还原的价值统一性特征，这种统一性并非是不依赖于价值显现于其上的载体之本质和命运的。②

如果我们看看新近的伦理学史，这一点就会立刻变得分明。像斯宾塞、尼采和居伊约这些有根本分歧的思想家们都曾尝试将生命的最大化作为伦理学的原则。但他们还是在确立永恒之学说的过程中得出了判然不同的、截然相反的结论，例如第一位在这个基底之上称赞工业化时期的特有价值，尼采则颂扬一个军事社会的（价

---

① 见于，《全集》第2卷，第123页和概念索引：伦理学，生物学（biolog.）。——编者注

② 最近杜里舒指出了几种这样的联系。

值),这位讴歌西欧现代的民主主义和自由主义,那位则歌颂最极致的贵族主义和古印度的种姓制度。在此的确有可能是多种多样的原因在共同发挥作用;而起决定性作用的则是他们关于生命自身所据有的根本不同的见解,正如尼采对这一点的多次强调,正如他指责例如斯宾塞说,斯宾塞在将生命定义为内在关系对外在关系的"适应"时,就窃取了生命的根本特征——"主动性"。类似的法则在此种观点的代表人物与针锋相对的断言的拥护者之间也有所显示。前者认为,现代民主制触犯了生命自然之贵族制的基本法则,社会主义违背了斗争原则和定在原则;后者则主张,这些趋势的正价值正是出自它们的法则。源初统一起源学说与多源假说之间的情况也如出一辙,对于后者来说首当其冲的是人种和周围环境在人类机构、文明、文化的建构中的意义。的确,看起来所有关乎于伦理学的价值问题都能在生物学的原则性问题——诸如对生物之个体化、对后天获得性遗传、对繁殖的本质与意义、对个体发生问题和种系发生问题的追问——中找到一个特定的对象。同样,政治生态学最基本的问题——人口问题①——也在相关的生物学基本设想中有其根源。因此我们接下来从关于生命之基本现象的特定观念出发,这就会是至关重要的。我将用这种方式,即以一种较为独断的方式汇报(我)长期以来的研究成果——不进行事无巨细的充分论证,但为此将以假说的形式深入地推演出各式各样的结论,而且在(我们的重心)从关于生命进程的基本观点偏向伦理学之时,依然可以得出这些结论。

---

① 关于人口问题见于,《全集》第 6 卷,第 290-324 页。——编者注

第一部分:"生命"作为真正的本质性

在此,首要的根本问题是,究竟是什么构成了我们称之为"生命显像"的显像的统一性,以及这些显像是以何种方式为我们所达及的。

如果我们仅仅说明好比这些显像发生于其上的舞台和看台——以及例如它们的共同特征:亦即地球上有生命的有机体和有生命的身体,那么这个问题将是全然无解的。一个世纪以来的科学已经表明:首先,有机的躯体并无任何共同的特征和特质是无生命的躯体绝然不具备的;其次,为了给有生命的躯体下一个区别于无生命的躯体的定义,成千上万次尝试都在我们的生物学观察有所扩展之时,或在新的有机体被发现的瞬间,无一例外地立时失效。在对普遍必要的生命条件进行说明时情况也是如此。这也适用于例如"有机性"(亚里士多德)的特征——这个特征仅仅在人们认识单细胞无器官生物以前才可能是有效的。这也适用于生命的固定形式的保存——它也显示于晶体之上,对固定空间形式的保存和物质交换也有效——这也显示于一个瀑布或者稳定电流那里;这也适用于流体结构的显现——许多胶体也显露出这一特点,也对于生长、伤口愈合、表面的自身运动而有效——我们在一系列显然是无机的流体晶体那里也反复对此有所发现。这对于衰老显像也是同样——

一块岩石以及一系列化学机体都显露出这一显像；这对于各部分之协调的"合目的性"同样有效，它在对人造物的创制中、在对那些自行发展起来的人类艺术品的创制中以及在人类-社会组织的设立中都有所显示。在此我仅试举几例，对此可随意补充。（卢克斯："有机体中诸部分的斗争［作为培育原则］"，见于其《演化力学》第一卷，莱比锡，1895。）这也适用于适应、遗传、死亡、练习、繁殖等显像。

出于生命系统的无法定义性这一事实，可以牵带出各种各样的要求。大体上人们可以由此得出这一结论：在无生命物与生物——也可以说外感知现象——之间根本不存在本质区别，亦即（这一区别）仅仅是我们知性的一个人为的截面，它切入到一个存在与发生的连续统中，占据了一个变动不居的位置，并以此来区分"无生命的"和"有生命的"。

如果在此我们找不到最终的描述性的区别，那么就必须对生命显像和无生命物的显像采取同一个解释原则。

对此还有一个考虑是，如果区别不在于发生于有机体之上的生命显像的内容，那么就始终还有这样一个任务，即说明如何还是有一个有生命的和无生命的世界之间的分别，这种分别无疑发生于自然世界观之下的所有语言对它的表达之中。如今为了搞明白这一点，自笛卡尔以来的机械论者倾向于走向意识、自我及其感受的事实；亦即，他们说：客观地看，有生命的显像根本不在于外感知的事实，毋宁说，一个自我的、一个灵魂的诸显像才是支配性的，它们属于自身被观看者所体验到的、在内感知中被给予他的心灵体验。

但是还有一种别样的可能性：即迄今为止尚未被纯粹而严格地

实行过的尝试——以现象学的方式去走近这个问题。

让我们先不考虑所有有生命的东西，也就是说，不考虑所有地球上的有机体和它们的特殊性质，而是来实施现象学的还原并借此先搁置相关活性显像的现实存在和非现实存在，接着提出如下这个问题：那尚存的最简单的诸现象难道不是——例如根据它们的多样种类、根据它们的统一性与形式、根据它们的变化特征和运动特征——已经指出了一种虽然不可定义但却可见的同一类的本质内容，这种本质内容每次都首先以这种方式出现在我们眼前，即我们将其变换着的载体——不管它是什么——称之为"有生命的"？①

显而易见的是，这一提问全然有别于对地球上有生命的机体之共同特质的提问。这里所考虑的现象并不是因为它们存在于实际种类的有机体上故而被称之为生命现象，而是因为生命现象显现于其上，某种身体的东西过去才被称之为有机体。这种现象自身就像是一种本质性，偶然的地球有机体对它来说仅仅是一些示例，而非这一现象被经验地从中抽象出来的那些对象；并且这种本质性也存在于一切仅仅是"类"生命的情况中，例如在拟生的晶体之中，或者在火箭中，在玩偶中等等，理所当然地也在一切有机体的过程中，正如血液循环，这些进程乍一看好像是活生生的——但还是被证明能够对其进行一种机械论还原。

在这样一种本质性之存在的情况下，各种各样可能的怀疑始终都只会事关其载体的实存等级（它的现实性和虚假性），或者说在无生命之物与生物的临界显像内部而事关生命在何处中断，又在何处

---

① 参见，《全集》第10卷，第395页。——编者注

开始，但绝不会出现的问题是，生命一般是否是一个元现象。

科学在某种程度上指出了大量此类的情况，其中那些此前作为活力显像而被接受下来的显像，（如今）被有条件地证实为仅仅是化学-物理学的；但它也指出了相当数量的，但却针锋相对的情况，其中此前被接受的机械的理解在更进一步的察看中不再有效了（向性）。在这种情况下，即活力显像通过对实证科学的批判被证明为真的显像，其载体则被证明为现实地活跃着，那我们就有必要假定一种统一的动因、"生命"，它在其所有可能的载体之上都——根据其特殊性质以及其特殊的无生命的周围世界的性质——依照本己的法则而运行着；这些法则被视为自治的生命法则，并且无法从无生命的世界的合法则性中推导出来。这些法则的最终原则植根于生命自身的多样性、统一性和本质内容之中，并且在其联系中构建了一种纯粹生物学，对它来说关于地球上的实际有机体的生物学仅仅是在地球的特有无机周围环境的条件下对纯粹生物学的有效应用罢了。生命之可能形式的演化也必须在对这样一种纯粹生物学的理想实施的过程中实现，这就类似于现实的机体及其形式和运动是如何在几何学上成为可能的形式，又如何在运动学上成为可能的运动的，同样，现实的有机体是如何作为单纯的局部片段、作为近乎与之全等的形象而行为的，这些形象经由生命在其于地球之上的特殊显现条件之下所允许的特殊的努力才会产生。

这样一种生物学的基本观念必然地伴随一种普全自然和宇宙自然（的观念），它并不以归纳的方式而对我们仅能够观察的这个地球上的有机世界有效，而是因此对有机世界有效——因为它适用于一切生命的本质。若有什么对生命显像之载体的系统是有效的，那它对于生命演化及其方向也会是有效的。在此同样能够确立一个与生命（植物、动物）的宏大秩序相同的本质方向，实际的后代仅仅在诸如此类的条件下才会实现这种本质方向，如全然特定的阻碍、偏离、迂回、倒退、通过有机体对地球上的无机生活条件的适应而出现的固化。

迄今为止关于生物学基础的哲学研究都受累于四个弊端，在此我将普遍地对之进行说明。

1. 这些研究关心的并不是去瞄准肯定性的、直观的诸现象，它们令一物对我们显现为活生生的，而仅仅忙着去划定机械论解释的纯粹边界：也就是说，这些研究不关心什么是生命，而是关心什么不是机器，什么不能完全通过物理的和化学的法则而得到把握。生命的本质永远不能通过"它不是什么"这样的否定性陈述而得到规定，而正相反的是，对它进行机械论解释的可能的边界正是其肯定性本质的一个结果。人们过往所达到的最高成就是，人们对于生命已经谈到了一个在我们的世界中对机械论法则还保持着开放的突破点，找到了对它的实存的一份许可证、一张入场券，并问道，例如能量守恒定律和其它原则在多大程度上还允许一种特殊的生命动因的此在。但是如果还存在一种"生命"元现象和它的本己的合法则性，那么其二要关心的就必然是对生命积极有效的原则与对无生命的宇宙进行解释的原则之间的可协调性。因此就远离了直观生命现象的原则问题！

2. 无独有偶，生命问题受制于错误的、不充分的抉择：机械论或目的论。谁要是乐于使用目的观念——不论他是已经在把捉生物学问题了，还是仅仅在为解释生命过程和生命形式而奋斗，在此想来已经可以说，他捍卫了机械论。此时这一论断——有一种叫作生命的"元现象"，并且在其中隐含着自主的、无法推论的合法则性（这种合法则性诚然只有通过无机物的法则和体现在我们这些地球上的有机体之上的具体生命事实的法则之叠加才能被理解）——绝不包含这个设想，即符合这一现象的动因是为某种目的而发挥作用的。根据我们的新的洞见，不如说，恰恰是在描述意义上的合目的性被机械论者（首当其冲的就是达尔文）严重地高估了。在活力论还是机械论之间进行抉择之时，首先要取决于生命的本己有效性及其自治的合法则性。一个全然不同的问题是，生命有效性是否是合目标的（zielgemäß），以及它是否是源初地有所定向，这是一个与目的活动（Zwecktätigkeit）毫无关系的问题。

3. 第三点尤为重要，正如我们至今所把捉到的那样，生命问题只有在与另一个问题的密切关联之中才能被提出，这个问题就是，作为机械论的自然理解的基础——这个基础是先天的，但远远超出了用于质料的纯粹逻辑法则的边界，还原所指出的杂多性的范畴和形式涉及什么样的意义、含义和作用范围。这是说，我们需要去看看，是否并且在多大程度上，对我们科学地把捉无生命的自然现象必要且充分的"知性"（在此作为范畴和原则的总和，而非作为"能力"），是不依赖于生命及其内在目的指向的，或者这个知性是否并非如此，而是自身作为源出于生命的并因此相对地作用于生命之上的。

在第一种情况下可以推论出，这种"知性"对生命自身也会有效，并且足以完全地把握生命——那么（这）就会随之确保了机械论的生命学说。在第二种情况下，也就是说只要这种"知性"是相对于生命的，那么相反地确定无疑的就会是，它不适用于生命显像，并且对于理解生命是不充分的，因为它自身只会是生命为达其目的所锻造的诸多武器之一。将这样的问题联结清楚地提出来，这要归功于柏格森，这是一种完全无关于其解决方案的功劳，而他的解决方案我一个都无法接受。

但柏格森在提问时也犯了一个错误，这个错误被证明是极其危险的，因为它伤及基本定律，我将在此以如下形式表述这个基本定律：在我们不断地尝试去证明一个对象域的本质和结构对于一种特定的认识载体（例如人、生物等等）是此在相对的过程中，这一点必须——那种尝试势必有着某种如此的展望——是可能的并且被指明是可能的，即认识载体（例如人、生物）自身可达及这样一种认识方式，它相较于存疑的认识方式相对性较少。这种认识方式自身还要被指明！如果不遵守这个基本定律，那么认识载体（在它面前一个对象域应当只以此在相对的方式而有效）就会是一个不可认识的 X。如果我尝试去指明不依赖于归纳的力学定律或者空间或者对象原子（就是一个可分的质料一般）等等是相对于生物这个认识载体的，那么我同时就有义务去指明这个生物的认识方式，它并不重又是相对于生物的，相反它的原则不依赖于那些还是相对的原则；或者说，去证明对于生命显像来说的一种多样性，它不依赖于相对于生命的空间；这一点对于认识的直观要素和逻辑要素都一贯地有效。

那么，例如追随马赫而将我们的一切认识的最终被给予性视为感觉＝元素就是不可能的了。因为感觉是相对于生命的，而生命不（是）感觉。生命自身因此必然地不再能回溯到感觉之上：它需求对另一种直观的指明，这种直观会给予我们一种规则，（用以明确）诸感觉是相对于什么的（洛奇也这样认为）。更加荒谬的是，一边将思维和思维法则回溯到保存倾向和用最小力耗（Kraftaufwand）去描述感觉事实这一规则上，同时却想根据相同的原则去理解生命显像（阿芬那留斯）。因为这样一种保存倾向反过来预设了活力主义！重又不可能的是，追随柏格森而回溯到纯粹知性之上，以及将纯粹逻辑回溯到生命需求之上，因为当例如生命同时也能是一个非生命的时候，逻辑原则就决计不会适用于生命自身。就这一观点而言我们认同柏格森，即那些例如被康德认为是属于纯粹知性的一系列范畴和原则实际上是源出于纯粹思想和直观所赢获的与内在于一个生物的诸种倾向的接触。例如作为理解和联结诸如时空的接触作用（Kontaktwirkung）、自然法则的观念等现象的基础的物性和固态物。但是愈发必要的是，提出一种纯粹思想法则的持存，它并非相对于生命，并且"对于"作为对象的生命仍还能是有效的。类似的说法也适用于数学范畴。

4. 持续的困难进一步地来自于持续地混淆如下这两个问题，即"什么是生命"，和"人们必须如何在实证科学的生物学中研究有机体"。（手稿中断）

第二部分：生命和价值学说

这个问题与价值学说有着四重联系。一方面其载体本身显然就是某些价值的载体——同样以推论的方式，凡是有利于这些载体之保存的，都有利于其增长、繁殖、促进和提升，如土地、空气、光线、营养、温度等等。这重又是在双重意义上：其一是生命自身，它不同于无生命之物，也不同于精神的运行及其产品（文化），而是具有本己的价值，这种价值在所有人类道德的偏好规则中也以某种方式显露出来。

其二，诸生物之间有着某种价值，这些价值以这样一些方式为生物学所承认——它们区分了"以更高级和更低级的方式被组织起来的生物"，在进化中以分别"高贵的"和"平庸的"物种的方式而论及"进步"与"退步"；价值给予在"健康"和"疾病"这样的词汇中也一道显现了出来。

研究无生命之物的科学轻易就能够免于对其对象做价值评价，而这对于生物学家来说即使他们竭尽全力到今日还是不可能（做到）的。在它的一切概念中都有着价值质性隐秘的共鸣。至关重要的是找出这诸多主导着价值评估的原则和规则。

其三，但生命及其建构也是把捉、实现和毁灭价值的一种方式和形式。生命归根结底乃是一种心理生理无涉的本质性，在这个意义上它自己也以双重方式呈现自身：作为心理现象和生理现象。在第一种现象中，它既是价值载体（如健康感受和疾病感受，这些感受自身又直接在价值上是正的或者负的），也是把捉价值感受的功能，这些价值部分是无生命之物的、部分是其自身形象的（例如在对其同类的本能爱恨的萌动中）。

其四，一切生命都作为精神行为的可能载体而具有一种派生价值，这种精神行为或多或少是自动的行动形式，一种精神的人格性——它伴随着这种精神行为的思维、直观、爱、恨、意愿——始终贯穿于其中，并且它作为行动的形式在其现象的最高层级上赢得了一种价值，这种价值有别于它自身的价值。

1. 不同于一系列舒适之物和有用之物的活力价值
（高贵-平庸、幸福-不幸、健康-疾病）

如果机械论学说在其自身之内一致地进行扩展的话，那么它就不能承认一种特殊的不可还原的生命价值等级。它必须尝试将生命价值回溯到舒适之物和有用之物之上去。我想首先（借助于快感与无快感）证明这条定律的真理性。

机械论的学说以其普遍的、无假设的形式而宣称，诸生命显像在它们作为生理学之物而被给予的意义上，仅仅是在简单-复杂之对立的意义上渐进得有别于无生命的现象，因此它同后者一道处于同一条解释原则之下。但是，那能够单独地、客观地被规定之物允许生物的统一性与无生命之物的统一性彼此分离，仅仅因为前者属于一个意识、一个自我在内感知中可体验的统一性,而后者则缺乏这种统一性:主观上将某种感觉感入到外感知的事实中。

笛卡尔已经以一种古典的形式指明了这一点乃是必要的联系。他在其运动学说中[讲的]最为尖锐和清晰。我移动我的手臂,此间(不考虑意愿,它仅仅是一种肯定)并没有一个通过后继的手臂位置变换而仅仅被充实的运动,而是有一个所谓的运动着的动作,它是位置变换的一个后果,并且建基于在此能够自行调节的肌肉-关节的紧张感觉之运行当中。被误以为是生命活动的因此就仅仅是一序列被动的运动内容。在他看来,诸如此类的还有死亡——无异于意识的衰退,它不是存在于生命活动的终止或消亡之中的死亡的后果。

现在,因为最简单的感受就是快感与不快,而且是感性的快感与不快,那么一个生物的价值就必须回溯到,它是一个物 X,并借由其感性的快感与不快而被体验到。据此可谓不言自明的是,就其价值而言快感与不快自身不能重又据此而被衡量,即它们在多大程度上是促进或者阻碍生命的一种标志或者征兆,(相对的)基本价值就在于后者①,对于这些基本价值来说快感与不快仅仅是后继价值和符号价值。如果如斯宾塞、包尔生(Fr. Paulsen)等许多机械论者仍然想选用这样一种标尺,那么在此他们就仅仅表现出,他们无法一贯地思考。对亚里士多德来说,这种学说是其活力论的生命学说的有机组成部分。在此这(学说)是一个无甚意义的小插曲。斯宾塞尤其是在此陷入了显而易见的循环。快感之和之于他一度乃

---

① 对生命的促进或阻碍。——译注

是最高善，生命及其展开之所以是一种善，仅仅因为它是快感的载体，并且更丰富的、有差异的，并且"更理想的"快感要通过它的展开才有可能。另一方面斯宾塞却恰恰想借此与享乐主义者们和功利主义者们（边沁、穆勒等等）进行切割，即他令（根据强度和持续时间的）生命最大值成为了最高善，并且他在快感和不快中看到的仅仅是生命促进和阻碍；在这种意义上，当有快感而促进生命的行动和有不快而阻碍生命的行动被实行，（会出现）一种自行加剧的适应显像，它最终应当且必然导致一种社会的平均状态，那些以阻碍生命之事为乐之人和以促进生命之事为苦之人（例如罪犯、酗酒者等等）愈发被排除在外并且不得繁殖。这一切的发生已经是基于这一前提，快感和不快不仅是标志和伴随显像，而且也是这些显像的原因。因为冲动先行于感受，所以能期待的仅仅是，对一个生命——它能够在阻碍和促进生命的行动中有快感和不快——的切断能够一往无前，与之相反，单纯切断快感与阻碍、不快与促进的配位（Zuordnung）对于向着更好的（生命）的展开可能是毫无意义的。

这也适用于健康与疾病的价值。如果不存在内在于生命的目标追求，那么这些概念仅仅是主体的本性。健康只有作为有机体的性质才是有价值的，它相较于与之对立的疾病这个性质保证了更大、更持久的快感。问题是：如果健康引发了比快感更多的疼痛，它还会是有正价值的吗？同样如果疾病带来更多感性快感，它还会是有负价值的吗？在这个地方人们势必只能回答：不！因为生命感受必须存在于感性的快感与疼痛之器官感受的交融显像之中；当然它的一切模态概莫如是，如健康感受和疾病感受。因为恰恰有如机械论学说的主张，有机体仅仅是其器官之总和，最终是其处于交感作用中的组织单位和细胞单位之总和（一个所谓的"细胞之国"），类似地，生命感受及其单位感受是由感性的器官感受（也就是说，由感性的快感与疼痛及其派生物）组合而成的。那么将存在这四条定律：

1. 在生命感受中（看似）被意向的生命价值仅仅是有机体感受到的感性舒适性与不适性之总和。2. 生命感受之变化是伴随着或者依赖于感性的器官感受之总和的变化的。3. 疾病和健康仅仅在于，（客观来看）有机体的器官、组织、细胞及其关系无损地运作，主观来看[则]在于，在快感与不快之感受的交融总和之中快感或者不快能够持续地占据优势。4. 因为最简单的一类感性快感与感性疼痛是对身体表皮与内部器官的末梢神经之特定刺激的直接后继，所以有机体各自的生命感受及其性质就是所有这些感受刺激在其此在进程（或者说它的有机体的先驱进程）中所达到的总效果；并且随着刺激的变化，相应的生命感受也必将改变。

更进一步地（借助于怕、畏、希望以及厌恶）对此进行解释也是可以的。1. 对我们来说，怕正如与之有别的畏一样，是一种感受行为（Fühlen），它或者（如在畏之中那样）关乎于环境整体，或者（如在怕[自身]之中那样）关乎于它的一个特定部分。（存在这样一种畏，它是带有被挤代的客体表象的怕，并且[也存在]这样一种怕，它首要地是那种指向特定客体的畏。）无论如何，怕作为生命感受一般的形式，在最大程度上是有意义且合目的的，过分的怕也可能会在某种程度上变成对生命有所阻碍的。它将一个其效果尚未达及有机体的过程的危险性呈现给意识，它以这种方式使得逃跑反应在有害的效果产生之前成为可能。但现在有两点是非常值得注意的：

a）首要的是怕——这是并非基于已经发生过的损害经验的怕——在对相关客体有特定表象之前就无论如何地已经出现了。它是对过程自身的感受反应（只要它属于被我们体验为有效的那个世界，亦即"周围世界"），而不是对已经被给予它的表象或者感知的［一种反应］。

是的，它通过与其相联的冲动而"后退"（原文如此），那若没有这怕则本应到来的感知和表象，恰恰从未到来。我们所怕之物，正是过程、物，而不是对它们的感觉或者感知。一个没有怕的动物，必须要（以疼痛的形式）体验到了有害的效果，才能通过一种经验联想而规避危险，这种联想处于对象的表象和对危险的疼痛之再造之间。

完全错误的是，想将怕这一事实、将一般"能怕"回溯到这种经验联想或者回溯到如此这般的遗传素质上去。这样一种联想能够为 A 和 B 所怕的特定之物赢得某种意义。这种联想并未解释怕自身；它们是被预设的。某种程度上人们也能够"怕疼"；但这恰恰证明，怕不同于被预期的疼痛或者被预见的疼痛。怕（在一般情况下）不如说正是在衡量着一个过程对生命进程之整体的意义，与之相反，疼痛仅仅是实行着的物理刺激过程的一个征兆，这些过程关乎于被刺激的器官（以及相邻的器官）。

如果我们问道，（从外部来看）我们何时何地可以说是在怕或在畏，答案会是：一个有机体并非是遭遇了对其有利或有害的刺激时才做出反应，而是在遭遇到能够导向这般刺激的代现刺激时就已经做出了反应。用现象的语言来说——在此所怕的物与过程是全然有别于刺激的其它对象——怕是一种空间的和时间的远程感受行为(Fernfühlen)！怕及其对立面——期待和希望——已经划定了可能的疼痛体验或感性快感体验之活动空间的界限，这些体验通过一种相关过程的实际生效而得到规定。谁要是满怀希望地迈向一种向他招手的好处，他就能体验到整片的快感，而一个无法希望的人是体会不到这种快感的。因此所有反对怕与希望的斯宾诺莎-斯多亚式的空谈是多么愚蠢，它仅仅在预设了衡量这种感受功能之质性反常的错误尺度的情况下才是合法的。这是在空谈一种疾病！怕(Fürchten)与希望(Hoffen)自身必须与我们的诸多希望(Hoffnungen)与害怕(Befürchtungen)的总和分别开来。这里，生命自身在其内在的显像形式中，并且和与一个有机身体处于本质联系中的感性感受毫无干系。

b) 第二个值得注意的事实是，怕与希望并非直接地指向实事，而是指向价值，并且既不是指向价值质性，也不是指向善业(Güter)，而是指向价值状态和经它所传达的实事状态。

我怕和希望"发生什么或者有什么"，这样的从句(虽然)众所周知地标示着实事状态，但在此它们标示的其实却是价值状态。通过怕和希望我们掌握了在感性感受中永远无法被掌握的价值。在这些价值之中，例如我们的未来是"黑暗的"或是"光明的"，它是拒斥着我们或是吸引着我们，这先(行)于并且不依赖于我们只是从其整体出发所设想的东西。这些功能是一些独一无二的形式，以这些形式我们才能把握到积极或消极的未来价值；这些形式还指挥着我们去实现或避免某物和某种现实的行动冲动，这些价值状态可以说就显现在这些物与现实之上。在动物领域内对这项功能的研究已经向我们指出了，首要的绝非是特定的东西，怕与希望先于它们而发生。

一个例子：从前人们认为，小鸡对于老鹰有一种先天的怕。但是实验表明，它们怕一切深色的、倏忽掠过的特定大小之物，例如一把急速移动的黑色雨伞。这属于怕和希望这种预先感受（Vorfühlen）功能的本质，这种功能首要地指向原则上能够在无限（多）的物与物种之上显现出来的特定价值状态。相反，感性感受则始终是明确与这样的物与种相关联的。与之相比，怕和希望相反地已经具有了某种有概念特征的东西，这种特征并未贯彻于感性感受经验与引发此类经验之物的总和之中。与之相对地，怕与希望似乎具有一种先天性的特征。

c）但是这些感受功能并非心灵现象，而已经是生物学（现象），杰宁斯强调的一系列事实都展现了这一点。这些事实尤其展现了，在显然还谈不上对相关物的感官感知和任意知觉的情况下，亦即在那些还缺乏感性器官的生物那里，我们就已经必须假定这些功能了。

现在让我们考察一些其它功能。

厌恶是一种对负生命价值之经验的强烈的活力形式，这种负生命价值与痛感——就像与恨和鄙夷等精神性拒绝一样——无甚干系。污秽、蛇、伤口、腐烂等等，一般情况下对人而言——如其看起来的那样——不需要特定的经验就会引起恶心，并且首先在性变态一事上，恶心看起来首要地（在一般情况下）是一种保护价值。气味和味道在此也是极易引发恶心的方式（菜肴、饮料），但是它也能被其它的感官功能、被回忆和概念的观念所引发。

恶心之所以如此值得玩味，是因为人们即使在表面意义上也无法试着将其回溯到疼痛经验和感性快感的经验之上去。刻画其特征的恰恰是它在一切对恶心之物的感觉经验面前的坚决的"不"。抗拒不是恶心,而只是一个后果;恶心自身还只是一种价值体验。能够证实这一点的还有,例如在妊娠过程中——面对菜肴——的反常情况下,同样在性反常的情况下,尽管有着已经发生了的欲望反常,恶心首先至少还是难以消除的。反常在其开始之时绝非是价值感受之反常,而始终是欲望的反常。存在着价值欺罔,但是不存在价值感受反常。只有一种已经发生了的欲望反常才能其次地唤起一种价值欺罔。唯独因此负罪感才能并且才是与价值欺罔相关联的。如果我们将恶心的东西评价为一种"好"并且是首要地这样来评价——在欲望反常之前——,那么价值意识与欲望之间的冲突将不会发生,而这种冲突对于负罪感来说是本质的。

　　与恶心相反的是"对某物的快感"和"对某物有兴致",这些事实——就像不同于欲望的事实意义——不同于一切状态上的"基于某物的快感"(感性的或者有别于感性的感受)。在此也有已经被代现的刺激所引起的活力的感受功能。例如,根据巴甫洛夫的研究,面对菜肴的食欲感看起来是完全不依赖于菜肴在生理学意义上的营养价值的,但也不依赖于饥饿及其程度(在没胃口的时候也可能很饿),而是非常准确地指示着恰恰为相关菜肴而存在着的消化能力——并且这是在菜肴与有机体产生接触之前。谁要是在饥肠辘辘的时候却没有胃口,他一定消化不好。(巴甫洛夫实验。)摩尔根的实验表明,鸡会区分它可食用的谷物和与之相似但却有毒或不可消化的谷物——在部分情况下并没有在先的经验——如果它们吃了那些相似(有毒性)的谷物,它们自然会死,那么,由此(每一种)进一步的经验就被切断了——，在此这也是对价值性之分别的掌握，这种掌握与一个特定方向上对各种不同（而无须先行的）事物的掌握相关联，并且决定了不同的反应（啄食或是不啄食）。

类似的也适用于生命感受最不可思议的模式之一——羞感，它之所以具有着如此非凡的意义，是因为它尤其在最严肃的生命之事上——那引导着它的自身繁殖的进程，即性爱——扮演着一个突出的角色。①

出于已经得到标识的生命感受之统一性，那些此前提及的定律现在就可以被驳回了。它并非生自感性感受之总和，感性感受的诸变式同样不具有规定作用。

情况不如说是反过来的，生命感受的诸变式始终为特定感性感受的可能性设定着特定的游戏空间，在这一空间之外没有任何感性感受能够被给予，以至于感性感受之序列呈现为因变量的序列；类似地，可能的舒适价值一方面仅仅在容许那些对人而言可感的生命价值的界限之内才是可能的，另一方面感性感受只有在对一个善业而发生的时候——这个善业或者通过正的活力价值、或者通过负的活力价值而成为"一个"，其自身才是具有正价值或者负价值。这就是说，具有正价值的是健康而向上的生命的快感；具有负价值的则是病态而衰退的生命的（不快）。类似的也适用于欲求领域：一切感性欲求仅仅在得到活力欲求的诸统一体的容许的时候，才是可能的，并且它的价值是为活力欲求的价值所奠基的。

但紧接着的就是，快感最大值的道德原则在原则上就是错

---

① 见于"关于羞与羞感"一文，《全集》第 10 卷，第 65-154 页。——编者注

误的。

这必然导致，孱弱的、病态的、衰落的生命之快感被等同于高贵的、健康的、有力的、向上的生命的快感而成为正相位，如出一辙的是，高贵的、健康的、有力的生命的疼痛作为负相位（被等同于）平庸的、病态的、孱弱的生命的疼痛，这就是说，按照我们的原则，具有积极指向的生命之载体被剥夺了他所应得的快感。

病态的生命因此就导致快感与危害生命的过程关联了起来。因此所有诸如此类的现象，例如一切种类的失禁、反常，各种违禁动力等等始终是一种衰落趋势、一种走向其湮灭的趋势入主生命的标志；这不是说这一事实之弊（不必然是"恶"）产生于这样做时的快感，而是产生于，某人在这样做的时候有快感。那驱动惯犯、驱动天生的妓女的东西，并不是快感的推动力，而是一种冲击力，它不依赖于一切有意识的意愿和不意愿而滑向衰落。

滑向衰落抑或相反都是非常隐秘的显像，但因其特点又十分清晰可感，这些显像尤其通过它相对于有意识的意愿方向的独立性而暴露出来，在此它完全可能背道而驰，而在这种情况下总显像就获得了悲剧性的特征。并非是个别朝向快感的冲动从属地导致一种生命的衰落，就像典型的道德家所认为的那样，例如他将民众的退步回溯到其坏的伦常上去（例如晚期罗马、法国贵族等等），相反这种坏的伦常仅仅是生命衰落的症状，它已经力竭而垂死了。（参见戈比诺：《人种不平等论》，第一卷。）因此——如尼采正确地看到的那样——以生命走向衰落的趋势为标准，一些感性感受的反常自身又是合目的的现象。因为衰落的生命寻求死亡，因此在那些阻碍生命的作为之上［原文如此］舒适就变得反常；例如，不是因为人在其性别领域突然就寻求那从繁殖和活力之爱的目的联系中裂变出来的快感，繁殖才停滞了，避孕技术才产生，才出现了脱离这种目的联系的反常，而是相反：因为繁殖本能（它比那仅仅为它而构成一种技术的性欲更为源初，并且在女性那里肯定是现成的）减弱了，生命运动一度变得衰退了，快感才会是一种目的内容，相关的伦常才会产生。

相同的也适用于"利己主义"的一般起源。没有比这种道德家错的更加离谱了，他们想要令此在保存（Daseinserhaltung）和自身保存成为生命的根本本能。所有这些道德家借此所阐述的都不过是他们自己正在滑入活力的衰落，他们的颓废。因为正是只有这种内在得垂垂老矣的生命才会使其它一切服从于这些趋势，并借此接近着那些严厉地统治着无生命的世界的原则。生命趋势的方向愈是积极，它就愈发摈弃那种此在保存的趋势，首先是沿循生长、开展、演化的趋势，其次是同情地领会一切其它生命的趋势，并紧接着是献出、牺牲自己的财富和丰盈的趋势。作为意向内容的此在保存和自身保存都不是生命现象，而是死亡现象，并在机械论的保存原则中赢获了它最纯粹的表达。牺牲本能连续不断地增长着，并超出了生殖本能，这种生殖本能自身已经涉及为新生命而牺牲生命了，新生命在这种牺牲中出现。并且牺牲本能在动物的筑巢孵化和哺育天性那里以最显著的形式得到了表达。

利己主义始终是撤除了那已经与生命自身一道被确立了的活力同情（它作为性爱显现在不同性别的动物之间）的直接后果，并且因此（是）死亡趋势的间接（后果）。

感性感受所依赖的首要的变异应归之于生命感受（和生命价

值),就着这句话我还想接着提一句与它密切相关的:只有在生命感受获得了一种消极方向的情况下,生命才会贬值和衰退,也就说,迈向死亡,一种对感性快感和不快的直接意向(这意向注意它们、欲求它们、憎恶它们)才会发生。简而言之:一个人只有在患病的时候,在其生命衰退的时候,才会追求快感和避免不快,并且这种追求本身必然能够有效地共同引发一个人无他亦可能的快感之减弱。如果我们确切地观察自己,我们将会看到,专门指向某种感官快感的意向,以及使周围环境中的对象成为纯粹快感之源的结合——以至于这种快感在此是直接地被意向的——始终只会在我们的更深的生命趋势受到阻碍之时才会发生。因此一以贯之的就是,活力的亏空——无论它具有何种形式,无论是与其一道被确立的匮乏的生命浓度抑或是与之相关的缺乏快乐——总是被一种积极的感性感受之平衡的产生所替代。因此一切享乐主义都是对替代品的迎合和对生命感受的表达(功能)和指示功能进行麻醉和催眠的尝试。

虽然我们反之又恰恰在生命感受的积极方向的存在之内体验到最强烈、最饱满的感官快感;但是这种快感绝不会在此被意向,也绝不会从生命行为之整体中被凸显出来:它总是礼物,决非目标。猎取快感和害怕如此这般的疼痛——其中感官快感在一个群组中成为构成性的——因此始终都同时是缺乏深度快乐的后果和生命衰退的标志。感官快感依照本质法则来看始终同时是个体的孤立过程(如果人们将目光投向自斟自饮者或者美食家的形象),甚至是器官的孤立过程,在这种孤立过程中器官在有机体的整体之外显现。局部对整体的反抗!纯粹感性感受是无法通过共感行为被分享的。一场盛宴——其中味觉享受并不属于娱乐——就呈现着一群原子，这些原子并非处于一个空间之中，而是也能够散落在月亮或者太阳之上。只有积极的生命感受——它原本就超越于个体，也原本地就是共感和共同感受——能够凝聚消遣的感性感受。没有任何一个用以刻画对感性感受的意向之特点的表达像"寻求消遣"（Zersteurungsuchen）这样，构成了这个时代可怕的快乐匮乏的标志，这种"寻求消遣"乃是基于一种态度，今天四分之三的城市娱乐是建基于这种态度之上。

但享乐主义者就大错特错了，还有处于衰落中的生命的表达（也错得离谱）。根据我们的法则，道德家们反对这种对快感的意向的司空见惯的斗争同样大错特错。因为，我们一说到不幸之事，其中的不幸让他们转向对快感的意向，但这恰恰一事无成，他们不应这样做，这无异于那些夸大其词的言说，我们在这样言说之时正是给这种做法披上了华服。① 因为赤贫的生命势必要向快感行乞。没

---

① 是的，这种斗争形式反过来甚至必然地扩展了恶业。因为恶业的根据并不在对这样那样的特殊感性快感（进食快感、吸烟快感、性快感）意向之中，也不在对一些快感种类的体验之中，而在那些导源于消极地被规定的生命感受的欲求意向和意欲意向之中，它们指向感性感受一般。这样斗争就将注意力锁定在了这个领域，甚至将对其它东西的注意力行为（这样斗争就是公开的）也引导到感性感受的领域，这已经造就了一种去奋力追求感性快感的倾向。如果这种斗争在从对这种感性快感的奋力追求中成功地剥除了它，与此同时，从伦常的角度来看，它在其它事务上也还是一无所获。因为恶业位于对感性感受领域的意愿意向之中，这种意向的根据、生命感受的消极特征存在到几时，这种意向恰恰就会延续到几时，因此放弃对这种感性快感的意愿意向仅有的后果就是，意向转向了其它种类的（感性快感）。大量事实都显示出对这种替代的构成和要求现象：

　　a. 想象，b. 其它源头：吸烟、吸鼻烟。节制性享乐和口腹之欲。

教会的哲学与批判误解了活力之爱的受苦之本质，并且将之（不考虑有意识的繁殖目的）与对性快感的寻求相等同，并以此禁止这种快感，以这种方式教会却恰恰培植了唐璜这一类型。

有任何布道能够废除这条铁一般的法则！因此一切个体教育学和群体教育学的基本法则都是，在这种情况下决不要去禁止，而是积极地敞开生命之乐的更深的源泉，它发自自身的流溢就会扫除对快感的意向。在此决定性的并不是反对伦常、反对某一类行动的斗争，而是通过对生命价值的暗示——这种价值对这一生命还是可能的——而对更深层的生命力的开启。[①]

但是我们的规则还涵盖有另一条法则，这一法则能够表明，一切形式的幸福论道德不仅在真正的价值级序面前犯了错，而且它自身还是自相矛盾的！这一法则是说，每一种对快感一般的欲求意向——不仅仅是对感性快感——和每一种反对不快的抵触意向——不仅仅是感性疼痛——都必然会削弱在相同条件下相关之人可能体验到的快感，或者必然会放大他可能体验到的疼痛。实现善业的欲求意向反过来也增加了被体验到的快感感受，并且废除恶业的意向也减弱了可体验的疼痛状态。[②]

由此却可以得出一条重要的定律，即幸福最大的敌人就是对幸福的追求。因此幸福论，尤其是享乐主义，自然就在绝望、悲观主义中终结了。(古代：阿瑞斯提普斯，塞奥佐罗斯。)不同于孜孜

[①] 相较于指出对这一人格可感的、能够给予其此在的价值而言，一切"振作起来"、不要自甘堕落、"重整旗鼓"的劝诫都毫无意义。与之相反，清晰地被感受到的价值能够从其自身向外演化出意愿要实现自身而要求的力量和持久性。

[②] 因为首先，一切奋力追求都伴随着注意力，在注意力面前感受普遍来说就会溶解，所以在此就已经可以看到这一引人注目的事实之根据。对此，一切作为状态的感性体验一般(包括感觉)越显著、越不满足，它自身——而非事物——就越被意指。最终实现快感的行动就通过对快感的意向而始终犹豫不决地发生着(包括口吃等等)，相反，以预知的方式将可能性一饮而尽的倾向、或者说意淫式的满足(与幻觉主义相关联)则增加了。

210 以求（Absichtsein），顺其自然（Folgesein）才属于真正幸福的本质，只有通过不意指感性感受状态才能够赢得幸福（连同其状态）。在追逐幸福的景象中，幸福渐行渐远，当它被追逐，在追逐者与猎物之间的距离反而因为追逐能量而不断扩大，这种景象因此植根于生命的一种深刻的合法则性之中。对快感的意向延续地越久，其目的越五花八门，仅因此——还完全未考虑反对特定享乐之物的感受的愈发钝化——那种不满足，亦即那种虚假满足就势必越大，直到狩猎者在厌倦中精疲力尽，而厌倦往往又导致一种单纯的怨恨禁欲主义，这就是说，用纯粹语词形式或者上帝之爱的外在祭礼来掩盖对身体和自身的首要的恨。（年轻的荡妇，年迈的忏悔狂，等等）

2. 生命价值与有用性（适应）。
文明与共同体的兴盛。高贵与兴盛。
后继定律。

a）有用之物的本质

如果生命感受无法回溯到感性感受之上，生命价值无法回溯到舒适之上，那么人们就会愈发倾向于，将生命价值回溯到可用性价值和有用性价值之上。

为了赢得对于这种价值模态的更为犀利的观念，我们将考察这种尝试，但是必不可少的是，尽可能犀利地建构出这些价值的概念。在此让我们将步伐放得比通常更为谨慎些。

有用性无论如何都是一种关系价值。"舒适"价值在其自身之中得到了平息，并且这个问题，即"缘何以及为何舒适？毫无意义"（只有"为谁"这个问题是有意义的），而一切"有用的"却总是一种"为了什么而有用"。但是这个"为了"却总是对一个其它价值的实现，这个其它价值只能要么自身重又能是一个有用价值，要么是一个其它价值，但最终必须始终是一个其它价值。但我们还是不应被诱导到如下这一假定之上去，即有用之物根本不是什么特殊的价值质性，而是这种价值，它仅仅意味着为了实现某种价值的可能（形式）工具！也就是说一个纯粹的价值符号！完全不是这样！如果一个工具关系，或者更犀利地说，一个与目标之间的符号关系以及一种"价值目标"（Wertziel）（因为它不需要目的）可能是"有用"价值显现的条件，那么有用之物的本质就不能被等同于这个关系。就像一个用具能够服务于完全不同的目的（一把刀，可以用来例如切面包或者用来杀人等等），为它授以它的用具特征的决非目的统一性，而是目标的统一性，这个目标始终能够成为无穷的可能目的之系列的基础，如此用具性现象和有用性现象另一方面也就预设了此前对于目标的掌握和最后从目标向着用具本性的回返。这就是说，毋庸置疑，人们可以在不知道一个事物的用途的情况下将某物领会为工具，领会为有用的，更有甚者，人们可以对一个事物能够用来做什么不做任何思考（我们也常常用一切根本不是被用于相关目标的事物来达到我们的目的）。正如我们常常例如在挖掘和研究陌生文明时认识到一个事物的用具本性，即使对于这个事物的用途以及它是何种工具一无所知。在现象的这个层级上，我们已经掌握了"有用"价值，一种有其本己质性的价值，在植根于事物之中的符号形式之上而掌握了一个目的，即使在此尚未掌握这个目标本身。

更为要紧的却是适才提及的植根于事物之中的规定。因此，没有比这一定义错的更为离谱的了：将"有用"定义为主观主义的，"有用的"就意味着，人们能够使用它而达到某个目的的东西。一切使用都已经预设了有用性现象，并且将此预设为可用性的基础，同样（可用性）现象也预设了它本身。当一只猴子使用一个苹果或者一块石头，用来击打一个戏弄它的人时，在这里谈论一种用具的开端和一类所谓的"情景性用具"是毫无意义的。这就像提出"铁的木"（这样的概念）。用具的本质就包含了非情景性。令其有用并成为一个用具的，不是一种任意的符号化或者将一事物作为服务于某个目的的一种可能工具的主观立义，而是（如此这般），即为了能够将一个可能的事物说成是有用的，对一个目标的符号性指示必须在现象中被确立，或至少是对一个目标的指向。

现在让我们斗胆下一个定义：有用是特殊的、质性的、可感的价值统一性，它单单附着在某事物那以直观的（无推论的）方式并且在一事物身上被给予的符号性功能之上，它暗示着，在既予的统一的目标指向中它是可以被其它事物所替代的。

除此前所提及的之外，我还要补充一个重要因素，即有用之物是可被另一物替代的。这种可替代性属于"有用"价值的本质。一个仅只用来实现某一价值的物本质上就会是"不可取代的"，而且也不可能是"有用的"，而是转入到了自身价值的领域之中。另一方面这种可替代性本身却是一个特殊的价值载体（例如钱币不仅能够是一个其金属价值的价值载体，能够是为其它经济价值、商品价值、服务和工作价值等等承担符号功能的价值载体，而且也能够是其单纯的购买力和数字力量，它可以在法律上被影响，例如通过强制汇率，这就是说它能够依其本性而作为单纯的钱币，其理据仅仅在其为其它价值的可替代性中。）

当这一价值符合有用之物各自的目标内容时，每个自身价值其实都可以被置于它的位置之上，例如舒适、高贵-平庸、精神价值等等。有用之物并不奠基于这些自身价值中的任何一种之上，而是仅仅奠基于自身价值一般之上。（收回在"怨恨"一文中所说的，它奠基于舒适价值之上。）对于一种舒适享受而言有用的是奢侈品，对于诸活力价值的集体亚种——经济价值——来说有用的是生产机器，对于一种精神价值来说有用的是一部科学的书籍，对于"神圣"价值来说有用的是文化用品。因此价值学说和所谓的功利主义伦理学与享乐主义或者一种更高形式的幸福主义毫不相干。即使根本不存在有能力具有快感和不快的人，也可以存在有用之物。① 因此享乐之人与功利之人可想而知也是对立的类型；有用性感官和享乐能力及艺术彼此之间是极端矛盾的。②

在这个严格的意义上，"有用"价值的概念如今已经作为一个概念出现在研究无机物的理论科学之中了，并且是以严格必然的方式出现在物理学的最高、最重要的原则之中。但它与任何需求和类似之物都无甚相干。我指的是在能量损失原则之中、在自然进程的大方向法则之中。③

为了让能量不仅仅是，而且也被评判为实在的发生进程，能量

---

① 培根和阿瑞斯提普斯（Aristippos）。
② 资本主义的类型。
③ 这是说，一个自然进程会被看作是为了另一个（自然进程）的可能用具一般，如此用具性价值的量就降低了，无所谓关乎于何种进程。

差异的现成存在或者能量量子的能级-差别是必需的。我们的原则如今说道，无生命的自然的发生进程蕴含着一个不可逆转的特定方向：这一方向的目的在于，每个发生进程的必要条件、能量的能级-差别之实存不断地在被削弱。这同样能够作如下表达：能量可能的使用价值降低了。这不是说它为了生命等等的使用价值，而是它的使用价值本身，它为了对进程进行任意规定的可利用性一般。

这一定律现在不仅对于同质能量的转化（从一个运动转化为另一个运动，温度差，等等）有效，对于不同质能量（的转化）（运动转化为热能）也有效，即使它首先是为了热能中的运动关系而被定义的（之所以这样，是因为热能是我们经验所知最迟缓和最具发散力的能量种类）。但如果我们想要在经验上认识一种新的能量种类，它比如说比热能还要迟缓，那么这一定律对此种能量的关系也会是有效的。正如这一能量损失的定律并不排除其量子的守恒定律（正如长期以来众所周知的那样），这样它也完全不依赖于现成能量量子的大小，更不依赖于人们将这一大小设定为有限的还是无限的。

至此所说的无非是实证科学的自然原则自身的意义。由此对于哲学来说一个双重的问题就被提出了。首先是认识论的（问题），即这一定律是否是先天的，以及什么自身就是先天的，什么不是。这是一个至为重要的问题，最近杜里舒已敏锐地着手于此。其次却更重要的问题是，这一定律之对象的此在相对性对于何种阶序已经并依然是真的，重中之重的是，有鉴于此它如何处理与能量守恒定律的关系；更通俗但也更拙劣的说法是：这两条主要定律如何划归入一个形而上学的阶序，或者更谨慎地说，一个更具形而上学意味的阶序。现在实证科学理论和益发哲学的理论在这里已经分道扬镳了；如果这一定律与生命和生命进程的关系也被考虑进来的话，这种分道扬镳还会继续升级。

一种严格地理性行事的思维动向——对其而言这一自然机械论的原则具有绝对效力（二者紧密地彼此相属）——虽然不会反感这条完全确定的定律，但必然会反对赋予它一种形而上学的含义。因为世界进程的方向和不可逆性显然是一个非理性且原则上非机械的要素。

理性主义要求，宇宙中一切变迁显像都决不可回溯到最终有效的状态变化上去，而是要回溯到诸运动之上。运动自身却要回溯到理想元素数学上可计算的位置变换和距离变换之上。世界中有多少状态变化，就有多少非理性和理性不可把握之物。但是现在的问题关乎本质上——虽然不一定非得是运动的本质，但却关乎运动之理性主义观念的本质，即同一元素的位置变换和距离变换是"相互的"，运动——只要它被如此分解——以及每个由这个意义上的运动所构成的事件都势必是一种不可逆的事件。这些定律完全不依赖于观察。它们造成的后果是，如果不改变这个等式的话，事实上在每一个机械论的等式中事件的方向都是不可逆的，并且 t 可以被认为是既＋又-的［原文如此］。因此例如宇航员能够以同样的方式计算行星的未来的以及过去的位置，或者更严格地说：这已经是其时间概念，在其自身之中没有过去和未来的区别，而仅仅是数字，是在先和在后的关系。数字不消说是要服从交换律的：$a+b=b+a$。因此对于理性主义及其机械论来说，我们的原则在这种情况下是一种阻力。能量量子的守恒定律不会相反地是如此这般。相反：它仅仅是物理学的守恒定律之一，对此而言，生命力的守恒定律、运动量的守恒定律、有效速度的守恒定律只是作为同一认识形式的定律而被逐一列举（质量作为真实的质量），它们全部是自然现实据其大小而守恒的哲学原则的特殊形式（自然是在其无法被演绎出来的情况下）。

这个原则重又是同一律及其应用的一个特例，一方面是在大小这个观念上的应用，另一方面是以现实地"彼此外在"的杂多性的形式在被给予性——即外感知——之上的应用。因此不足为奇的是，面对事件的向性原则的抗辩，理性主义努力地拯救着它的原则。但是从另一方面来看，同样的倾向也是可想而知的。

在第二条主要定律中出现了一个词，对于这个词的意义，理性主义从根本上就不会有好感：价值一词和贬值（Entwertung）。人们在物理学（的逻辑）之中思考！在一个人们甚至已经想要罔顾价值和价值差别而推动历史和国家经济的时代，这个不值一提的词出现在物理学最重要的文章之一当中！但是理性主义恰恰会通过在尽可能消解这一原则的倾向中的现身——在不伤及其经验的真理和累累硕果的情况下——而得到加强。价值——这是其自笛卡尔以来的智慧——是"主观的"、"被同感到的"或者是目的评判等等。

玻尔兹曼是如今也在满足着这一倾向的物理学家，他有着深邃的、有创见的、在哲学上亦有创见的思想。他指出，即使在坚持机械的自然科学原则的情况下，在思想中将一切过程拆解为无一例外全部可逆的基本运动进程之后，这种基本进程之可能组合的可逆性根据同一些定量法则还是在概率上下降了，这表述了熵原则——亦即损失原则的一个特例，它适用于热能中动能的损失程度。这就是说，正如所谓的统计力学将马略特气态定律的现象视为气态分子向着一切可能方向且伴随一切速度等级的运动的最大概率的运动组成的后果，在此自然进程的不可逆之物也会被视为最基本的可逆进程的最大概率组合的后果。（出发点：达尔文的物竞天择理论。）

由此在哲学上能够得出的是，这条定律——熵定律自身之中必然含有一个主观元素（对于耗散原则来说借此并没有什么能够得到证明），能量原则和例如力学原则都缺乏这个主观元素；熵定律包含主观元素并非因为"概率"——它完全是一个客观的逻辑概念并且与不确定毫不相干——而是因为，我们实际上不可能将过程分解为最基本的单位运动，也不可能根据整个运动束而把握住强制力，这种强制力是通过我们的感官及其工具性的辅助手段的界限而被设定的，那或多或少总是任意的（"任意"在此不是在心理学的意义上，而是仅仅在希腊语自然（thései）的意义上被使用），亦即并非是在绝对之物自身之中对这种运动束所划定的界限，伪装成了形而上学上为真的世界进程的一种非-可逆性的现象。（水和酒。）这就是说，根据玻尔兹曼的观点，即使出现于定量的熵定律之中的大小和数也对绝对对象客观地有效。相反耗散原则则仅仅对相对对象——它是受到感性功能限制而自身实行的、对自然存在的认识的对象——有效，耗散原则因此又消失在了绝对存在的领域中。能量原则则相反，而且按对它的机械论理解（将能量质性回溯到动能之上，也就是回溯到生命力之上），它在绝对领域中也保持有效。

由此对于"贬值"来说能得出什么结论呢？结论就是，并非世界自身在其进程的推进中被贬值了，而是，仅仅对于生物来说世界变得益发无用和用无可用；这种贬值仅仅着眼于生命也是有效的。

生物自身据此又是什么样的呢？玻尔兹曼关于有机体的定律——有机体无异于基本运动的束——又意味着什么呢？如今，在

216 这里它意味着，一切生命过程中的可逆之物同样是益发不可能的，而只有不可逆之物才是越来越有可能的。

如果我们看看生命进程，那么其中也有一个可逆之物和一个不可逆之物。不可逆的是一个个体由生到死的生命，包括从它的出生到它的死亡的特定方式，地球上的全部生命进程作为一个整体来看也是不可逆的。但如果我将生命现象汇总到其它的统一体中，那么就存在着一个可逆性的要素：在单个有机体中已经可以找到例如伤口愈合时的复原和异化（参见卢克斯：《论演化力学》，第一卷，莱比锡，1895）；在有机体之间，繁殖（以其诸低级的形式可以被视为一个过程之统一，尤其在单细胞生物分裂时）首先是一种纯粹的逆转：细胞生长，然后自身重又分裂为更大数量的、在它开始生长之时它所曾是之物。但是在遗传中——这不能与繁殖混为一谈——在一切层级上都始终存在着进程的逆转。如果我们像我们不得不做的那样将生殖（分裂的更高形式）立义为一种生长（芽生、孕生等等），它超出了个体的范围，或者在种个体的两性生殖的情况下超出了单一个体的范围，那么这种生长就始终也是生长着的生物向其开端的逆转，生殖个体以生殖的方式超出自身而生长，它以这种方式同时也回返到它的萌芽状态。这样我们可以说：生命进程在其自身之内含有两个方向：1.以死亡为终点的衰老现象，2.生殖和回春方向。如今玻尔兹曼也这样表述这一定律：在生命中也是第一个方向上的发生概率越来越大，第二个方向上的发生概率则越来越小。但这意味着，在全部普全生命（不仅仅是地球上的有机体世界）内部朝向无生命的方向胜过了朝向生殖的方向。即使——如奥尔巴赫追随玻尔兹曼而正确地强调的那样——不同于无生命世界的能量变迁，生命指明了一种向着不可能之物的趋势（通过将能量聚合为其最压缩也最具爆炸性的形式），如此一切自然事件之中能量压差在最大限度上被生命所提高了，在玻尔兹曼的前提下仍旧可能的是，它向着不可能之物的趋势也指出了一种持续减少的方向（这一点奥尔巴赫并未看到）。这就是说，在奥尔巴赫所描述的如此戏剧化的斗争中——经验地看，生命以其向着不可能之物的趋势将这种斗争导向了向着可能的组合之趋势的反方向——从一开始就有了武器的不对等；在此，生命进行着一种不对等的游戏，而且必输无疑。死亡对它来说是已知的。

但我们还是要澄清以下几点：

1. 玻尔兹曼式的定律根本不可能违反普遍的耗散原则。它仅仅涉及到能量的耗散值和机械功和热能的完全特定的值。这个值与能量的耗散原则和损失原则之间既不相干又息息相关，正如迈尔的机械功与热能的能量转化的等价数。如果耗散原则有其独立的认识根源，那么他的理论对于耗散原则就一无是处。如果它没有，那它就彻头彻尾是错的。

2. 只有当他在其推导中所预设的力学原则（包括能量守恒原则在内）具有一种就它而言不依赖于生命的、纯粹逻辑和数学的效力，他全部的讨论才会具有一种现实意义，这超出了它纯粹在数学上、形式上的收获。如果这些（原则）不适用于形而上学领域，而仅仅适用于活力的关系对象，那么一种超出对象这一存在层级的现实解释就将是毫无意义的。但是现在我断言，1. 耗散原则是不同于且不依赖于熵定律而为真且明见的。2. 包含在它之中的价值概念有一种不依赖于生命的意义。3. 这是一条形而上学定律，反过来也是具有生物学上的相对真理意义的力学原则：尤其是能量守恒原则。4. 因为守恒原则不适用于生命，而仅仅在明确不考虑一切可能的活力进程的前提下才是可定义的，所以生命即使要严格遵守其量化形式中的能量种类的基础代谢法则，还是能够以这种方式引导这些基础代谢过程，即在物理学的第二条原则中针对无机物所说的那种能量的贬值和耗散会被过度补偿，而这是通过不断生产新的压力差的方式，并且是以一种适合于生命价值之提升的形式。

耗散原则是否不依赖于某种特殊的熵值定律，这取决于它是否具有一种现象的基础。这还取决于它是否对于一切已为我们所知的能量而有效，或者它是否仅限于由克劳斯乌斯根据卡诺过程所提出的动能转化为热能时的功损耗的比例关系；这最终也决定着，它是否也适用于我们还可能会认识到的新的能量量子。

现在首先有这样一条定律，它属于纯粹逻辑领域并且在类比的意义上无论如何都为耗散原则（并非直接地）的基础。我将其称之为对某些对象之变更的依赖性定律。它是说，任意一个对象 X 从 Xn 到 Xm 的变更会明确规定一个对象 Y 从 Yr 到 Ys 的变更，这属于对象的本质。这一定律与 X=X 的同一律是同等–源初的，并且还可能指出的是，它与同一律处于本质联系之中，也就是说，一个对象的变化存在如果不与一个有别于它的对象之变化存在相联的话，这个对象就不会是同一的。①

---

① 因为根据同一律，一个对象的变化存在也设定了另一个对象——只要不定义一种变化存在（例如交换、变化等等）的专门形式。如果对象据其本质不能在没有与另一个变化存在相联的情况下而变化，那么它不会是同一的。但是如果这种相联存在，它也会令一个对象的变化存在有别于另一个对象，并因此是可区分的。它存在于哪里，哪里就只有一个对象的变化存在，而它不存在的地方，就是另一个对象。

这个定律的有效性不依赖于对象是理想的还是实在的，或者是可数的还是不可数的流形，或者是心理的还是物理的（因而是空间的和时间的），等等。［手稿中断。］

b）生命价值和有用之物

为了理解价值学说（伦理学、美学、认识价值论）与生物学之间的关系，以及为了理解这样一些问题——这些问题中大多每一个都已经被理解为这样的事实，即英国生物学（直到作为英格兰功利主义哲学与价值学说之分支的达尔文和斯宾塞）的基本概念是历史性的——没有什么比这一事实更加举足轻重。没有任何认识在实事上比有待得到的新认识更为重要——我将其说在前头——即1.将机械的自然（和灵魂观点）立义为一种描摹着存在者自身的认识，并且将有用之物立义为最高价值，这种做法构成了一种建立在诸本质联系之上的、无法切断的联系；2.将生命价值置于有用之物之下，进而置于机械的生命学说之下，这种做法就像原因和结果。

我将以以下问题开启这项研究：当我们说，一个生物或者一个器官、抑或一个生物或者一个器官的功能之所以相较于（其它）生物（或者器官和功能）是更有价值的生命，是因为A或者其器官比B及其器官与功能更有用，这样说是否有意义并且有何种意义。

我清楚地明白这样说的意义，即一个用具对于一个活生生的有机体来说是有用的，就像一个内在于有机体的机械装置，例如实现血液循环机制的装置，或者眼睛里的晶状体和暗箱装置（一种赫尔姆霍茨说到的装置，它让眼睛成为了更好的机械师）对于生命进程如看、进食等是有用的。如果使用对象，比如从一个铁锹到复合生产用具、"机器",首先是有用的,那么人们就完全有权说,一切属于一个有生命的生物之"内环境"的东西都是有用的,例如反射机制、整个的骨骼构造等等,后者符合以最小的物质和能量消耗实现最大抗拉强度的原则。在这些情况下,令这种有用性说辞显得有意义的自身价值,无疑是生命和生命进程的价值,它利用着这些有用的事物和装置来进一步实现生命价值。但是如果我1.设定有机体的统一性=其器官之和(和相互作用),2.将有用的这个谓词用于器官,并且说,一个有机体的器官愈是有用,它在生物学上就愈是有价值,情况又是如何,并且这些本质上为有用性所要求的自身价值又在哪里呢?

在这种情况下所属的自身价值在哪里呢?利用着有用的用具的主体又在哪里呢?在此我们遍寻答案而不着。如果人们这样说,这些自身价值是精神价值,而主体是一个心灵、一个思考着的、无身体的人,那么这个回答显然是无意义的。器官如何会对于认识而是"有用的"?一个纯粹的思者一般要用具来做什么呢?诚然:这个绝对的二元论实际上始终是功利主义和机械的生命学说的前提,自笛卡尔以来直至达尔文都是如此。① 这种生物学因此仅仅认识到了一道选择题:或者有机的机械论通过一种超自然的、有意识、有目的的理智已经被设置为有用的;或者它是通过毫无方向的变更、

---

① 人们会想起,笛卡尔如何 a)把捉身体的被给予性。身体应当无异于显像之于外感知那样被给予,而外感知自身又要通过其错误的"我思故我在"回溯到内感知的事实上去;于是这就得到了机械地解释,身体也是一样;b)另一方面,他又如何在其情感学说(Affektenlehre)中解释激情:向来出自一种纯粹精神的组成部分和器官感觉以及感性感受——后来的詹姆斯和朗格也这样解释,只是更加严格和一贯。

其部分的组合以及对偶然被证明为有用之物的保存而纯粹偶然地产生出来的。无理智的、无合目的性的生命能够从其自身之中创造出相关的机制——并且以一种原则上有别于人为地将部分组合为整体的方式——这是不可能的！

如果有机体仅仅是其处于交互作用之中的诸器官之总和，最终是细胞之总和，那么如下这样说就是没有意义的：一个器官对有机体是有用的，或者器官之总和对有机体是有用的！它据此就仅仅是这些器官的总和！这还能意味着什么呢：它们"对"其是有用的？有机体的统一性到底在哪里呢？这些图像的含义："器官"、"用具"。可制作性和演化的实际运行。

因为眼下对于有用性及其自身价值来说，尚缺乏一个主体，对于英国生物学来说就只有有用之物与有机体的实际的此在保存之间的关系，而且有价值的有机体就是保存力强的。从现在开始，同义反复的游戏就开始了，这游戏就成为了达尔文主义者所采用的方法：有用的是有利于（无论是个体的还是种的）保存的特质和变更。（好比有利于保存生命价值；不，这些生命价值应当回溯到有用之物之上！（在这种情况下）有利于保存的，是那些有用的东西！）

但现在这正是毫无意义的同义反复。是的，对于被想成是更高的、非派生的生命价值之保存而言有用的东西，是要求此在保存的！至于它是否实际地自身保存，是另一个问题！（经验往往指向它的反面；[？死亡，性]和高贵的人种和物种；生物学上有价值的群众阶级。）但是人们将那有利于演化且秉性上保存力强的东西称之为有用的——这些秉性在其作用中实际上导致了保存——那么"有用的"这个观念就是毫无意义的。

同样谬误的是：完全不存在含有更具活力价值之构成的自然法则。这样的构成应当得到保存，因为它们是更有价值的。物的实际运行展示了平庸之物的保存和高贵之物的沉没，因为它追求死亡——拜耳恰恰是这样定义的。即使如此生死轮回也必须通过更大的保存力而成为一贯的。如果生命有着比死亡更高的价值，那就会（得到）保存。如果一个生物是有价值的，那就会得到更好的保存。但这全部都预设了生命价值的独立性。

我们看到：有用是作为自然的第二大原则之基础的价值：根据这种价值，能量一般的有用性价值被削弱了。如果生命仅仅是能量组合，如果它的价值仅仅是这些价值的总和，那么它自身就仅仅是一个作为整体的特殊进程，宇宙之贬值就发生于这一进程中并共同作用于它。如果它还指出了一个相反的方向，这个方向将只能是虚假的。

但实际上生命是一个与这一原则相悖的行动，它是实现有用之物的趋势，它自身不能以一种有用性来衡量，而只能以其本己的价值来衡量，（它是）向着不可能性的趋势。

附录

编 者 后 记

自 1994 年起，马克斯·舍勒在巴伐利亚国家图书馆的遗稿（Ana 315）就开始对公众和普遍的研究逐步开放。

本卷（《遗著 VI 杂编 II》，《全集》第 15 卷）的文本之甄选也相应地得以完成。所有文本都可以看作是对这位哲学家的作品的——正如其自 1954 年以来在《全集》中逐步问世——进一步澄清和补充。接下来的《对手稿的评注》与《对文本及脚注的注释》亦循此意。

本卷包含了 1922 年的心理学讲座、1920 年的 19 世纪哲学讲座、对《全集》的补充文本（由"总体懊悔"与"对受苦的外在克服和内在克服：斗争与忍耐"组成）等诸文本。进一步地，本卷还补充了两个章节，它们被命名为《摘自小型手稿》I 和 II。前者包含了补充和拓展了相关主题的手稿。"摘自小型手稿 II"包含了从《活页》这类遗稿中摘引出来的题目和标题。在此处所列出的题目之下，相关的手稿往往篇幅短小，不过也有长达八页的论述。

本卷的"格言"同样补充和拓展了在《全集》中已有的成果。在此，为马克斯·舍勒的全部哲学而甄选出罗列在此的诸多格言，此举的具体意义必须留待进一步的研究去加以论定。

最后被收录进来的是手稿"活力价值"，《全集》第 2 卷《伦理学中的形式主义与质料的价值伦理学》(1913/16)中的主题就这一点来说指出了一些不甚清晰之处,即因为一反在《形式主义》中所罗列的五种价值人格类型,(在此)仅列了四种价值等级。有用性价值被罗列为后继价值,而非独立的价值等级,必然与之相符的是文明的引领性精神的价值人格类型。

马克斯·舍勒在上述诸讲座和眼前进一步的文本中所用过的那些大量本国和外国文献的题目已经过了审阅和补全,并消除了引用中出现的错误。

"摘自小型手稿 I"的一些部分、以上提及的"摘自小型手稿 II"的所有题目、关于"总体懊悔"的补充文本以及一些格言是编者辨识的。一如往常,在对文本进行编辑时所采用的皆为现有的经过玛丽亚·舍勒辨识的文稿,并且与相关手稿进行了比对,并在必要时纠正了错误。

* * *

马克斯·舍勒在慕尼黑巴伐利亚国家图书馆中的遗稿现已开放,马克斯·舍勒学会(Max-Scheler-Gesellschaft e.V.) 1993 年在科隆大学成立了。其准备工作是由哲学家之子马克斯·G. 舍勒先生与弗林斯、普法夫奥特在布维尔出版社的协助之下一起筹划完成的。特此向诸位致以诚挚的谢意。

借马克斯·舍勒哲学研讨会之机——这个研讨会以《均衡时代中的人》为主题——适才提及的学会宣告成立。马克斯·舍勒学会落户于科隆大学。

章程第二条说的是:"学会的目的在于促进对马克斯·舍勒作品的学术研究,并支持对遗稿的学术整理。学会将以此为目标:将马克斯·舍勒的跨学科和跨文化的思想遗存公之于众。"

马克斯·舍勒学会有三个机构:1.会员大会;2.主席团(由主席、副主席和经理人组成);3.五到七名会员组成的学术常委会。第一次会议已决议:马克斯·舍勒学会——以上述第二条为依据——每两年(a)举办一次研讨会并(b)重新选举主席团和学术常委会。

适才提及的研讨会举办于1993年6月2日至5日期间,正值马克斯·舍勒65年忌日(1928.05.19),及马克斯·舍勒就职于科隆大学75年之际,会议由哲学讨论班和科隆大学社会学系联合举办。

副校长阁下于尔根·雷耐兹代表校方致辞。

曼弗雷德·S·弗林斯(阿尔柏克基,新墨西哥州)做了开幕报告"资本主义与伦理学——均衡的时代和时刻的呼唤"。接着阿勒曼(H. v. Alemann)(科隆)、阿维-拉勒芒(E. Avé-Lallemant)(慕尼黑)、伽贝尔(M. Gabel)(埃尔福特)、亨克曼(W. Henckmann)(慕尼黑)、詹森(P. Janssen)(科隆)、莱奥那迪(H. Leonardy)(鲁汶)、勒鲁(H. Leroux)(格勒诺布尔)、马尔(R. A. Mall)(不来梅)、伯格勒(O. Pöggler)(波鸿)和平托·拉莫斯(A. Pintor Ramos)(萨拉曼卡,西班牙)依次做了报告。这些报告都收录于由卡尔·阿尔贝出版社(弗莱堡)出版的《现象学研究》第28/29卷(1994)中,题目为《对马克斯·舍勒哲学的研究》,编者为奥特和普法夫奥特。

"第二届国际马克斯·舍勒研讨会"于1995年6月7日至10日与科隆大学的哲学讨论班联手再次召开。大会主题是"当代社会中价值的颠覆"。大会报告由马克斯·舍勒学会委托普法夫奥特编辑，于 1997 年在布维尔出版社（波恩）出版。

科隆大学的第一任副校长皮特·施派特教授及马克斯·舍勒学会主席曼弗雷德·S. 弗林斯（阿尔柏克基，新墨西哥州）致开幕词。

奥托·伯格勒（波鸿）以"舍勒的怨恨与美德"为题做了开幕报告。研讨会接着分为如下环节：

全体大会 I 主持：保罗·詹森（科隆）。报告来自阿维-拉勒芒（慕尼黑）、伽贝尔（埃尔福特）和普法夫奥特（波恩）。

分会场 I 主持：莱奥那迪（鲁汶）。分会报告来自吉斯（布达佩斯）、朗贝提诺（A. Lambertino）（帕尔玛）和勒鲁（格勒诺布尔）。

分会场 II 主持：阿维-拉勒芒（慕尼黑）。报告来自德·瑞（A. De Re）（帕多瓦）、兰贝克（K. H. Lembeck）（特里尔）和努瑟尔（K.-H. Nusser）（慕尼黑）。

全体大会 II 主持：亨克曼学会副主席（慕尼黑）。报告来自毕安可（F. Bianco）（罗马）、梅勒（U. Melle）（鲁汶）和奥特（特里尔）。

分会场 III 主持：伽贝尔（埃尔福特）。报告来自库西纳托（G. Cusinato）（慕尼黑）、皮加鲁（A. Pigalew）（伏尔加格勒）和桑德（A. Sander）（布尔高）。

分会场 IV 主持：普法夫奥特，学会经理人（波恩）。报告来自波西奥（F. Bosio）（维罗纳）、麦肯（Ch. E. Macann）（伦敦）和亨克曼（慕尼黑）。

全体大会 III 主持：奥特（特里尔）。报告来自詹森（科隆）、凯勒（K. E. Kaehler）（科隆）和瓦尔登菲尔斯（B. Waldenfels）（波鸿）。

直到 1995 年的第二届研讨会，波恩布维尔出版社的帕鲁塞尔先生令人感激地接管了诸多事务。继他之后，普法夫奥特就任这一职位，直到 97 年 8 月 30 日。

马克斯·舍勒学会第三届研讨会于 5 月 21 日至 24 日在耶拿大学召开。以这位哲学家在耶拿完成其博士论文一百周年为契机。研讨会的主题是"思之起源——起源之思，舍勒哲学及其在耶拿的开端"。

耶拿大学副校长卡尔-乌尔里希·梅恩（Karl-Ulrich Meyn）教授、代表州政府的克里斯提娜·里贝克耐希特女士和哲学系主任燕莫（Chr. Jamme）分别致辞。马克斯·舍勒学会主席曼弗雷德·S. 弗林斯（阿尔柏克基，新墨西哥州）就研讨会主题发表了导言。

副主席亨克曼（慕尼黑）以"舍勒哲学在耶拿的诸开端"为题做了开幕报告。

5 月 22 日在奥特（特里尔）的主持下，伽贝尔（埃尔福特）、波西奥（F. Bosio）、吉斯（布达佩斯，匈牙利）、斯佩德（P. Spader）（玛丽伍德大学，宾夕法尼亚，美国）分别发言。

次日在詹森（科隆）的主持下，考达勒（K.-M. Kodalle）（耶拿）、达尔曼（Iris Därmann）（波鸿）、贝默思（Chr. Bermes）（特里尔）分别发言。在弗林斯的主持下，布洛瑟（Ph. Blosser）（勒诺瓦-瑞恩大学，北卡罗莱纳州，美国）、乌泽拉克（M. Uzelac）（诺维萨德/朱戈维切沃）和列支敦士登公国国际哲学学会主席塞弗特（J. Seifert）分别发言。

随后根据工作坊的计划，在耶拿已经举办了两次工作坊。在莱奥那迪（新鲁汶，比利时）的主持下，达特（U. Dathe）（耶拿）、阿洛迪（L. Allodi）（帕尔马，意大利）、克朗斯（Ph. Cronce）（芝加哥，美国)、耐瑟(W. Neiser)(雷根斯堡)、库西纳托(G. Cusinato)(萨勒莫,意大利)分别发言。

第二次工作坊由普法夫奥特(波恩)主持,沃达齐克(U. F. Wodarzik)(兰佩特海姆)、布鲁吉克(B. Brujic)(萨格勒布,克罗地亚)、苏珊娜·韦珀(Susanne Weiper)、凯利(E. Kelly)(纽约科技学院,美国)、谢德根(H.-J. Scheidgen)(科隆)分别发言。

每场发言之后都有分别就相应主题展开的讨论。

* * *

根据《全集》的统一计划,本卷(最后一卷)在编者后记之后还有如下章节:

(1)对手稿的评注,

(2)编者的校正与补充,

(3)对文本和脚注的注释,

(4)书目索引,

(5)概念索引,

(6)人名索引。

所有在方括号[ ]中的说明都出自编者。

马克斯·舍勒的全集出版工作开始于1954年,由玛丽亚·舍勒[①]负责,自1970年起则由编者从未间断地进行推进,至此,这项工作宣告完成了。我们拟单独制作一个包含第一卷到第十五卷的

[①] 原文为"马克斯·舍勒",译者疑为笔误,遂更正为"玛丽亚·舍勒"。——译注

索引卷。

在完成了《全集》的编辑之后，编者认为有必要在第三个千年到来之前制作一个关于马克斯·舍勒的更详尽的网站。通过以下地址链接（URL）可进入该网站：

http://members.aol.com/fringsmk

http://members.aol.com/fringsmk/Scheler1.htm

另外，此网站通过世界范围内通行的"搜索引擎"都可找到。

马克斯·G.舍勒先生和编者也想在《全集》的最后一卷表达最诚挚的感谢。

感谢德国科学基金会对马克斯·舍勒的哲学的大力支持。

感谢慕尼黑的巴伐利亚国家图书馆，尤其感谢西格丽德·冯·莫西女士，感谢长期以来有效而愉快的合作，感谢格哈德·普法夫奥特教授的有益审阅。

最后要感谢波恩布维尔出版社法人托马斯·格兰德曼先生，以及出版社负责人彼特·帕鲁塞尔先生和出版社制作部的霍斯特·海埃克先生。

愿马克斯·舍勒的作品能够在人类对未来的设想中找到其应有的位置。

曼弗雷德·S.弗林斯
新墨西哥州，美国

对手稿的评注

关于：心理学讲座

马克斯·舍勒于1920年夏季学期所做的心理学讲座的手稿是玛丽亚·舍勒根据同学的笔记整理汇总而来的。这一手稿划分为两个风格不尽相同的部分：

第一部分是眼下将付印的文本。

第二部分则具有很强的速写特征，囊括了33页现有手稿（第1页已缺失）。它不宜付印，因为其中有数不胜数的替代、文风和语法上的修正以及对文风的重新组织，这还带来了对文本的诠释不够恰当的危险。因此第二部分的主题域将根据下列八点而得到呈示：

1. 舍勒处理了自治的精神行为的问题，亦即那些不依赖于神经系统的行为。他通过对"观念领悟的功能化"的暗示而对问题做出了肯定的回答（此外见于，《全集》第5卷，第198-200页和第12卷，第146页）。

2. 在心理能力的进化中，对定量经验的与日俱增的"学习"要与那些通过机体的成熟进程而引发的新的能力分别开来。在心理学的、生理学的、形态学的和活力的发展中，需要分别开的是(1)规定了在形式功能上会产生出"什么"的诸决定要素，与(2)作为周围环境的刺激而引发被决定的事件的诸实在要素。存在着内在的诸决定要素，如儿童学步，或者动物在某一年龄阶段（表现出的）特定运动和本能。这些要素是生命动因中天生的种质。这里出现的不是如练习这样的经验学习，而是一个机体的"成熟"。这种"天生之物"决不可被理解为在出生时已经具有的素质。

另一方面则不可低估经验与练习，正如它们在学习弹钢琴时以不同于儿童学步的方式出现。过去这二者并未得到充分的分离。

3. 诸心理功能之发展的形式法则是：

a) 一个有机体在心理上和物理上的组织程度越高，其成熟期就到来的越晚。人有着最漫长的童年时期。而例如小鸡立刻就会啄食谷粒，并且已经具有空间测量的能力。

b) 越早出现的经验，就越是意义重大，并且塑造着命运、给定了目标。

c) 一种神经系统愈是高度组织化的，（其中的）相同输出就愈是与更高一级中枢的协同作用相挂钩。（一个类比：乡村中的邮递员，一个大城市中的邮政局长。没有大脑的青蛙与人。）

d) 一个天生的组织愈是高级，在生物学的物种发展上其前景就愈是狭小，而个体经验的角色就愈是重要。

e) 在对心灵发展的经验研究中，最重要的是那纯粹描述的发展史的平行显像（参见，《全集》第 8 卷，第 62 页。）

舍勒强烈地反对格兰弗·斯坦利·霍尔的理论（他对之做了一些阐明）和新达尔文主义的理论，并提出了他自己的"理想发生学的一致理论"及其更为形而上学的解释，正如他口头报告过的那样。这一理论为了平行现象而放弃了经验的因果假说，它以描述的方式强调了诸发展阶段之间的普遍类似，并以此为出发点而赢获了"进展方向的法则（进步与退步）"，然而并不将平行现象回溯到同一些外部原因或遗传、适应和习性之上。遗传资质故而并不包含原经验。本质上来看，心理过程和反应形式的诸典型本质类型是发展的诸理想的阶段形式。在此一种理想发生的形态学在寻找原始的、发展中的和成熟的反应形式，为了将其置入一种理念的发生秩序中。对此的因果解释只有作为形而上学的解释才是可能的。活跃于所有的心理的有机体中的，仅仅是一种普全的生命动因，但它在其中有着各种不同的基本方向。这一个生命动因遮蔽了其潜能充实，它所依据的是同样的秩序，但处在一切不同的、经验的发展方向之面向中，正如植物的"感受欲求"〔显然不同于在此并未提及的全面的"欲求"，但在对这一手稿第9页的一处注释中它作为"生命之流"而被提及〕，注意力、感觉、本能、联想记忆和理智。

通过对在一切生物中的生命动因的成效评价，这里说到的遮蔽会分别得到调适。

4. 心理发展的非持续性法则。

身体上的持续量变过程不能源初地回溯到心理的跃迁之上。心理-精神发展的质的杂多性的跃迁既不能通过物理-化学过程而被掌握，也不能被视为"无中生有"。物理发展进程是被一种"不断涌向时空-世界的心理-精神潜能"所贯穿的，这一潜能承载着新生事物的如在在动态的诸方向中的所有决定因素。这种潜能无异于一个能够自行开合的"闸门"。

5. 心理学发展与心理发展。

就此可知,存在着一种 1)在动物序列中的神经系统的发展和心理-精神发展之间的互相依赖性,这是一方面,但 2)心理-精神发展绝不能被理解为神经发展的简单的后续效果。在此舍勒立足于埃丁格①关于中枢神经建构的发展阶段的研究之上,他最后的研究考察了从元脑(Urhirn)到新脑(Neuhirn)的大小关系,亦即心理效能的增长。新的能力在动物序列中是与新的脑部的出现相关的。在人身上这是通过额叶大小得到标识的。元脑为了新脑而渐渐萎缩。由此人在出生时就相较于动物而言显著地更为无助。大脑发展的速度对应于心理发展的(速度)。人的大脑的生长速度随着年龄增长而迅速下降。对应着这种阶段性构建的是这一事实,即在童年的最初几年中心灵得到了快速的发展(参见,《全集》第10卷,第271/2页)。

6. 发展始终意味着进步和受益吗? 回答是:不。在生命的发展阶段中,始终也能看到退步和丧失。对昆虫的高度本能和人的本能丧失的比较已经指出了这一点[对此:"本能"参见,《全集》第14卷,概念索引]。同样在一切病理的记忆丧失中首先减弱的就是最新近的体验。"少壮不努力,老大徒伤悲"。文明扬弃了发展中的各种丧失,例如丧失了对自然的原始的、同情的同感力、丧失了对自然现象(如天气、各种造成威胁的危险)的领悟、为了在性选择中合知性的思考而丧失了与发情期相捆绑的性选择等等。舍勒写道:"文明不仅令人更为'不幸'(卢梭、康德);它也不断地在人与自然和他的同类之间产生距离。人会益发孤独(社会的我们区域与亲密的

---

① 路德维希·埃丁格(Ludwig Edinger, 1855-1918),德国解剖学家和神经学家,法兰克福大学创始人之一。——译注

自我区域(相分离))。在世界都市中,最宏大的是孤独"(参见,《全集》第 2 卷,第 VI、B 直到第 5 页,以及第 517-522 页。对于"异化"见于《全集》第 3 卷,第 343 页)。诸精神力量的差异化对于超越的宗教感有着同样的效果,这种宗教感进一步退回到了个体主义的社会之中。然而:或许有失亦有得。历史的理想与历史的意义或许不是进步,而是人性的诸力量的综合与对其中某些特定力量的充实。

7. 接着是关于特殊的、心理的普遍发展方向的关键词,如感受-知性-意愿;自由的扩散,先于部分运动的总体运动,等等。

8. 内在于基本现象的发展方向。

这里包括自我-外部世界、自我-身体、自我-你之间的对立,这些在发展的各个不同层级上各自都益发清晰和明确地产生出来(参见,在《全集》中对于《诸区域》的概念索引)。植物没有自我;它的营养已经要显著得比动物更多地与其周围世界交织在一起。它不具有其心理活动的核心发出点,没有内在世界,没有对中枢位的反馈,没有感觉(参见,《全集》第 9 卷,概念索引:"植物")。它的心理生活是不向外扩张的。

对于动物,生命开始从周围世界中解放出来了。感受欲求变成了绽出的(ekstatisch),而且它多了一个个体的活力中心,随之而来的是内在世界与外在世界之间、在感觉与感知之间的分别。同样出现了较简单的构型统一性以及本能的感觉方向(Sinnrichtungen)。

直到在人之中,才有自身意识和一个人格加入了动物性体验之中。人有了反思的自身体验。他是拥有其身体"主权的主人",并因此能够自杀。通过其精神现实性这一新层级,生命现在"服务于"意愿、爱恨和"人格"的注意力。

对应于植物-动物-人三层级的是自我-外部世界、自我-身体、自我-你的发展和对立中类似的个体化层级（也可参见，《全集》，第7卷，第209-250页，以及《全集》第2卷，对此的概念索引）。

接下来是一些关于感觉和感知的提示，它们极有可能是以《形式主义》中对此的表述为依据的，以及关于运动、变化和更迭先于个别事物的预先被给予性。这种发展进一步指出了，1.诸普遍性与个体之物之间的分别，2.普遍之物会"如"其所是地被掌握，并且3.出现它们的重叠。同样地，对诸表象的造就也服从于发展的层级，其中本欲、兴趣和需求结构都扮演着决定性的角色。对此的评注属于在《全集》中时常可见的"兴趣视角"。在这些联系中，马克斯·舍勒重又暗示了人的专属能力，即通过精神而对如在（而非此在）的纯粹知识。

其中可以看到认识的最高发展层级。

在意愿生活和感受生活中同样可以看到发展层级，在意愿生活中是纯粹机械反射、向性、趋性、本能行动、自由选择行动、精神的人格决断；在感受生活中是爱恨的状态、价值意向。进一步是扩张性的感受欲求、感受感觉、感性的活力感受以及心灵感受和精神感受（构成）的诸层级。

至于本能、联想记忆和技术理智的阶序，舍勒是这样区分的，即对于动物的诸项能力人们不应采取过高或过低的论调。那些将人的直观能力和观念思考能力列于一种技术理智之下的理论也应当拒绝。这些论述终结于这个问题，即在动物和人之间可以仅仅存在程度区别吗？马克斯·舍勒看起来在个别（并非所援引的）情况下承认这样的程度差别，但是人们既不应该在人之中将动物性要素绝对化，也不应以动物的能力为代价来找寻人的尊严。

心理学讲座的第三部分的标题是"心灵发展的诸阶层"，并且作为一个或多或少完成了的文本而出版。这一部分因为它的人类学特征而被收录在《遗著 III. 哲学人类学》中（《全集》第 12 卷，第 121-126 页），在那里马克斯·舍勒对"人的构成"相较于在心理学讲座中有着更深入地理解。

关于：讲座：19 世纪的哲学（1920）

这个讲座有一大部分作为由关键词组成的，亦即笔者并未打算将之付印的手稿而出版。

它在主题上接续了"当代德国哲学"（1922）这篇文章，后者连同那里的附注收入《全集》第 7 卷中。

《逻辑学 I》（1905/06）的第 7c 节："思维的实在有效性：胡塞尔"（收录于《遗稿 V. 杂编 I》，《全集》第 14 卷）另一方面（主题上）又属于适才提及的文章"当代德国哲学"。

主题上属于关于 19 世纪哲学的讲座的还有《逻辑学 I》第 7b 和 7c 节："思维的实在有效性：黑格尔"和"思维的实在有效性：特兰德伦堡①、乌伯韦格②、洛采"。关于这些陈述进一步地分别见于上

---

① 弗里德里希·阿道夫·特兰德伦堡（Friedrich Adolf Trendelenburg, 1802-1872），德国哲学家和语言学家。他在康德理论中所发现的漏洞后被命名为"特兰德伦堡漏洞"。——译注

② 弗里德里希·乌伯韦格（Friedrich Ueberweg, 1826-1871），德国哲学家，反对康德哲学的主观主义，而支持施莱尔马赫与特兰德伦堡的理念-实在论。——译注

述各卷的"编者后记"。

所有关于这些传记式的说明的关键词以及关于在这个讲座中所涉及的哲学家的"普遍的性格特征"的关键词都是编者所汇总的，因为它不适宜直接地转录并付印。

关于：总体懊悔

关于总体懊悔的手稿是由玛丽亚·舍勒于1954年发现的，它是收录于《全集》第5卷《论人之中的永恒》中的"论宗教问题"中的一个未付印的插入部分。她对此的注释如下："这些页张，作者在第17页（参见，以上位于第1页的笔记）的章节（机械）中曾导引性地有所暗指。这些页张为什么未出版尚不可知，或许是被遗忘了。"

这个现今由编者辨识的手稿属于适才提及的《全集》第5卷第121页的关联范围，在此或许可以将其增补于第26行之后（……唤醒）。另一方面这一手稿同样适合（增补）第8页1920年前言的第13行（也可参见，在"总体懊悔"之下的概念索引）。最后这一手稿还与"作为总体体验的战争"有着紧密关联（《全集》第4卷，第262-282页）。

关于：对受苦的外在克服与内在克服： 斗争与忍耐

正如逝世于1969年的编者在《全集》第6卷第402页中所宣

告的那样，马克斯·舍勒在其谢世前一年意图沿着两条可能通向扬弃受苦的道路来进一步扩展痛苦与受苦的问题（约自 1912 年以来他便致力于此问题）。编者当时指出有一个更大的手写附稿，但它是马克斯·舍勒在完成了对"论受苦的意义"（《全集》第 6 卷）的完善之后才为编者发现的。她同样指出，这一插入部分对于后期马克斯·舍勒是具有代表性的。这一文本并未纳入马克斯·舍勒那时业已付印的"论受苦的意义"的页张（它列于标号 B I 235 的手稿中）之中，而是被置于在此之外作为一个报告的草稿而得到归置的材料中，这一报告是他 1927/28 年冬季在法兰克福围绕受苦的意义而做的。

面前的再版兑现了编者在第六卷中的承诺，即将其"于别处"发表。

关于：摘自小型手稿 I

"小型手稿 I"是按照它与已问世的《全集》（参见，具体的相关概念索引）及其至今不为人知的诸主题的关系挑选而出的。属于后者的有关于前世、脑的作用的手稿，"两个相应的事实"这一章节。相较于在《全集》中迄今为止能找到的所有解释而言，它虽然短小但还是提供了对真理的一个更清晰的解释，并且在其它未发表的手稿中也鲜少能找到如此清晰的解释。手稿"对生死的两种观点"以及关于"基督教"的手稿也包含着部分迄今为止仍不为人知的关于这些主题的洞见。

关于：摘自小型手稿 II

在上述的遗著目录中，标示在"活页"标题之下的手稿位于 a) 玛丽亚·舍勒所编的集册中（被列在 B I 中），b) 文档（B III 1-29）中，它已经提到了所收集活页各自的内容关键词；c) 选集（B III, 30-32）中，玛丽亚·舍勒完成了其可能的转录。

同样地，在"活页"中还含有其它尚未整理的页张和纸条的文件夹（B III 33-36）。几乎所有材料都还有待转录。

从条目 B III 30 到 B III 36（如下）是由本编者辨识的，并且诸多缩写亦由本编者补全。有少数标题无法被转译，或者无法明确地辨识。但它们的文本指出了每一页分别处理的是哪些内容。一部分的内容说明是由编者简述的。

"为转录所做的选辑"和"文件夹"涉及到 447 张有笔记的"活页"；标题和题目的文本可长达八页。但是在有标题的页码之间往往有着大量没有题目或标题的页码。在同一处，玛丽亚·舍勒也指向了适才提及的其它手稿中的活页，它们理应在进一步的关联中分别澄清这些文本。

"活页"的选辑中还包含大量马克斯·舍勒校对过的印张，编者已验明，其上的文本与《全集》各卷中的相应页面相同（见下文）。

自七十年代初编者在德国科学基金会的支持下完成了全部马克斯·舍勒遗稿的副本（见于，《全集》第 7 卷，第 338 页），故在本卷中就无法对单张"活页"进行从头到尾与其原件完全一致的编号。原因在于，对原件的拷贝在许多地方不是将双面（的内容）复印在一张纸上的，也就是说，不像原件本来的那样。因此，在遗稿的复印件中有空白的反面页码，而在原件中它上面是有笔记的。相关"活页"的原件页面在 1970 年被交接时尚未编码。因此编者所采用的编码与原件页面的顺序并不相符。目前的编码对于那些想要通读每一页的读者来说仅只能作为辨识辅助。

对具体"活页"的日期标注或多或少是根据以下两条标准进行的：a）通过马克斯·舍勒的笔迹风格，它在后期变得越来越错杂；b）通过对于马克斯·舍勒的晚期或早期具有代表性的内容以及概念。

关于：格言

1953 年 5 月 18 日，遗稿的格言首次在《新报》（慕尼黑）发表，玛丽亚·舍勒将之编在了"人们如何说起'这是一个人'？"的题目之下。自此，在自 1954 年陆续发行的《全集》中再无类似的格言出现。这是有理由的，因为这些格言——在本卷中是从玛丽亚·舍勒的整合中所精选的——现在将一个更清晰的图像回置于这位哲学家的全部作品中的诸关联之上。有些地方已经超出了作为言简意赅的思想的"格言"概念，因为相关的思想鉴于其涵盖范围还需要更多的表述。

格言"人们如何说起'这是一个人'？"作为手稿（BI,2,6-7）收录在《人的起源与形而上学》，《全集》第 12 卷，《哲学人类学》之中（第 113/30-35，114/2-22 和 25-27 页）。

格言《我的宗教信条》是作者 1921 年 8 月 31 日在因斯布鲁克

的一张菜单上十分潦草地写下的。即使日期在录，它还是被列入了后期学说，因为马克斯·舍勒在此已经拒绝了创世者-上帝的概念，这对其后期学说是具有代表性的。

格言《神话》是唯一出自早期的，它令《全集》中关于这一主题的言辞得到了进一步的澄清。

关于：活力价值附注

"活力价值"这一手稿诞生于 1915/16 年并且相较于《全集》其它各处更为深入地处理了所谓的生命价值。它以各类不同的眼光阐明了这一主题，并最终指向了对较早立场的重新采纳，这一立场关乎于生命价值与有用性价值之间的关系。

* * *

本卷中，下列马克斯·舍勒的遗著手稿 Ana 315 已逐一发表。这些陈述关乎在目录中所罗列的八个发表单位的顺序（"摘自小型手稿 I 和 II" 是分开来算的）：

B I 50, B I 51（部分），B I 52

B I 188

B I 235

DV

B III(30)

B I 76(6-7)

B I 84(F104)

B I 62(6-10；13-14)

［包含活页］

B I 21

B I 89

B I 88(13-14)

B I 159(22-30)

B I 174(7-8)

B III 31 a

B III 31 c

B III 31 d

B III 31 e

B III 31 f

B III 31 g

B III 31 h

B III 31 i

B III 31 k

B III 31 l

B III 32

B III 33

B III 34

B III 35

B III 36

B III 19 a

B I 5(24)

B I 161(16)

B I 22

B I 71(13)

B I 170(N1)

B I 178(5)

B I 176(27)

B II 11(118−120)

B I 170(P1−2)

B II 53(11−12)

B II 65(90)

B I 28

B I 9(29)

B I 224(1−46)

B I 225(1−10)

B I 224(47−52)

编者勘误与补充

缩写：erg.＝补充；wgf.＝省略；Umst.＝换位；htr.＝上承于。

在手稿中时有缺漏的特定或不特定词条在目前的文本中以无碍于意义的方式得到了补充。对作者常常不曾写出的助动词如"是"、"都是"、"有"、"都有"、"曾是"、"曾都是"的补充同属此类。作者当时常用的写法将留存于下文中。

标题行也一道被计入相应页码。

关于：心理学讲座

对于标题：省略 1. 对心理之物的本质学说与认识。2. 对心理世界的构建。3. 心理之物的形而上学。11/12 省略：第 192 页："仅仅［？作为半成品］的科学的萌芽簇"/11/20 省略："可能的自然形式"上承于：扮演着/12/34 省略：与当今物理学（爱因斯坦、普朗克）最尖锐的对立。上承于：意味着。/13/10 省略：永远年轻。省略：科学/13/13 省略：在"这只不过是"之前的 1./13/29 省略：实验的界限作为［？］实验。上承于：相反。/13/30 省略：在"一切心理学的历史"之前的 3./13/33 省略：新近在此间歇泉是恰切的［？］（普通心理学的概况，第 2 页）上承于："（相伴）而生的"。13/34 省略：在"这也适用于"之前的4./13/36省略:神经学和心理学杂志,第75卷,H.1,2.上承于:心理之物/13/37"亦即"替换为"根据他的观点",13/41"在此更进一步"替换为"在此推进到"。/14/11省略:在句号之前的(库珀斯)。14/41"这种"替换为"那种"/15/1-2补充:括号/15/12"使得"替换为"它们(共同)构成了"/15/20省略:在"我们"之前的"并未被推至台前"15/25省略:在"没有所谓的"之前的1./15/37"1."替换为"a)"16/5"2."替换为"b)"/16/18省略:(例如赫尔巴特[？]哲学),上承于:拒绝16/28/省略:迪昂:物理学。4.上承于:已然存在的18/1/省略:第一部分/18/11省略:在句号前的(见于,德索[？克莱姆(Klemm)]罗德,[？索莫(Sommer)],施特贝克)。/19/10省略:在新起一段前的"被翻译为"/21/5省略:(参见,盖格尔:关于"无意识"。一个片段)/21/6省略:在"可以在"之前的1./21/17省略:在"二者"之前的"一切对象"/21/17"是"替换为"代表着"/21/31"它"替换为"生命"/22/5/省略:因果推论理论,上承于:再造/22/11-14"1,2,3,4."替换为"a) b) c) d)"/22/12省略:在"c)"之前的"理论[？意义]"/23/3省略:无意识之物并非[？个别科学的]假说。/23/16,22,24补充:补充/24/3省略:(仅仅被给予某人的诸对象是[？无意义的],上承于:所。/25/2-3"1,2"替换为"A,B"/25/12"他的"替换为"属于自我的"/25/23-24"1.2."替换为"a),b)"/26/13省略:在此是对外部事物的相继意识与对象性的和前意识的东西——至大之物的[相继意识]的相合。上承于:它是(心理现象的明确的此在条件)。/27/9"3."替换为"2."/27/22[①]"4."替换

[①] 原文为"/25/22",译者疑为笔误,遂更正为"/27/22"。——译注

为"3." /28/19 省略：人格无异于天文学家。/30/27 省略：关于[？回忆]的文章，上承于：(其时它们也)在(客观时间之中)。/32/6 "die"替换为"der" /32/40 省略：本质与结构的充实重又退[？回]到心理之流当中，上承于：(如果)要(把捉和认识心灵生活的完整实在性的话)/34/1 省略：Ps. M. S.- Ps. S. S./34/20 省略："达尔文主义和柏拉图主义"(奥托·李普曼)。它只生自经过了思维的加工之后的事实之中。上承于：内在的 /34/33 省略：中世纪的物理学。上承于：(只要)存在(诸人格)。/34/36 省略：亚里士多德与中世纪——库韦尔，[？阿加利兹(Agariz)]，林奈。/35/9 省略：习得之物、胚胎变异(不应)被理解为偶然的变异和选择，新的物种组织(与[？适应因素]相反)也一样，(绝非)如拉马克的原则那样，功能性联系＋习得性。"物种诞生"与物种灭绝[突变]，上承于：类型结构。/35/30 省略：(图示)施通普夫：在当代哲学中的发展观念。上承于：进入。/36/29 省略：心理学上有别于动物。在"不如说"之前。/37/40 省略：[？魏斯曼]不同于学院理论。在"(存在与生成)是"之前 /38/8 省略：进化论立场。上承于：这里能仅作生物学的理解吗？

关于：讲座课：19世纪的哲学

41/31 省略：现代之物始终作为自身发现的，仿佛它寻得了自身，在"如此"之前 /41/31 "Die"替换为"die" /41/36 "吸食"替换为"吸食"/ 省略：科学摆脱了束缚它的权力，上承于：(歌德) /42/21 省略：相反，上承于：存在 /42/36 省略：见于，["理想原则的重生"。上承于：威尔曼 /43/29 冒号替换为逗号 /43/30 省略：狄尔泰全集，托伊布纳，莱比锡和柏林，第 1、2 卷。/43/40 "1."替换为 "a)"/44/2 "2."替换为 "b)"/44/3 "3."替换为 "c)"/44/16 换位："是 1."替换为 "1.", 上承于："哲学（史的学说）"/44/16 从 "是 1" 换位至 "1. 哲学史"/44/31 "——而非——智者" 替换为 "——而非智者——"/44/35 "进一步" 替换为 "4."/45/32 省略：一个首要的任务：哲学体系的内涵。"世界"——通过伟大的哲学家们的精神之眼[？]基本内涵，上承于：可用（的时间却如此局促）/46/12 省略：直到[？]，上承于：休谟/46/18 省略：被构建的世界。哲学的时代，上承于：滕尼斯）。/46/32 补充：冒号/47/8 省略：博士论文（叔本华、洛采、赫尔巴特）。上承于：被使用。/48/1 省略：卢梭。洛克的教育学；孟德斯鸠英国的[？]，上承于：传播/48/5 省略：（去往英国）上承于：达到（第一个顶峰）/48/12-13 "1, 2, 3," 替换为 "a) b) c)"/48/26 省略：学说，上承于：在我们的祖国（的 19 世纪哲学的支配性精神）。/49/23 省略：被称为德国哲学，外国哲学仅仅在其自主的构型之中[？]上承于：交织（就到此为止）。50/1 省略：也，上承于：德国/50/9 省略："启蒙" 的观念。人的善业。激动。上承于：知性。/50/9 和 10 补充：引号/50/14 "1." 替换为 "一边"/15/17 "2." 替换为 "另一边"/50/34 补充：破折号/51/27 省略：对此见于，狄尔泰：精神科学的自然体系与诸开端等等[？]，上承于：提供保证。/51/29 和 32 补充：括号/51/40 省略：在 "和" 之前的 "有"/52/12 省略：物自体。后来：局限于经验之内。实践形而上学。上承于：巩固（了精神的主权和权力而言）。/52/25 省略：实在性意识。上承于：是（反光而已）/53/28 省略：（在此之余还[？有]哲学史）。上承于：它（无关）。/54/4 省略 "自" 之前的 "4."/54/17 省略：战争爆发。上承于：

青年"/54/33 省略：以对其[？]批判的形式，在"他还"之前 /54/35 省略：与其学生阿贝尔斯(Apels)，上承于：他(创立了) 54①/40 省略：和，上承于：(在布拉格的)牧师 /55/4 补充：破折号 /55/5 换位："据其作品"替换为"据其影响力" /55/16 省略：其中，上承于：部分地 /55/25 省略：这三人都在寻求名望并非常出名。影响。在"5."之前 /55/39 省略：在"耶拿"之前的"并且是"/ 补充：都是，上承于："柏林"/57/4 省略：在"人"之前的"美学的、动态的自然泛神论"/59/13-15 补全了引文 /61/8 省略：在"5"之前的"康德：外部世界的和内部世界的现象"/61/16 省略：因果性和事件 /3261/29 省略：蒂夫特伦克(Tieftrunk)和凯瑟维特(Kiesewetter)早在1798年，上承于：书信(中[也写过])。/62/2 "sei" 替换为 "ist" /62/3 逗号替换为冒号 /62/10 省略：(对康德和斯宾诺莎的[？混淆])对于一切 F. Z. 是规定性的。/63/6 "1." 替换为 "a)" /63/9 "没" 替换为 "没有" /63/38 补充：则 /64/2 "=" 替换为 "是" /64/4 补充：答案是 /64/7 "行为"替换为"因此"/64/11 省略：[？ Vers] /64/13 省略：上帝观念：1.律令的秩序。2.活动。3.泛神论(阿威罗伊主义) 4.永恒的应当。自然法与道德：对邻人的[？实在性]的道德证明。/64②/16 省略：1796，上承于：知识学 64/18 补充：但 /64/24 "被特殊化"替换为"特殊化"/64/30 "有"替换为"人们(仅仅在一种关系中考虑他人的时候才)有"/64/31 "我"替换为"人们"/ "werde"替换为"wird" /64/33 补充：如 /64/37 省略：1798，上承于：知识学 /65/4 省

---

① 原文为"/50/40"，译者疑为笔误，遂更正为"/54/40"。——译注
② 原文为"/16/16"，译者疑为笔误，遂更正为"/64/16"。——译注

略：1.应用，2.个体良知，上承于：良知自由 /65/14 省略：没有[？体验]，没有功绩 /65/16 省略：职业知识和阶层知识。伦常任务与"永恒性的"本质的未完成性。第26页。/65/19 补充：出版 /65/22 补充：能 /65/23 "操持"替换为"来操持" /65/25 补充：有 /65/30 补充：是 /65/33 补充：是 /65/36 补充：（于我们的状况而言）一句至理名言是：第28页。为此的手段是：新的国民教育（裴斯泰洛齐）。/65/39 补充：但这都是 /65/40 补充：为一种 /69/27 "Nach seiner"替换为"Seiner...nach" /69/29 补充：由 /70/18 省略：不是"被意识到的"精神，上承于：意识 /70/20 省略：在"首次"之前的"兰茨胡特1809" /71/27 "耶拿1797"替换为"1799" /71/40 省略：在"尝试"之前的"自然的" /72/2 省略：（杜里舒：W. L.）/72/6 补充：年 /72/9 省略：极具生命价值，见于，谢林哲学：德国 [？图书馆] 布豪恩（Brauen）尤其是神学和历史。上承于：1803 /72/23 省略：回溯到堕落的背面，叔本华。借此 [原文如此] 实在原则出现在自然之中。创世观念的晨曦——在创世之前。类比于上帝：没有上帝 /72/25 省略：在"1809"之前的"兰茨胡特" /72/32 省略：第255页。自由，第263、266、270页 /72/36 省略：实证哲学 /74/2 关于：III 黑格尔，省略：罗森克朗茨（Rosenkranz）：黑格尔生平，柏林1844。费舍尔。狄尔泰：青年黑格尔历史。哲学家。图书馆。现象学，法哲学。对自然法的处理方式；伦常性系统；经由德鲁斯（Drews）的宗教哲学。见于，[？底德里希斯（Diederichs）] /75/8 省略：1.[？哈姆（Hamm）] 2.马克思和黑格尔。/75/17 补充：黑格尔有着 /75/28 补充：在他身上我们看到的 /75/34 省略：仅对他的自然哲学（恒星在天空中无甚启明作用（？ Lichtausschl.）正如在人的身上；阿尔卑斯山——一道通往意大利艺术之路上的屏障；对行星的推演——勒维耶[原文如此]的海王星/75/35 补充：他的/76/20 补充：它具有/76/23 补充：括号/76/25 补充：它（不）是/76/26 省略：（对现象学的前言）。上承于：思想学说/77/2 省略：见于，库诺·费舍尔(S. K. E.)。/77/15 省略：第 446 页，上承于：世界。/77/16 省略：为了实施，见于，K. F. 4. 交付。/77/17 补充：接着/77/22 省略：并未穿透。见于，5. 交付。上承于：获得/78/11 省略：第 705 页，上承于：愉悦。/78/22 补充：历史有/78/26 补充：这就导向了/78/27 省略：可规定性：后果[？]，上承于：世界图景。/78/30 省略：在这种[？]的意义上无限性向他显现，上承于：历史。/79/21 省略：对现代历史书写的批判：施洛瑟(Schlosser)。第 743 页。短暂地摆脱了地理学的基础。第 747 页。上承于：处于领导地位的幽灵。/79/23 省略：第 749 页，上承于：人类 79/26 省略：世界观，第 753 页，上承于：让（特殊性首先在种姓制的形式中生效）。/79/28 省略：第 765 页，上承于：艺术品。/79/29 省略：第 782 页，上承于：基督教/80/1, 5, 7："1, 2, 3"替换为"a, b, c"/80/12 省略：费舍尔，上承于：特征。/80/14, 21, 27, 31, 32 "1-5"替换为"a-e"/80/22 省略：讲座，上承于：尤其/80/32 省略：第 959 页，上承于：人（之中的自我意识）。/80/38 省略：第 955 页，上承于：人格/81/4 省略：德国科学与艺术哈勒年刊，在此一切都是以黑格尔哲学为标尺而被评判的。1838。卢格与埃希特梅尔(Th. Echtermeyer)例如卢格反对格雷斯(Görres)亚他那修(Athanasius)和利奥(H. Leo)，而在黑格尔的意义上捍卫改革与国家。

学派的分裂首先以宗教的方式[发]生在神学领域。本质上是因为大卫·弗里德里希·施特劳斯和费尔南德·克里斯蒂安·鲍威尔"基督的灵知"。弗里德里希·特奥多·费希尔(Friedr. Theodor Vischer)、爱德华·策勒，施瓦本学圈。

激进的批判：布鲁诺·鲍威尔、费尔巴哈、马克斯·施蒂纳。布鲁诺·鲍威尔：批判对观福音书作者的新教历史(1841-42)。并非"神话"，而是虚构。有意识的妖言惑众。马可福音理应具有［？优先性］，约翰福音的话语(Logos)是［"？彻底的]抽象"。否认耶稣的实存：一个虚构的［？ verm.］上帝。德鲁斯与巴枯宁。波多塞诺斯图夫。

国家权利和［？孔德(Com.)］(法哲学)/；拉萨勒"晦涩的以弗所的赫拉克利特"。(继承了他革命性的生成学说，他的国家概念和他对中央集权的秉好)。马克思对黑格尔法哲学的批判。(卢格式的 J. B. 并由此出发：唯物主义的历史观。特勒尔奇、普朗格、哈马赫尔(Hamacher)。在 franz. 达成一致。实证主义和社会主义以及李嘉图的英国价值论。另一个通向唯物主义的发展方向是费尔巴哈的自然主义。1829 年为哈勒年刊所作的"哲学与基督教"与 1840 年的基督教的本质。人的理想的历史。

"神学的隐秘是人类学"。人在其中寻找自身的幻觉。后来爱德华·冯·哈特曼。上承于：1835/36./83/10"演讲"替换为"关于宗教"/83/25 省略：见于，马克斯·缪勒上承于：宗教(的不死性)"。/83/34 "1. 2." 替换为 "a), b)," /86/11 "四"替换为"三"/86/14 补充：此外 /86/16 补充：还有 /86/20 省略：赫尔巴特、弗里茨［？］贝内克(Benecke), 上承于：货币理论。/87/5 省略：叔本华, 斯图加特 1900. 上承于：沃尔克(J. Volkel)。省略：其主席理应受到印度哲学波及［此处缺在 Ms.］。上承于：叔本华学会。/90/4 补充：有着/补充：在……那里/90/10 省略：善良意志。康德，上承于：大吉。/90/11 "是"替换为"有"/90/17 "sich losreißen"替换为"reißt er sich los"/90/22 补充：源出/省略：第 27、28 页，上承于：生命/90/32 "按照"替换为"根据"/90/32-33 "1. 2."替换为"a), b),"/90/38 补充：态度，上承于：这种/90/40 省略：(尼采、布克哈特、罗德。恰切的：你猜：叔本华作为教育家。全人。)/91/7 补充：被(注销)了，上承于：注销/91/7-8 补充：但(最大的谬误)就是/91/9 省略：以及［整体］观视，上承于：魔鬼的/补充：一个/91/13 省略：(狄奥尼索斯主义和阿波罗主义。尼采-柏格森)上承于：发生(于狄奥尼索斯宗教中)。/省略：正如后期的尼采："生命"，上承于：极乐的。/补充：但是/91/17 补充：持续/91/32 (见于，盖沙令伯爵(Graf Kayserling)，见于，冯·维瑟：斯特恩贝格(Stirnberg))。哦，欢愉，哦，地狱，哦，上［? 帝］，哦，爱。魏宁格：性别与性格)，上承于：亚洲主义。/91/38 补充：献给/91/40-41 他站在，在"对立面"之前/92/4 省略：在法兰克福吃饭。长卷毛狗。/92/6 省略：科万特(Quandt)的信："如暴风雨般狂烈。"

"畏惧，恼怒，操心，受累于生活的小确丧"(格温纳(Gwinner))。费舍尔："与客体共同战斗""又一个"。

与群众的关系：对哲学及其历史的见解：［? gen.］人的个体形成。尼采。1. 罗德。2)雅各布·布克哈特：希腊文化史，文艺复兴，世界历史的考察(霍埃尔(K. Joel))，3)尼采。4)伯恩哈德(Bernhar［?］d)。［?］(圆满成功了的)。

格温那和希腊传。矛盾。非科学的风格：法语、英语、西班牙语的混合，省略：上承于：生命的孤独。/92/20 省略：兰克（Ranke）：这是宽恕的［？事情］。上承于：视为（是出卖了灵魂的）/92/28 "是" 替换为 "隐含于" /92/34 省略：（但是［？根据］柏拉图［的理解］ideĩn tōn idéōn）（关于柏拉图的理性主义直观和直觉主义直观；纳托尔普：柏拉图的理念世界），上承于：方法（的柏拉图气质）。/93/3 补充：无异于 /93/12 省略：并且相较于科学，它与艺术的亲缘关系是如此的紧密，上承于：较之（更高的种类）/93/13 补充：他就说 /93/19 省略：因此与康德相反：真正的认识。真正的、高贵的直觉（如谢林）。"为它的不寻常的精神"。对其历史的见解亦如是。孤独的天才的崇高［？谈话］，上承于：大理石。/93/20 补充：是 /93/23 "是" 替换为 "在其中作为这个问题而存在" /93/26 换位："学说之特性" 替换为 "世界之特性的学说" /94/4 补充：但是这还是逃不脱 /94/12 省略：尤其可见于，第二卷，关于 id. 基本看法，第九页。省略：真理"。第 9 页 /94/14 "的" 替换为 "对" /94/21 省略：（R. u. F.），省略：向外 /94/33 补充：有 /95/9 "在于" 替换为 "仅仅在于" /95/23 省略：历史、认识和实在根据，对于：先天论 /95/26-29 "1，2，3，4" 替换为 "a)，b)，c)，d)" /95/38 补充：想要 /96/3 省略：在抽象的［？］之中的效果，上承于：效果 /96/10 省略：康德的空间学说与时间学说：结论：个体化原则：形而上学存在的统一性，上承于：证明 /96/13 省略；但是诸质性与力。类似地："动机与特征"。上承于：此一物（［或彼一物］的此时此地的定在）。/96/21 补充：它是（最激烈）之物 /96/24 省略：熟人，上承于：知己 /96/33 省略：本欲的影响（Einf.［？］），上承于：想象 /97/1 "找到了" 替换为 "找到" /97/17 省略：［？列奥尼达（Leonidas）］，上承于：事物（的永恒形式)。/97/19 省略：生物学：让·拉马克："那驱使象鼻伸长的同一个意愿驱使着它向前"。瞪羚。生命意志对不死性不变的向往。2. 人。在天才身上的直观过剩(颠倒)。见于，自然中的意志。物理学(Phys.)天文学(Astr.)，植物[？]等等，上承于：[？目的性]/97/23 省略：对意图的洞见[？]，上承于：恨(来扭曲我们的判断)。/97/25 补充：Das...daran/97/32 补充：视为 /98/8 省略：爱——如果他人也感到有兴趣。[？对]伦理学的批判。源初的快感。第216页。历史进程的悲观主义(哈特曼)。在叔本华那里的开端，上承于：快乐。/98/13 省略："坏人"，上承于：是(痛苦)。/98/26 省略：过渡标识，上承于：而(设计的系统的进步要更快)。/98/26-27 补充：要 /98/30 省略：当下，未来，过去。第235页，空坚果，上承于：爱 /98/31 补充：对于 /99/6 补充：在于 /99/9 补充：是 /99/14 补充：这 /99/18 补充：并 /99/27 补充：这 /99/30 省略：它的进程，上承于：失望 /99/37 省略：[？Rud. U. Ixion]，"尘世之人的畏惧是在这里吗"，上承于：非现实性。/100/8 省略：反对自然，上承于：英雄 /100/28 补充：自身 /103/5 补充：在于 /103/23 补充：产生了 /104/3 补充：因为 /104/12 "去消除"替换为"必须消除"/104/15 省略：1)[？]物：abs.[？]诸质性的并置 2)变化：面对理智的多元主义中的错乱时的自我保存。1)心理学，2)伦理学：内在自由的观念。完满性。善意。权利(争吵时的不满，公道)。3)宗教，上承于：排除在外。/105/13 省略：克罗菲尔德(Kronfeld)，奥托，几位数学家。新的理性[？或者人类学的]批判。多卷本，海德堡1807.[？ Metanoeite] 1814。尤利乌斯(Julius)和埃瓦戈拉斯(Evagoras) 1814 和 22. 形而上学的体系，1824。上承于：反对(柯亨的新康德主义)。/105/31 省略：

（形而上学，110），上承于：经验"。106/6 省略：黑格尔。"心、友爱与振奋的交织"，在瓦特堡节上的讲话，上承于：财产（时享用方式上的尽可能自由）。/106/13 补充：有 /106/14 省略：4. 尊严和幸福是不依赖于［？正如阿佩尔特（Apelt）］人类的历史阶段的，1845 耶拿。/106/17 省略：带有，上承于：部分。/109/6 省略：理由：1. 现代资本主义的进步。公民阶层的发展。2. 社会（Gesellsch.）3. 实证科学。4. 自然素质。5. 政治，上承于：拉梅内）。/110/13 补充：其中。/111/30 省略：（见于，笔记本），上承于：历史学说 /111/39 省略：［？马赫］：问题得到了解决或者被表明［？］是无意义的。例如原子论＝感觉。反对杜波伊斯（Du Bois）"世界"（Weltr.）。/112/6 省略：见于，页张，上承于：科学（的等级秩序）。/112/14 省略：世界的可变，如果一切都得到了认识，上承于：拉马克（的关系）/112/17 省略：科学表。第 484 页。上承于：心理学。/112/21 省略：化学：拉瓦锡。比斯纳·雷夫（Bisner Rev）。理性的（Rat.）与神学的思维方式。上承于：进入了（实证阶段）。/113/17 省略：3）对历史发展的预言，为了给我们的［？准则］、意愿、行为以导向。历史哲学的后果（是）一种"实证主义的"政治，上承于：价值集体主义。/113/40 省略：［？质料部分），上承于：真理 /114/8 补充：由于 /114/16 补充：仍然。/114/19 补充：对一切都会 /114/30 省略：（较早的个体［？概念］，上承于：利他主义。/114/34 补充：在此 /114/41 省略：见于，穆克勒（Muckle）：（圣西蒙）。不同于孔德。生命需求作为引擎。上承于：先导。/115/5 补充：在……中 /115/6 省略：在"是"之前的"此处"/115/13 补充：是/ 补充：而是必须这样说/115/30 省略：发展［？］，上承于：精神（的狭隘化）。/115/32 省略：［？库尔诺］、保罗、哈姆斯(Harms)、文德尔班、李凯尔特。上承于：历史(之上)/116/31 省略：在"惩罚(的应用)"之前的"见于[？]克劳斯(Kraus)"/116/33 省略：强度、持续时间、确定性、远近、生殖力、纯度、人数。上承于：复仇理论/117/19 补充：它是一种/117/24 补充：基于/省略：[？实存]关系，上承于：推理/117/34 省略：[不考虑(Unges.)]，上承于：形式同一之物(的兴趣而被提升)/118/14 "关于自由"替换为"《论自由》"/119/15 省略：精神科学的逻辑学：1)联想。纯粹心理学。物理学[？]2)人种学与政治学。上承于：相联结/119/16 省略：在"进化论"之前的"形式"/119/22 省略：观念：古代，康德(1755关于 M.[？]和批判；瓦斯曼(Wasmann)；赫尔伯特·斯宾塞在达尔文之前独立阐述了进化论和选择学说。接续谢林。普遍的进化概念，上承于：顺带一提]。/120/11 省略：第 77 页。上承于：相对的。/120/19 省略：第 80 页，上承于：不可能的/121/9 省略：第 77 页，上承于：差异(的扬弃)/121/13 省略：(n. 伦理学的(eth.)[？基础])，上承于：真理(的来源)/121/20 省略：在达尔文的作品"进化假说"和"进化的原因"出版的七年前。达尔文，第 115 页。上承于：对目标的追求/121/23① 省略：肌肉，强有力。骨骼，强有力。个体发生的肌肉和韧带[？关节]来保证。更大的血流量，更强健的神经，中枢神经系统更剧烈的进化。同时的[？]是不太可能的。上承于：设想[？]为(是共同作用的势[能]，是有违自然选择的原则的)。/121/32 省略：第 135 页。真理标准。第 135 页反对经验主义。上承于：是。/121/33 省略：第 145 页。上承于：伦理学。/122/5

---

① 原文为"/121/33"，译者疑为笔误，遂更正为"/121/23"。——译注

补充：他不认为 /122/6 补充：在（活力论的伦理学）中 /122/20 省略："直觉与经验主义的关系"原则。第 146 页。上承于：正义（是主观的）。/127/2 补充：当 /127/8 补充：的 /127/11 省略：（机械的世（W.）[？]焦耳（1843）赫尔姆霍茨 1847：关于力的守恒（见于，里尔（Riehl）（莱布尼茨）。上承于：1850。/128/17 补充：他有着 /128/19 补充：他与 /128/26 "什么都不是"替换为"一无所有"/128/28 省略：这一类比推论的大前提。上承于：莱布尼茨）。/128/38 补充：之于 /129/1 省略：确证中心 /129/2 省略：在"（潜意识中心的）学说"之前的"[？诸]意识彼此之间[？彼此内在地运行的]直接关联"，/129/3-4 补充：与……相联系。/129/10 省略：实用主义的上帝证明：真理促进了共同性和快感。上承于：空间（与时间的整体中来）"。/129/15 省略：[？]永恒。上承于：显像 /129/39 补充：的 /130/3 省略：冯特、包尔生、莫比乌斯（Möbius）：格奥尔格·埃利亚斯·缪勒。实验心理学：恩斯特·海因里希·韦伯（触觉与共同感受，物理学小词典）。赫尔姆霍茨，生理光学手册 56 到 66 及声音感觉的学说 1864。约翰·缪勒的对比性的视觉学说 1826 及表明（erw.）关于[？]视觉显像的（学说）1826。上承于：快感（Lust）。/131/38 省略：面对其时代时的自主性 1. 认识论，2. 自然科学。第 12 页。上承于：市民性（的畏惧）。)/132/14 省略：甜美的极乐[？艺术]。上承于：宣扬（堕落和原罪和宗教相符合）。/132/18 省略：诗歌与艺术首先属于哲学。在一篇檄文中他说，他将何者归功于费希特、谢林、黑格尔的教育。美的客观性。此外是外瑟，他接受了他的黑格尔批判和一神论。上承于：动机（组成的精雕细刻的拼贴画）。/132/23 省略：自己的[？]或者有所指涉的思维。上承于：心灵（的实体性）。/132/25 补充：关于……的文章/132/26 省略：1864 心灵和心灵生活——1. 对其心理学研究的总结。1845 和 47：论美的概念。随后：关于美学和美学史的口授（非常[？]"同感理论"（意向的感受。上承于：（西格沃特）/132/37 省略：反对赫尔巴特的能力批判（功能心理学）。上承于：进行（这种生产）。/132/39 省略：Atvater 研究。上承于：施通普夫。/133/1 补充：有 /133/14 省略：对奇迹的可能性。上承于：世界（的理解和解释）。/133/15 省略：[？莱布尼茨的]形而上学，上承于：显现。/133/16 省略：质料实体——没有共同的质料（gem. [？] M.）（赫尔巴特）。上承于：交互作用。/133/27 省略：兰克。上承于：价值评估。/133/35 补充：区分 /133/40 补充：存在 /134/5 省略：第 15 页。上承于：需要 /134/6 省略：这样的事物只有心灵——根据自我而被考虑。因果原理仅仅针对变化。上承于：虚无。/135/34 补充：他代表了一种/并且（（对于）能量和原子）区分了 /136/1 省略：他自己批判了他的书。海克尔振奋地赞成。上承于：批判 /137/7 省略：伦理学：伦常意识的现象学。伦理学研究。

伪道德意识：1. 个体幸福论原则，2. 权威原则（他律）。真正的道德意识：加入对世界的目标的构建：在对拯救的献身中的自律。

价值论或者价值学说的概要。幸福论的悲观主义。极其精巧的论证。反对为了文化革命的社会幸福论的斗争——但这对个人来说比拯救进程更确切（gew.）[？]。持反对态度的[Anticed.]普鲁士精神还是在以幸福为尺度。

对迄今所提出的一切道德原则的相对的价值评估：秩序，[？正义]，品味，同情，爱等等。对康德和叔本华的极好的批判，也是极具深度的美学。

马克斯·施耐德温(Max Schneidewein)、亚瑟·德鲁伊(Arthur Drew)的"基督神话"。自我作为基本原则等等,哲学家利奥波德·齐格勒(Leopold Ziegler):欧洲的理性主义和爱欲。1905。上承于:理论(的批判)/138/37 省略:理查德·瓦格纳的音乐剧。与维拉莫维茨(Wilamowitz)共同斗争。欧文·罗德(灵魂,心灵批判(Seelenk.)布克哈特。霍埃尔和书信;见于,欧夫贝克(Overbeck),见于,保罗·多伊森(Paul Deussen),见于,生命哲学。上承于:(赫拉克利特)。/139/8 省略:和[?]的。上承于:音乐(的醉生梦死中的复原者)。/139/14 省略:在"价值设定者"之前的"伦理学能够"/139/23 利奥波德·齐格勒:欧洲的理性主义和爱欲。1905。上承于:理论 /138/37 省略:理查德·瓦格纳的音乐剧。与维拉莫维茨共同斗争。欧文·罗德(灵魂,心灵批判布克哈特。霍埃尔和书信;见于,欧夫贝克,见于,保罗·多伊森,见于,生命哲学。上承于:(赫拉克利特)。/139/8 省略:和[?]的。上承于:音乐(的醉生梦死中的复原者)。/139/14 省略:在"价值设定者"之前的"伦理学能够"①/139/23 省略:在"错误"之前的"(封建的:见于,奥卡森和尼科莱特)。"/139/41 省略:法国人的回绝,预知。上承于:假定(了各种各样极端的特征)/140/8 省略:诸范畴(是)促进生命的虚构。费英格(Vaihinger)。上承于:轮回 /140/12 省略:误解的各种效果:亚历山大·蒂勒(Alexander Tille):从达尔文到尼采;保罗·蒙格雷(Paul Mongré)(费利克斯·豪斯多夫(Felix Hausdorff))。盖斯提拉里奥(Gastilario),在宇宙精华中的混沌。鲁道夫·施泰纳(Rudolf Steiner):在一种充分发挥的个体主义的意义上的误解。上

---

① 此处出现的重复系原文如此。——译注

承于：重估（价值的导论））。

关于：对《全集》的两个补充文本

145/1[①] 省略：在"((从这个极其片面的)受苦理论出发，现在让我们)返回"之前的"佛陀的学说只是含蓄的，并且只作为对可能的实事道路的一个示例"。/143/24 省略：在"但是"前的"（富有和贫穷）"/147/8 "它"替换为"忍耐"/147/27 补充：是/

摘自小型手稿 I 和 II

未有偏差得记录。

关于形而上学和哲学人类学的晚期学说中的格言

未有偏差得记录。

附录

/194/29 "会被"替换为"被"/194/33 在"本质性"之后的

---

① 原文为"/14/51"，译者疑为笔误，遂更正为"/145/1"。——译注

"stäke"替换为在"情况"之后的"存在"/195/25 省略：也可参见，奥利弗·洛奇：生命与质料。引文）。上承于：会（产生）。/196/1 补充：得到 /196/16 "和"替换为"或"/196/29 "和"替换为"还是"/197/38 补充：一种 /199/2 "三重"替换为"四重"/199/5 省略：在"这"之前的"并且"/199/21 "二"替换为"三"/199/31 "三"替换为"四"/200/13 在手稿中这里写着："Anm."。它并未得到阐述。/200/30 省略：在"而且"之前的"并且"/201/8 "mache"替换为"macht"/202/24 "1."替换为"a)"/203/10 省略："一个"之前的"在那里"/ 补充：作出反应 /203/12 省略：见于，杰宁斯，第 526-27 页。/204/19 "3."替换为"c)"/204/18 省略：也见于，讲座课。/205/1 [在手稿第 29 页的背面]省略：1.所有这些感受都变得不合目的。冲动。本能。2.生命感受的法则与感性快感和感性痛苦的法则。四条法则。3.客观的面向。4.益处与保存的。/205/23 [在手稿反着的一页上]省略：差别性奠基于差别价值性之上。相似性（奠基于）等价性之上。/207/6 补充：一种 /210/17 "1."替换为"a)"/211/31 省略：这里关系到使用概念，也关系到如"需求"这样的概念（当有用性＝可以满足一种需求之物及诸如此类的时候）全然［？］。/213/12 换位："迟缓还要"替换为"还要迟缓"/213/27 省略：在"（现在实证科学理论和益发哲学的理论）在这里"之前的"并且"/213/30 省略：（柏格森：创造的进化，杜里舒：自然概念与自然的诸部分；奥尔巴赫；玻尔兹曼；数学家；哈特曼：现代物理学理论；斯特恩：生命与热力学第二原理；丹特克（Dantec）：普遍死亡。上承于：被考虑进来（的话，这种分道扬镳还会继续升级）。/214/13 省略：＋和－也在自身之中接受了这样一种得到了归派的特定地点关系和距离关系(也不是在前和在后本身)。但数字随时都服从于交换律 (a+b)=(b+a)，上承于：后（关系）。/216/23 省略：在"亦即"之前的"即使"/217/3 补充：以下几点 /213/5 省略：第一，上承于：一般（的可利用性）。/217/19 省略：第一，上承于：我（断言）/217/31 省略：5. 因为生命载体自行中断了 / 涣散原则的任意现象学基础。1. 见于，迪昂：能量的质量和对能量的测量。2. 关于生物学的讲座。3. 柏格森，见于，上承于：形式。/217/32 省略：在"它"之前的"并且"/218/15 补充：这一 /218/18 省略：在"没有"之前的"并且"/219/6 补充：一个 /219/7 补充：到 /219/24 省略：在"要（用具）来做什么"之前的"并且"/220/7 省略：在"（有机体的统一性到底）在哪里"之前的"并且"/220/13"并且"替换为"是"/220/17 省略：在"有利于"之前的"并且"/221/4 省略：我们组织[？]的宇宙特征和已知的本性。以及我们找寻[？保存的根据]，这又反过来是基于这一找寻的有用性。机械论的自然观点。这两条原则的意义。

生命的本质作为上升、增长、发展。价值的本质：高贵，平庸，是仅为保存倾向所有之物。同样的适应和扩展。

当代人类世界的趋势：将有用性价值拔高得超过了生命价值。将舒适之物拔高得超过了高贵之物；对不舒适的畏惧超过了对平庸的畏惧，对死亡的适应也是向死亡的逼近[手稿中断。]

对文本和脚注的注释

所有对《形式主义》(《全集》第二卷)的指涉都参照第五版和第六版(1966；1980)。此处所罗列的页码相较于第四版每一百页有约两页半到三页的增加。

14/1 参见，《全集》第 2 卷，第 434 页。

14/8 第三部分收录于《全集》第 12 卷中，第 121-132 页。见于本卷的编者后记。

15/16 参见，《全集》第 5 卷，第 12-64 页。

15/19 对于"前生"，见于本卷第 151 页。

15/20 见于，注释。页码 14/8。

16/20 参见，《全集》第 11 卷，第一部分，A 篇。

17/27 对于"接触联想"，参见，《全集》第 2 卷的概念索引。

21/19 参见，对于"对象的相对性层级"，《全集》第 10 卷，第 402-410 页，以及《全集》第 9 卷，第 196f 页。

21/20 参见《全集》第 9 卷，第 111f 页。

24/38 对于自身欺罔，见于，《全集》第 3 卷，第 213-292 页。

28/33 对于"衰老"，见于，《全集》第 9 卷，第 229 页；《全集》第 10 卷，第 19-21 页和第 222 页。

29/13 参见,《全集》第 2 卷,第 437-439 页。

31/22 对此见于,《全集》第 2 卷,VA,f 和 g。

31/32 见于《全集》第 6 卷,第 361-376 页。

35/17 对于世界根据,见于《全集》第 8、9、11、12 卷的概念索引中的"欲求"。

36/15 "普全生命"在此看起来与"欲求"是同一的。对于普全生命,参见,《全集》第 5、7、8、9、10、11、12 卷。

36/23 参见,《全集》第 2 卷,第 417 页以及《全集》第 5 卷的概念索引中的"集聚"。

37/20 对于"作曲家",参见,《全集》第 12 卷,第 148 页。

37/38 此文章收录在《全集》第 3 卷中。

38/9 对于"死胡同",参见《全集》第 9 卷,第 94、96、100、136ff 页。

61/25 在《文学汇报》第 109 期,知识版中。

139/29 见于,《全集》第 7 卷。

146/10 参见,《全集》第 9 卷,第 278f 页。

148/4 "意识"。在手稿(BI 235a)中写有"Bew."(意识)。将其在文本中释义为"运动"亦通畅。但是读之前置的二格定冠词作"des"(意识)解,而非作"der"(运动)解。

148/6 见于,《全集》第 8 卷,第 52-190 页。

148/23 参见,《全集》第 6 卷,第 45 页。

153/27 对于"钢琴家"参见,本卷第 183 页。

158/33 对于"尸体",参见,《全集》第 12 卷,第 285 页及以下、第 297 页。

160/29 参见,《全集》第 9 卷,第 145—170 页。

161/22 为此参见,《全集》第 10 卷的概念索引"医生"一条。

161/34 见于,《全集》第 6 卷,第 36—72 页。

191/6 见于,《全集》第 2 卷,第 123 页和概念索引:伦理学,生物学。

192/2 对于人口问题,见于,《全集》第 6 卷,第 290—324 页。

194/24 参见,《全集》第 10 卷,第 395 页。

205/30 见于"关于羞与羞感"一文,《全集》第 10 卷,第 65—154 页。

舍勒著作目录全编

由艾伯哈德·阿维-拉勒芒整理
(W=重印；A=节录；GW=全集)

A. 单独出版的论著

I. 专著

1. *Beiträge zur Feststellung der Beziehungen zwischen den logischen und ethischen Prinzipien*（论逻辑学原理与伦理学原理之关系的确定）

Jena 1899（142页），第二版见 GW 1.

2. *Die transzendentale und die psychologische Methode*（先验的与心理学的方法）

Leipzig 1900（183页），第二版含附加的前言，Leipzig 1922（VII + 181页）。第三版见 GW 1.

3. *Zur Phänomenologie und Theorie der Sympathiegefühle von Liebe und Haß*（论现象学与同情感理论以及论爱和恨）

Halle 1913（VI+154 页），第二版修订版见下方 I/11。

4. *Der Fommalismus in der Ethik und die materiale Wertethik*（伦理学中的形式主义与质料的价值伦理学）

Halle 1913 u.1916, 发表于 *Jahrbuch für Philosophie und phänomenologische Forschung*（《哲学与现象学研究年鉴》）第一卷和第二卷，完整版含新的前言，Halle 1916（X+620 页）。第二版含新的前言，Halle 1921（XV+620 页），第三版含新的前言，Halle 1927（XXVI+648 页）。第 4-6 版见 GW 2.

5. *Der Genius des Krieges und der deutsche Krieg*（战争天才与德意志战争）

Leipzig 1915（XI+444 页）。第二版含新的前言，Leipeig 1916（XI+444 页），第四版收录于 GW 4.

6. *Abhandlungen und Aufsätze/Vom Umsturz der Werte*（文章与论文集 / 价值的颠覆）

两卷本，Leipzig 1915（XI+411 页）。内含有：Nr.II/12，II/7，II/19，II/6，II/11，II/9，II/10，II/15，II/22，II/21. 第二版题为 *Vom Umsturz der Werte*（价值的颠覆），两卷本，Leipzig 1919（313 u.345 页）含新的前言，还含有 II/14。第三版，Leipzig 1923（308 u.329 页）。第四版和第五版 GW 3.

7. *Krieg und Aufbau*（战争与建设）

Leipzig 1916（VI+432 页），内含有：Nr.II/36，II/34，II/32，Über die Nationalideen der großen Nationen（关于大国家的国家观念），Bemerkungen zur Geiste und den ideellen Grundlagen der Demokratien der großen Nationen（关于精神和大【民族】国家的民

主的意念基础的说明），Über Gesinnungs-und Zweckmilitarismus（论志向黩武主义和目的黩武主义），II/35, II/30, II/33, 第二版修订版，见下方 Nr.I/12。

8. *Die Ursachen des Deutschenhasses*（德意志仇恨的诸原因）

Leipzig 1917（192 页），第二版审定版，Leipzig 1919（158 页），第三版收录于 GW 4.

9. *Deutschlands Sendung und der katholische Gedanke*（德国的使命与天主教思想）

Berlin 1918（34 页），第二版收录于 GW 4.

10. *Vom Ewigen im Menschen*（论人之中的永恒）

Leipzig 1921（725 页），内含有：Nr.II/40, II/44, II/37, II/46, II/47 与 Fortsetzung u.d.Titel Probleme der Religion（续篇以"宗教问题"为题）。第二版含新的前言，Leipzig 1923（XVIII+278 u.447 页）。第三版，Berlin 1933. 第四版和第五版 GW 5.

11. *Wesen und Formen der Sympathie*（同情的本质和形式）

第二版对 Nr.I/3 的增订版，Bonn 1923（XV+306 页）。第三版，Bonn 1926（XVI+312 页）。第四版，Frankfurt 1931（XV+311 页）。第五版，Frankfurt 1948（XX+302 页）。第六版收录于 GW 7. 第七版，Bern-München 1974（学术版）。

12. *Schriften zur Soziologie und Weltanschauungslehre*（社会学与世界观学说论文集）

三卷本，Leipzig 1923-1924：第一分卷 *Moralia*（道德）（X+175 页）；第二分卷 *Nation und Weltanschauung*（国家与世界观）（VIII+174

页）；第三分卷 Christentum und Gesellschaft（基督教与社会）（VI-II+233u.173 页）。内含有：除 II/36 外的 Nr.L/7，还有 II/61，II/54，II/59，II/49，II/50，II/1，II/53，II/55。第二版 GW 6.(Nr.II/35 及 II/1 除外)。

13. *Die Formen des Wissens und die Bildung*（知识的形式与教育）
Bonn 1925（48 页）。第二版收录于 Nr.I/16。第三版精简版 Frankfurt 1947（48 页）。第四版和第五版见 Nr.16。第六版收录于 GW 9。

14. *Die Wissensformen und die Gesellschaft*（知识的形式与社会）
Leipzig 1926（XI+567 页），内含有：Probleme einer Soziologie des Wissens（一门知识社会学的问题），Erkenntnis und Arbeit（认识与劳动），Nr.II/57。第二版 GW 8。

15. *Die Stellung des Menschen im Kosmos*（人在宇宙中的地位）
Darmstadt 1928（115 页）。第二版，Darmstadt 1929（115 页）。第三版，Darmstadt 1930（115 页）。第四版，München 1962（99 页）。第五版，München 1949（96 页）。第六版，Bern-München 1962（99 页）。第七版，Bern-München 1966（100 页）。第八版，Bern-München 1975（100 页）。第九版收录于 GW 9。第十版，Bern-München 1983（100 页）。第十一版，Bonn 1988（100 页）。第十二版，Bonn 1991（100 页）。

16. *Philosophische Weltanschauung*（哲学的世界观）
Bonn 1929（VI+158 页），内含有：Nr.II/72，II/68，II/73，II/15，II/69。第二版，Bern-München 1954（135 页）。第三版，Bern-

München 1968（136 页）。再版收录于 GW 9.

17. *Liebe und Erkenntnis*（爱与认识）

Bern 1955（136 页），内含有出自 Nr.12 的：II/33，II/30，II/59，II/34，II/1。第二版，Berlin 1970（136 页）。

18. *Erkenntnis und Arbeit*（认识与劳动）

Manfred S. Frings 编，Frankfurt a.M.1977.再版出自 Nr.I/14。

19. *Das Ressentiment im Aufbau der Moralen*（道德建构中的怨恨）

Manfred S. Frings 编，Frankfurt a.M.1978.再版出自 Nr.I/6。

20. *Die Zukunft des Kapitalismus und andere Aufsätze*（资本主义的未来及其它论文）

Manfred S. Frings 编，München 1979，内含有：出自 Nr.V/2 的死与永生，Nr.II/21，II/19。

21. *Von der Ganzheit des Menschen*（论人的整体性）

Manfred S. Frings 编并作序，Bonn 1991。内含有：出自 V/2 的 Ordo Amoris（爱的秩序）；出自 B/2 的 Formalismus und Apriorismus（形式主义与先天主义）；出自 B/6 的 Liebe und Erkenntnis（爱与认识）；出自 B/6 的 Vom Sinn des Leides（论受苦的意义）；出自 B/9 的 Der Mensch im Weltalter des Ausgleichs（均衡时代中的人）；出自 B/9 的 Idealismus-Realismus（观念论-实在论）（第三部分）；出自 B/8 的 Wesen und Begriff der Kultursoziologie (und) Die Soziologie des Wissens（文化社会学的本质与概念（和）知识社会学）；出自 B/5 的 Vom Wesen der Philosophie（论哲学的本质）。

II. 学刊和选集中发表的论文

1. Arbeit und Ethik（劳动与伦理学）

载于：*Zeitschrift Philosophie und philosophische Kritik* 114/2 (1899) S.161-200. 再版收录于 Nr.I/12，I/17，GW 1.

2. Selbstanzeige：Die transzendentale und die psychologische Methode（自我告示：先验的与心理学的方法）

载于：*Kant-Studien* V(1901) S.481.

3. Zur Religionsphilosophie（论宗教哲学）

对话 R. Eucken，Der Wahrheitsgehalt der Religion（宗教的真理成分），载于：*Deutsche Rundschau* XXIX/4(1903)，S.152-154. 再版收录于 GW 1.

4. Kultur und Religion（文化与宗教）

对话 R. Eucken，Der Wahrheitsgehalt der Religion（宗教的真理成分），载于：*Allgemeine Zeitung*，München 7.2.1903, S. 233-236. 再版收录于 GW 1.

5. I. Kant und die moderne Kultur（康德与现代文化）

载于：*Allgemeine Zeitung*，München 12.1.1904, S. 273-280. 再版收录于 GW 1.

6. Über Selbsttäuschungen（论自身欺罔）

载于：*Zeitschrift für Psychopathologie* I/2(1912) S.87-163. 再版经改写与增补以 Selbsterkenntnis（自身认识）为题收录于 Nr. I/6；GW 3. 出自 Nr.I/6 的节录以 Objektiv-realistische Phänomenologie

(客观-实在论的现象学)为题收录于: *Schule der Philosophie*, J. Feldmann 编, Paderborn 1925, S.409-414 (作为马克斯·舍勒的精选篇章)。

7. Über Resseniment und moralisches Werturteil(论怨恨与道德价值判断)

载于: *Zeitschrift für Pathopsychologie* I/2,3(1912), S.268-368。再版以 Das Ressentiment im Aufbau der Moralen(道德建构中的怨恨)为题收录于 Nr.I/6; I/19 GW 3. 节录收录于: *Die Argonauten* 6, Heidelberg(1914) S.248-258。

8. Zur Funktion des geschlechtlichen Schamgelühls(论性羞感的功能)

载于: *Geschlecht und Gesellschaft*, Berlin-Leipzig-Wien 1913, S.121-131, 177-190. 再版收录于 Nr.V/2; GW 10.

9. Zur Psychologie der sogenannten Rentenhysterie(论所谓养老金歇斯底里的心理学)

载于: *Archiv für Sozialwissenschaften und Sozialpolitik* XXXVII/2(1913)S.521-534。再版收录于 Nr.I/6; GW 3.

10. Frauenbewegung und Fruchtbarkeit(女性运动与生育能力)

载于: *Der Panther* II, Berlin(1913/14)S.16-23. 再版收录于 I/6; GW 3.

11. Versuche einer Philosophie des Lebens(生命哲学诸论)

载于: *Die Weißen Blätter* I/3(1913)S.203-233. 再版收录于 Nr.I/6; GW 3.

12. Zur Rehabilitierung der Tugend(德行的复苏)

化名 Ulrich Hegendorff，载于：*Die Weißen Blätter* I/4(1913)360-378。再版收录于 Nr.I/6；载于：*Christliche Philosophie in Deutschland 1920-1945*，Regensburg 1949；Zürich 1950。GW 3. 节录收录于 *Rheinischer Merkur* III/22(1948)S.1.

13. Kurt Riezler : Die Erforderlichkeit des Unmöglichen（库尔特·里兹勒：不可能之物的必要性）

对话载于：Beigabe zu *Die Weißen Blätter* I/4(1913)S.65-66；GW 14.

14. Zur Idee des Menschen（论人的观念）

载于：*Der lose Vogel*，Leipzig(1914) S.338-351. 再版收录于 Nr.I/6；GW 3.

15. Der Bourgeois（资产阶级）

载于：*Die Weißen Blätter* I/6(1914)S.581-602. 再版收录于 Nr.I/6；GW 3.

16. Fritz Mauthner : Beiträge zu einer Kritik der Sprache, 3.Band, 2.Auflage（弗里茨·毛特纳：语言批判文集，第3卷，第二版）

对话载于：Beilage zu *Die Weißen Blätter* I/6；(1914)S.118-119；GW 14.

17. Jakob Baron von Uexküll : Bausteine zu einer biologschen Weltanschauung（雅各布·拜伦·冯·于克斯屈尔：一种生物学世界观的基石）

对话载于：Beilage zu *Die Weißen Blätter* I/6；(1914)S.119-121；GW 14.

18. J. A. Möhler: Symbolik（莫勒：符号性）

对话 载于：Beilage zu *Die Weißen Blätter* I/6；(1914)S.121-122.GW 14.

19. Über das Tragische（论悲剧性）

载于：*Die Weißen Blätter* I/8(1914)S.758-776.再版收录于 Nr.I/6；I/20；GW 3.

20. Zur Russischen Geistes-und Religionsphilosophie（论俄国精神哲学与宗教哲学）

对话 Th. G. Masaryk, Russische Geistes- und Religionsgeschichte（俄国精神史与宗教史），载于：*Die Weißen Blätter* I/8(1914)S.860-861.再版收录于 GW 4.

21. Die Zukunft des Kapitalismus（资本主义的未来）

载于：*Die Weißen Blätter* I/9(1914)S.933-948.再版收录于 Nr.I/6；I/20；GW 3.

22. Der Bourgeois und die religiösen Mächte（资产阶级与宗教权力）

载于：*Die Weißen Blätter* I/11-12(1914)S.1171-1191.再版收录于 Nr.I/6；GW 3.

23. Ethik. Ein Forschungsbericht（伦理学。一个研究报告）

载于：*Jahrbücher der Philosophie* II(1914)S.81-118.再版收录于 GW 1.

24. Der Genius des Krieges（战争的天才）

载于：*Die Neue Rundschau* XXV/10(1914)S.1327-1352.原版收录于 Nr.I/5；GW 4.

25. Internationalismus oder Europäismus（国际主义抑或欧洲主义）

对话 C. Techet，Völker，Vaterländer und Fürsten（种族、祖国和王侯），载于：*Die Neue Rundschau* XXV/10.Berlin(1914) S.1610-1611. 再版收录于 GW 4.

26. Antibarbarus（反野蛮主义）

对话 K. Joel，Antibarbarus，载于：*Die Neue Rundschau* XXVI/1(1915)S.143-144. 再版收录于 GW 4.

27. Zur Psychologie des englischen Ethos und des Cant（论英格兰伦常的心理学和伪善心理学）

载于：*Der Neue Merkur* I，München(1915) Bd.2 S.252-277. 再版收录于 Nr.I/5.

28. Europa und der Krieg（欧洲与战争）

载于：*Die Weißen Blätter* II/1,2,3(1915) S.124-127,244-249,376-380. 再版收录于 GW 4.

29. Krieg und Tod（战争与死亡）

载于：*Zeit Echo* II(Februar 1915)S.101-104（出自 Nr.I/5）.

30. Vom Sinn des Leides（论受苦的意义）

载于：*Frankfurter Zeitung* 20.6.1915. 再版收录于 Nr.I/7. 增订版见下方 Nr.II/64.

31. Zur Psychologie der Nationen（论民族心理学）

对话 W. Wundt，Die Nationen und ihre Philosophie（诸【民族】国家及其哲学），und K. Joel，Neue Weltkultur（新的世界文化），载于：*Die Neue Rundschau* XXVI/7(1915)S.999-1001. 再版收录于

GW 6.

32. Das Nationale in der Philosophie Frankreichs（法国哲学中的【民族】国家性的东西）

载于：*Der Neue Merkur* II/8(1915)Bd.I S.513-530.再版收录于 Nr.I/7；I/12；GW 6.

33. Liebe und Erkenntnis（爱与认识）

载于：*Die Weißen Blätter* II/8(1915) S.991-1016.再版收录于 Nr.I/7；I/12；I/17；GW 6.

34. Über östliches und westliches Christentum（论东方的和西方的基督教）

载于：*Die Weißen Blätter* II/10(1915) S.1263-1281.再版收录于 Nr.I/7；I/12；I/17；GW 6.

35. H. Gomperz：Philosophie des Krieges in Umrissen（冈珀斯：战争哲学概要）

对话载于：Dritte Beilage zur *Vossischen Zeitung*,Nr.501,I.Okt.1915；GW 14.

36. Soziologische Neuorientierung und die Aufgabe der deutschen Katholiken nach dem Krieg（社会学的新取向与战后德国天主教徒的任务）

载于：*Hochland* XXTI(1916)Bd.1 S.385-406,682-700,Bd.2 S.188-204,257-294,再版收录于 Nr.I/7；I/12；GW 4.

37. Der Genius des Krieges und das Gesamterlebnis unseres Krieges（战争的天才与对我们的战争的总体体验）

载于：*Der große Krieg* Bd.1, E. Jäckh 编, Gotha 1916, S.176-

287. 再版收录于 I/7 ; GW 4.

38. Die christliche Gemeinschafsidee und die gegenwärtige Welt(基督教的共同体观念与当今世界)

载于: *Hochland* XIV(1917)Bd.1 S.641-672. 再版收录于 Nr.I/10 ; GW 5.

39. Von kommenden Dingen(将来的事)

对话 W. Rathenau, Von kommenden Dingen, 载于: *Hochland* XIV(1917)Bd.2 S.385-411. 再版收录于 GW 4.

40. "1789 und 1914"(1789 与 1914)

对话 J. Plenge, 1789 und 1914, 载于: *Archiv für Sozialwissenschaften und Sozialpolitik* XLII, Tübingen(1917)S.586-605. 再版收录于 GW 4.

41. Zur Apologie der Reue(论懊悔的辩解)

载于: *Summa* I/1, Hellerau(1917)S.53-83. 原版收录于 Nr.I/10 ; GW 5. 节录收录于 *Christliche Philosophie in Deutschland 1920-1945*, Regensburg 1949 ; *Rheinischer Merkur* III/22 und IX/34.

42. Die christiche Persönlichkeit(基督教的人格性)

对话 G. Gräfin Wartensleben, Die christiliche Persönlichkeit im Idealbild(理想形象中的基督教人格性), 载于: *Summa* I/1(1917) S.144-146. 再版收录于 GW 4.

43. Die deutsche Wissenschaft(德国的知识学)

对话 P. Duhem, La Science Allemande(德国的科学), 载于: *Summa* I/1(1917)S.151-153. 再版收录于 GW 6.

44. Der orientalische Mensch(东方人)

对话 W. Haas, Die Seele des Orients（东方的心灵），载于：*Summa* I/1(1917)S.158-160.再版收录于 GW 4.

45. Vom Wesen der Philosophie（哲学的本质）

载于：*Summa* I/2(1917)S.40-70.再版收录于 Nr.I/10；GW 5.

46. Recht, Staat und Gesellschaft（法律，国家与社会）

载于：*Hochland* XV(1917) Bd.1 S.129-141.再版收录于 GW 4.

47. Vom kulturellen Aufbau Europas（欧洲的文化建构）

载于：*Hochland* XV(1918)Bd.1 S.479-510,663-682.再版收录于 Nr.I/10；GW 5.

48. Zur religiösen Erneuerung（论宗教改造）

载于：*Hochland* XVI(1918)Bd.I S.5-21.再版收录于 Nr.I/10；*Christliche Philosophie in Deutschland 1920-1945*, Regensburg 1949；GW 5.

49. Politik und Kultur auf dem Boden der neuen Ordnung（在新秩序的地基之上的政治与文化）

载于：*Der Geist der Volksgemeinschaft*, die Zentrale für Heimatdienst 编，Berlin 1919，S.30-51.再版收录于 GW 4.

50. Von zwei deutschen Krankheiten（论两种德国病）

载于：*Der Leuchter*, Darmstadt 1919, S.161-190.再版收录于 Nr.I/12；GW 6.

51. Prophetischer oder marxistischer Sozialismus（先知社会主义还是马克思主义的社会主义）

载于：*Hochland* XVI(1919) Bd.1 S.71-84.再版收录于 Nr.I/12；GW 6.（续篇见下方 Nr.V/18）。

52. Innere Widersprüche der deutschen Universitäten(德国大学的内部矛盾)

载于：*Westdeutsche Wochenschrift* I, Köln(1919)S.493-495,511ff., 524-527,539,541,551-553. 再版收录于 GW 4.

53. Der Friede unter den Konfessionen(论教派间的和平)

载于：*Hochland* XVIII(1920-1921)Bd.1 S.140-147,464-486. 再版收录于 Nr.I/12；GW 6. 节录收录于 *Religöse Besinnung* III, Stuttgart(1930/1931).

54. Wert und Würde christlicher Arbeit(基督教工作的价值与尊严)

载于：*Jahrbuch des Verbandes der Vereine katholischer Akademiker*, zur Pflege der katholischen Weltanschauung, Augsburg 1920/1921, S.75-89, 再版收录于 Nr.I/12；GW6.

55. Die positivistische Geschichtsphilosophie und die Aufgabe einer Soziologie der Erkenntnis(实证主义的历史哲学与一门认识的社会学的任务)

载于：*Kölner Vierteliahreshefte für Sozialwissenschaften* II/3(1921) S.22-31. 再版收录于 Nr.I/12, GW 6.

56. Bevölkerungsprobleme als Weltanschauungsfragen(作为世界观问题的人口问题)

载于：*Bericht über die Verhandlungen des Bevölkerungspolitschen Kongresses der Stadt Köln*.1921. 再版收录于 Nr.I/12；GW 6.

57. Zu W. Jerusalems «Bemerkungen»(针对耶路撒冷的"评注")

对 Nr.II/54 的评注的答辩，载于：*Kölner Vierteljahreshefte für*

Sozialwissenschaften II/3(1921)S.35-39. 再版收录于 GW 6.

58. Universität und Volkshochschule（大学与业余大学）

载于：*Soziologie des Volksbildungswesens*, L.v. Wiese 编, München-Leipzig 1921,S.153-191. 再版收录于 Nr.I/14；GW 8.

59. Die deutsche Philosophie der Gegenwart（当代德国哲学）

载于：*Deutsches Leben der Gegenwart*, Ph.Witkop, Berlin 1922, S.127-224. 再版收录于 GW 7.

60. Vom Verrat der Freude（论喜悦的泄漏）

载于：*Erster Almanach des Volksverbandes der Bücherfreunde*, Berlin 1922. 再版收录于 Nr.I/12；I/17；GW 6.

61. Walter Rathenau（瓦尔特·拉特瑙）

载于：*Walter Rathenau*, Köln 1922, S.1-22. 再版收录于 Nr.II/4；GW 6.

62. Weltanschauungslehre, Soziologie und Weltanschauungssetzung（世界观学说、社会学与世界观的确立）

载于：*Kölner Vierteljahreshefte für Sozialwissenschaften* II/1(1922) S.18-33. 再版收录于 Nr.I/12；GW 6.

63. Ernst Troeltsch als Soziologe（作为社会学家的特洛尔奇）

载于：*Kölner Vierteljahreshefte für Sozialwissenschaften* II/1(1923) S.7-21. 再版收录于 GW 6.

64. Spinozas Ethik（斯宾诺莎的伦理学）

载于：*Almanach der Rupprechtspresse auf die Jahre* 1923-1925, R.v. Delius 编, München 1923,S.30-38. 部分被用于 Nr.II/69.

65. Das Problem des Leidens（受苦的问题）

载于：*Germania*, Berlin 20.3.1923. 再版收录于 Nr.I/12；I/17；GW 6.

66. Probleme einer Soziologie des Wissens（一门知识社会学的诸问题）

载于：*Versuche zu einer Soziologie des Wissens*（《知识社会学的尝试》），Max Scheler 编，München 1924, S.1.GW 修改过的再版收录于 Nr.I/14; GW 8.

67. Wissenschaft und soziale Struktur（知识与社会结构）

载于：*Verhandlungen des Vierten Deutschen Soziologentages* 1924, Tübingen 1924, S.110-180. 附入 Nr.I/14；GW 8.

68. Phänomenologie und Erkenntnis（现象学与认识）

载于：*Schule der Philosophie.* Paderborn 1925. S.409-414.J. Feldmann 编（一章）。

69. Mensch und Geschichte（人与历史）

载 于：*Die Neue Rundschau* XXXVII, Berlin(1926)S.449-476. 再版 Zürich 1929, 收录于 Nr.I/16；GW 9.

70. Spinoza（斯宾诺莎）

载于：*kölnische Zeitung* 20.u.22.2.1927. 再版收录于 Nr.I/16；GW 9.

71. Die Sonderstellung des Menschen（人的特殊地位）

载于：*Der Leuchter* VIII, Damstadt(1927)S.161-254. 再版收录于 Nr.I/15；GW 9.

72. Idealismus-Realismus（观念论-实在论）

载于：*Philosophischer Anzeiger* II, Bonn(1927/1928) S.25-324.

再版及附加章节（见 Nr.V/13）收录于 GW 9.

73. Philosophische Weltanschauung（哲学的世界观）

载于：*Münchener Neueste Nachrichten* 5.5.1928. 再版收录于 Nr.I/16；GW 9.

74. Der Mensch im Weltalter des Ausgleichs（均衡时代中的人）

载于：*Ausgleich als Schicksal und Aufgabe*, Berlin 1929, S.31-63. 再版收录于 Nr.I/16；GW 9. 节录：*Deutsche Beiträge* I/6(1947) S.513-536.

III. 序文

1. Zu: Otto Gründler, *Elemente einer Religionsphilosophie auf phänomenologischer Grundlage*（一门奠基于现象学的宗教哲学的诸要素）, München 1922；GW 14.

2. Zu: Paul Ludwig Landsberg, *Wesen und Bedeutung der platonischen Akademie*（柏拉图学园的本质与意义）, Bonn 1929；GW 14.

3. Zu: Heinrich Lützeler, *Formen der Kunsterkenntnis*（艺术认识的诸形式）, Bonn 1924；GW 14.

4. Zu: Ernst Norling, *Gespräche und Briefe Walter Rathenaus*（瓦尔特·拉特瑙的谈话与书信）, Dresden 1925；GW 6.

5. Zu: Hendrik Gerardus Stoker, *Das Gewissen*（良知）, Bonn 1925；GW 14.

6. Zu: Abraham Anton Grünbaum, *Herrschen und Lieben als*

Grundmotive der Weltanschauungen(作为世界观之基本动机的宰制与爱), Bonn 1925; GW 14.

7. Zu: Alfred Peters, *Psychologie des Sports*(运动心理学), Leipzig 1927; GW 14.

IV. 书信

1. Schreiben an Herling aus Berlin 27. April 1906 (1906 年 4 月 27 日从柏林写给赫尔林的信)

载于: H. Finke, *Internationale Wissenschaftsbeziehungen der Görres-Gesellschaft*, Köln 1921, S.48-51.

2. Max Scheler an Johann Plenge 8.5.1919 (1919 年 5 月 8 日马克斯·舍勒致约翰·普朗格)

由 Bernhard Schäfers 编入: *Soziale Welt* XVII/J, Göttingen 1966, S.73-76.

3. Neun Briefe Schelers an Carl Muth (舍勒给卡尔·穆特的九封信)

由 A. Dempf 编入: *Max Scheler*, Paul Good 编, Bern-München 1974, S.45-56.

4. Auszüge aus Briefen an Hermann Fürthe, Hans Vaihinger, Sophie Scheler, Edmund Husserl, Georg v. Herling, Adolf Grimme, Karl Muth, Ernst Troeltsch, Alexander v. Gleichen-Rußwurm, Johann Plenge, Märit Scheler-Furtwängler (给赫尔曼·弗尔特、汉斯·费英格、苏菲·舍勒、埃德蒙德·胡塞尔、格奥尔格·冯·赫

尔林、阿道夫·格里姆、卡尔·穆特、恩斯特·特洛尔奇、约翰·普朗格、玛莉特·舍勒-福特文勒的信件节录）

载于：Wilhelm Mader, *Max Scheler in Selbstzeugnissen und Dokumenten*, Reinbek 1980.

V. 遗著的出版

1. *Die Idee des Friedens und der Pazifismus*（和平的观念与和平主义）

Maria Scheler 编，Berlin 1931（63 页）。第二版 Bern-München 1974（67 页，含 M. Frings 所作后记）节录收于 *Berliner Tageblatt* Nr.121（1931）；*Europäische Revue* VII（193 页）。*Neue Schweizer Rundschau* XXIV（1931）。第三版收录于：GW 13（1900）。

2. *Schriften aus dem Nachlaß*（遗著），Berlin 1933（VIII+486 页），内含：Tod und Fortleben（死与永生），Über Scham und Schamgehühl（论羞与羞感），Vorbilder und Führer（榜样与引领者），Ordo amoris（爱的秩序），Phänomenologie und Erkenntnistheorie（现象学与认识论），Lehre von drei Tatsachen（关于三种事实的学说）。再版收录于 GW 10。– 出自 Tod und Fortleben（死与永生）的节录：*Berliner Tageblatt* Nr.145（1933）；*Vossische Zeitung* Nr.177/178（1933）。出自 Vorbilder und Führer（榜样与引领者）的节录：*Neue Zürcher Zeitung* 25.3.1933；*Kölner Volkszeitung* Nr.323(1933)。*Europäische Revue* IX（1933）。Tod und Fortleben（死与永生）再版收录于 Nr.I/20。

3. *Metaphysik und Kunst*（形而上学与艺术）

Maria Scheler 编，载于：*Deutsche Beiträge* I, München(1946/1947)S.103-120. 再版收于 GW 11.

4. Wie sagt man «Voilà un homme»?（何谓"这是一个人"？）

格言，Maria Scheler 编，载于：*Die Neue Zeitung*, München 18.5.1953. GW 12（1987）见本卷第 233/39 页，Manfred S. Frings 编，收于：GW 15（1997）.

5. Zur Phänomenologie und Metaphysik der Freiheit（论自由的现象学与形而上学）

Maria Scheler 编，收录于：GW 10（1957）.

6. Absolutsphäre und Realsetzung der Gottesidee（绝对域与对上帝观念的实在设定）

Maria Scheler 编，收录于：GW 10（1957）.

7. Zusätze aus den nachgelassenen Manuskripten（出自遗稿的附录）

Maria Scheler 编，收录于：GW 8（1960）.

8. Zu einer philosophischen Lehre von Schmerz und Leiden（论一门疼痛与受苦的哲学学说）

附录，Maria Scheler 编，收录于：GW 6（1963）.

9. Der allgemeine Begriff von «Nation» und die konkreten Nationalideen（"【民族】国家"的普遍概念与具体的民族观念）

附录，Maria Scheler 编，收录于：GW 6(1963).

10. Die Frage nach dem «Ursprung» der nationalen Gruppenform（对民族的群体形式之"起源"的追问）

附录，Maria Scheler 编，收录于：GW 6（1963）.

11. Zusatz aus den nachgelassenen Manuskripten（出自遗稿的附录）

Manfred S. Frings 编，收录于：GW 2(1973)。

12. Gedanken zu Politik und Moral（对政治与道德的思考）

Bern-München 1973（30 页）.GW 13(1990)。

13. Folgerungen für die phänomenologische Redukion und Ideenlehre – Das emotionale Realitätsproblem（对现象学还原和观念学说的结论——情感的实在性问题）

Nr.II/71 的续篇，Manfred S. Frings 编，收录于：GW 9(1975)。

14. Aus kleineren Manuskripten zu Heideggers «Sein und Zeit»（针对海德格尔《存在与时间》的小型手稿）

Manfred S. Frings 编，收录于：GW 9(1975)。

15. Rand- und Textbemerkungen in Heideggers «Sein und Zeit»（在海德格尔《存在与时间》中的边注与评注）

Manfred S. Frings 编，收录于：GW 9(1975)。

16. *Logik I*（逻辑学 I）

残损长条校样的影印版 1905/06 含 Jörg Willer 所作后记。Amsterdam 1975（295 页）；GW 14。

17. *Schrifen aus dem Nachlaß Bd.2; Erkenntnislehre und Metaphysik*（遗著 第 2 卷：认识论与形而上学）

Manfred S. Frings 编，Bern-München 1979（同 GW II，见兹处）。

18. Christlicher Sozialismus als Antikapitalismus（作为反资本主义的基督教社会主义）

附录，Manfred S. Frings 编，收录于：GW 4(1982)。

19. *Christliche Demokratie*（基督教民主）

附录，Manfred S. Frings 编，收录于：GW 4(1982).

20. *Schriften aus dem Nachlaß Band 3: Philosophische Anthropologie*（遗著 第3卷：哲学人类学）

Manfred S. Frings 编，Bonn 1987（同 GW 12，见兹处）。

21. *Schriften aus dem Nachlaß Band 4: Philosophie und Geschichte*（遗著 第4卷：哲学与历史）

Manfred S. Frings 编，Bonn 1990（同 GW 13，见兹处）。

22. *Schriften aus dem Nachlaß Band 5: Varia I.*（遗著 第5卷：杂编 I）

Manfred S. Frings 编，Bonn 1993（同 GW 14，见兹处）。

23. *Schriften aus dem Nachlaß Band 6: Varia II.*（遗著 第6卷：杂编 II）

Manfred S. Frings 编，Bonn 1997（同 GW 15，见兹处）。

B. 全集

第1卷至第11卷此前由 Francke-Verlag（Bern-München）出版，如今由 Bouvier Verlag（Bonn）出版

第1卷：*Frühe Schriften*（早期著作）

Maria Scheler 与 Manfred S. Frings 编，1971. 内含 Nr.I/1, II/1, II/2, II/3, II/4, II/5, II/23.

第2卷：*Der Formalismus in der Ethik und die materiale Wertethik*（伦理学中的形式主义与质料的价值伦理学）

Maria Scheler 编，1954；重印于 1966，新版，1980. 内含 Nr.I/4.

第 3 卷：*Vom Umsturz der Werte*（价值的颠覆）

Maria Scheler 编，1955；新版，1972. 内含 Nr.I/5.

第 4 卷：*Politisch-pädagogische Schriften*（政治学-教育学文集）

Manfred S.Frings 编，1982. 内含 Nr.I/5, II/28, 前言 I/7, II/36, I/8, II/35, II/51, II/48, I/9, II/38, II/45, II/39, II/25, II/26, II/41, II/43, II/20, V/18, V/19.

第 5 卷：*Vom Ewigen im Menschen*（论人之中的永恒）

Maria Scheler 编，1954；新版，1968. 内含 Nr.I/10.

第 6 卷：*Schriften zur Soziologie und Weltanschauungslehre*（社会学与世界观学说文集）

Maria Scheler 编，1963；新版，1986. 内含 Nr./12（除 II/35 与 II/1 以外），II/56, V/8, V/9, V/10, 与 II/32, II/31, II/42, II/50, II/62, II/65 的终章。

第 7 卷：*Wesen und Fromen der Sympathie – Die deutsche Philosophie der Gegenwart*（同情的本质与形式 / 当代德国哲学）

Manfred S. Frings 编，1982. 内含 Nr. I/11, II/58, V/II.

第 8 卷：*Die Wissensformen und die Gesellschaft*（知识的形式与社会）

Maria Scheler 编，1960；新版，1980. 内含 Nr.I/14, V/7.

第 9 卷：*Späte Schriften*（晚期著作）

Manfred S. Frings 编，1975. 内含 Nr.I/15, I/16, II/71, V/13-15.

第 10 卷：*Schriften aus dem Nachlaß, Band 1: Zur Ethik und Erkenntnislenre*（遗著第 1 卷：伦理学与认识论）

Maria Scheler 编, 1957。内含 Nr.V/2, V/5, V/6. 新版 Bonn 1986.

第 11 卷: *Schriften aus dem Nachlaß, Band 2: Erkenntnislehre und Metaphysik*(遗著第 2 卷: 认识论与形而上学)

Manfred S. Frings 编, 1979. 同 V/17。

第 12 卷: *Schriften aus dem Nachlaß Band 3: Philosophische Anthropologie*(遗著第 3 卷: 哲学人类学)

Manfred S. Frings 编, 1987 (同 V/20).

第 13 卷: *Schriften aus dem Nachlaß Band 4: Philosophie und Geschichte*(遗著第 4 卷: 哲学与历史)

Manfred S. Frings 编, 1990 (同 V/21).

第 14 卷: *Schriften aus dem Nachlaß Band 5: Varia I.*(遗著第 5 卷: 杂编 I)

Manfred S. Frings 编, 1993 (同 V/22).

第 15 卷: *Schriften aus dem Nachlaß Band 6: Varia II.*(遗著第 6 卷: 杂编 II)

Manfred S. Frings 编, 1997 (同 V/23).

概 念 索 引

（本索引页码为原书页码，即本书页边码）

Akt 行为
　（emot. 情感行为），12；（-kooperationen 行为协作）12；（göttl. 上帝行为）37；151；（-zentrum 行为中心）152
Alleben 普全生命 35，（zweites Attr. 第二个属性）36；161，177，185
Altern 衰老 28，31，158 f.，170，183，216
Angst 畏
　（Ekel, Furcht, Hoffnung 厌恶、怕、希望）202-231
Anschauung 直观 11，16，25，27，
　（positivist. 实证主义直观）45，（intellekt. 理智直观）50，69，70，75；57，61，63，79，80，82，92 ff.，（ästh. 美学直观）99；105，151，177，185，196 f.
Arzt 医生 161
Atem 呼吸 26，28，128，197
Atom 原子 129，135，178，197，208
Ausdehnung 广延 11，25，33，164

Auseinander 彼此外在 21，26，214

Beruf 职业，161，166
Berührungsassoziation 接触联想，17
Bewußtsein 意识，
　（-erleben, -erscheinungen, -vorgänge, -inhalte 意识体验，意识显像，意识过程，意识内容），14 f.，（psych. ichbezogen 心理的、自我相干的意识）16 f.，25 f.；17 f.，（psych. "对"心理之物的意识）21；（über- unterbewußt 超意识之物，潜意识之物）21，23，（Herbart, Geiger, Wundt 赫尔巴特、盖格尔、冯特）22；（emp. Psych. 经验心理学）22 f.；（zeitüberlegen 超越于时间的意识）25；（-sinhalt, Zeit 意识内容，时间）27，29；（Lebenszentrum 生命中心）29；61，63，66，71，77，80，94，96，120，（Fechner 费希纳）128；129，（Lotze 洛采）133；（Hartmann 哈特曼）136；137，148，151，155，164，169，173，177，

200, 202
Biologie 生物学
（phil. Hauptziele 哲学的主要目标）11；13, 17,（Stell. d. Menschen 人的地位）37；51, 112, 121 f.,（Meta- 元生物学）171, 178, 180, 191, 195, 198 f., 218 f.

Chemie 化学 13, 114
Christentum 基督教 83 f., 132, 136 f., 139, 162

Dauer 绵延
（Seele 心灵）27；28 f., 152, 201
Demut 屈尊 84, 139, 149
Denken 思维 11, 20
（europ. - 欧洲思想）45；(v. Hartmann 冯·哈特曼) 135,（Lotze 洛采），134；(Spencer 斯宾塞), 120；(Blutzufluß 血液流通) 154 f., 165, 169, 197
Ding an sich 物自体 61 f., 76, 105, 135
Drang 欲求 184, 187
（-u. Geist 欲求与精神）188, 参见 Leben 生命
Duldung 忍耐 146, 148 ff., 162

Emanzipation 解放 84
Empfinden, Empfindung 感觉，感觉 11 f.
参见 Seele: Funktion 心灵：功能；22, 32, 63 f., 105, 129, 135,（Gefühls- 感受感觉）145；172, 178, 197, 202, 209
Energie 能量 37
（Erhaltung d. - 能量守恒）127；132, 135 f., 212（Philos. 哲学）213, 216
Entropie 熵 168, 217
Erziehung 教育
Pädagogik,（Fichte）教育学,（费希特）65；(Herbart 赫尔巴特) 102
Ethik 伦理学 51, 54, 63
（Schopenhauer 叔本华）89；89, 92, 100 f., 106,（biol. 生物伦理学）121 f.；129, 131, 133 f., 140,（Buddha 佛陀）147；161 f., 166, 169 f., 175, 191, 192, 218
Evolution, Evolutionismus, Evolutionslehre 进化, 进化论主义, 进化论 32, 34, 110, 119, 123, 157, 165, 174

Farbe 色彩 22, 33
（-nwelt 色彩世界）129
Fernfühlen 远程感受 203
Fortleben, Fortdauer 永生, 延续 15, 129, 151, 169
Fortpflanzung 繁殖 178, 181, 191, 193, 206 f., 209

Freiheit 自由 25, 56, 64, 70, 72, 78 f., 100, 106, 113 f., 144

Gefühle 感受
（Zustands- 状态感受）22；（Dauer 绵延）27；（ausgedehnt 有广延的）28；(- u. Herz 感受与心) 115；118, 122, 145, 181, 194, 200 f., 203 f., (sinnl. - 感性感受) 205, 208, 242

Gehirn 脑
（Vitalzentrum 活力中心）, 152-154, 156, 178

Geist 精神
geistig 精神的，(-zentrum 精神中心, Wesenssphäre 本质区域) 12；(Körper 身体) 14；(Vollzug 实行) 23；(-prinzip 精神原则) 37；(Schelling 谢林) 71；(Hegel 黑格尔) 77；(Bewußtsein, Leib 意识, 身体) 155 f., (=Leben 生命) 158；(- u. Ende der Weltgesch. 精神与世界历史的终点) 160；163, 165, 176, 180 f., (- u. Drang 精神与欲求) 188

Geistwissenschaft 精神科学 51, 57, 118

Geschichte 历史
(Hegel 黑格尔), 77；(Schopenhauer 叔本华) 98；113, 115, (Ende d. Welt- 世界历史的终点) 160；(Wissen 知识) 162；(-d. Phil. 哲学史) 42 ff., 180

Gesellschaft 社会 45, 77, 112 f., 121, 159

Gestalten 构型 153 f., 165

Ich 自我
(-stufen 自我的阶序) 11, 23 ff.；(-bezogenh. 自我相干性), 16, 26；(- u. Vitalzentrum 自我与活力中心) 22；(Fichte 费希特) 61-64, 69；(v. Hartmann 冯·哈特曼) 136；(Herbart 赫尔巴特) 102, 104；(Lotze 洛采) 132 f.；(Schelling 谢林) 70 f.；(- u. Leib 自我与身体) 155 f.；170 f.；(-spaltung 自我分裂) 176；177, 194, 20

ideae ante res 观念之物 35

Idealismus 观念论 56 f., 62

Instinkt 本能 33 f., 66, 122, 183

Jetzt 此时
u. hier 此时此地, 30

Kapitalismus 资本主义
kapitalistisch 资本主义的, 87, 92, (-er Geist 资本主义的精神) 98, (-es Zeitalter 资本主义的时代) 115；161, 177

Kausalität 因果性 11

(-sprinzip 因果律) 25, 61, (- u. Neuschöpfung 因果性与新的创造) 34; 63, (Herbart 赫尔巴特) 104; (Schopenhauer 叔本华) 94 ff.; 109, 117, 135, 149, 164, 172

Kind 儿童

(- u. Greis 儿童与老年) 14; (Zeitdauer d. Erlebens 体验的时间绵延) 28; 32; (Aktfunktion 行为功能) 33; (Schopenhauer 叔本华) 87, 89; 175, 186 f.

Kompositon 曲目 27

Konzeptionsverhütung 避孕 207

Kunst 艺术 78, 80 f., 90, 93, 99, 116, 138, 150, 212

Leben 生命

(- u. Seele 生命与心灵), 12, 31, 34; (-vorgänge 生命过程) 17; 21 f., (daseinsrel. 此在相对的) 24; 25 ff., 27, 29 f., 32, (-sdränge 生命欲求) 35; 36 f., (Fichte 费希特) 66, (Schelling 谢林) 71; (Schopenhauer 叔本华) 95 f., 99ff.; 113, 118, (Spencer 斯宾塞) 121; 133, 140, 143, 150, (Zeit 时间) 151; (-, Tod u. Totes 生命、死亡与死者) 157 ff., 193, 200, 207, 220; 160 ff., 164 f., 168, 173, 176 ff., (Perioden 阶段) 180; 181, 188, 191 f., 194–199, 213, 215 ff., 219, (krankes- 患病的生命) 201, 206, 208; (-gefühl 生命感受) 201, 205, 207 f., 210; (-wert 生命价值) 153, 170, 195

Leichnam 尸体 158

Lenkung 引导

Leitung 引领, 147

Liebe 爱 12, 80, 139, 161, 163, 166, 170, 183 f.

Marxismus 马克思主义 53

Masse 人群 115

Marterialismus 唯物主义 52 f., 63

Mathematik 数学 12, 50 f., 96, 102, 111, 114, 181

Medizin 医学 148, 150, 161

Mensch 人

(= Umschwung; Sonderstellung; zwei Begriffe d. -en 骤变; 特殊位置; 两个"人"的概念) 36 f., 157; 181;
(- u. Wahrheit 人与真理) 155; (offen 开放) 159; 162, 177, (-u. Pflanze, Tier 人与植物、动物) 36, 186

Metaphysik 形而上学

(Kant 康德) 15; 16, 46 f., 54, 83, 99, 102 ff., 111, 115 f., 136, 156, 164, 170 ff.

Mittelalter 中世纪 51, 115

Musik 音乐 100

Natur 自然

(tote, anorg. - 死的自然，无机的自然) 17, 71, 121, 136, 158, 196, 198, 212, (Einheit d. - 自然的统一性) 35; (- u. Mensch 自然与人) 159

Naturwissenschaft 自然科学 47

(Seele 心灵) 51; 52 f., 55, 103, 111 f., 128, 172 f.

Nervensystem 神经系统 14, 17

(-prozesse 神经系统进程) 26; 37, 136, 152, (Nervenendungen 神经末梢) 202

Neuschöpfung 新的创造

Neuwerden 新的生成, (Enthüllung, Geist, Weltgrund 揭蔽，精神，世界根据) 35f. ; 152

Nützlichkeit 有用性

nützlich 有用的, 210, 211 f., 218 f., 220

nunc stans 当下之物

(Vielheit d. Seele 心灵的复多性) 29

Opfer 牺牲 207

Organismus 有机体 24, 34

(Gesamt- 整个有机体) 128; 145, 165, 168, 194 ff., 201 ff., 205, 208, 215 f., 218 ff.

Parallelismus 平行论 14, 129, 132

(Leben, Seele 生命，心灵) 135; 152

Person 人格

(Noetik 意向) 24, (entüllt sich 揭示自身) 25, (-u. Gottheit 人格与神性) 36, (neues Prinz. 新的原则) 37; 79, 145, 148, (Fortdauer 延续) 151; (Gesamt- 总体人格) 115; (Akte 行为) 151 f., (- u. Leib 人格与身体) 154; 170 ff., 174 ff., (-=personale Form d. Geistes 人格=精神的人格形式) 186

Pflanze 植物 11, 18, 20, 36, 96, 105, 128, 186, 195

Pflicht 义务 64 ff., 71, 78, 84 f., 122, 134, 161, 172

Phänomenologie 现象学 (参见 psychisch 心理的); 54

(Hegel 黑格尔) 78; (Wesens- 本质现象学) 178; (- u. rat. Philos. 现象学与理性主义哲学) 182

Phantasie 想象 11, 96, 209

Philosophie 哲学

(perennis 长青哲学) 42; 109, 112, 166, 169, 170, 172, 179; (Gesch. d. - 哲学史) 44, (Eigenart europ. - 欧洲哲学的特点) 45 f., (Periodisierung 阶段性) 47, 51, 140, (asiatische - 亚洲哲学) 49; 50, (-

u. positive Wiss. 哲学与实证科学）
53；56，(Fichte 费希特）57, 60，
(Fries 弗里茨）106，(Hegel 黑格
尔）75，(Herbart 赫尔巴特）102 f.，
(Leibniz 莱布尼茨）48，(Lotze 洛
采）131 f.，(Schelling 谢林）71，
(- u. Leben, Schleiermacher 哲学与
生命，施莱尔马赫）82，(Schopen-
hauer 叔本华）89-93，99

Physik 物理学 12 f.，18, 50, 112，
114, 136, 162, 171 f.，212, 214，
217

Physiologie 生理学 13, 16
(Sinnes- 感官生理学）22，(- u.
Raum, Zeit 生理学与空间，时间）
23, 31；146

Positivismus 实证主义
Positivisten 实证主义者 42, 45，
51, 110, 119, 123, 139, 149

Präexistenz 前世
(-Lehre 前世学说）19；151

Psychisch 心理的（参见 Psychologie,
drei Hauptziele 心理学，三个主要
目标）
(Wesensphän. d. -en 心理之物的本
质现象）12 f.，32；(es u. Körper 心理
之物与身体）14；(-es=Tatsachen 心
理之物＝事实）16, 18；(Bewußtsein
u. -es, Leben, Zustände 意识与心理
之物，生命，状态）21 f.(-es Korrelat
vital best. Vorg. Im Organismus 有
机体中的那些在活力层面-被规
定的过程的心理相关项）24；(-es
u. Reales 心理之物与实在之物）23
f.；(Raum, Zeit 空间，时间）25；(-e
Mannigfaltigk., Dauer 心理流形，绵
延）30；(Sprünge zw. Stufen des -en u.
Geistigen 在心理之物与精神之物这
样的本质阶序之间的跳跃）33 f.

Psychologie 心理学
(drei Hauptziele 三个主要目标）
11；(theoret.; experimentell, em-
pirisch, sensitivistisch 理论心理
学；实验心理学，经验心理学，感
觉论的心理学），12 f.，16, 23 f.，
17, 23，(emp. -indukt. 经验归纳的
心理学），16 f.，23 f.；17；(Scho-
lastik 经院哲学）19；(nicht Noetik
非意向）23；(Meta- 元心理学）
24；(Raum, Zeit 空间，时间）25；
(Struktur- 结构心理学）33，(As-
soziations- 联想心理学）54, 116,
121, 132；(Hegel 黑格尔）77；
(Lotze 洛采）131 f.；(Schopenhau-
er 叔本华）89, 97；102, 112, 118
(Spencer 斯宾塞）121；128, 146,
161, 173, 177

Psychophysik 心理物理学 53
(Fechner 费希纳）129

Raum 空间
　　Räumlichkeit 空间性（参见 Seelenganzes 心灵整体，参见 Physiologie 生理学，参见 Ausdehnung 广延）；64, 85, (v. Hartmann 冯·哈特曼) 135, (Herbart 赫尔巴特) 103；(Lotze 洛采) 133；(Schopenhauer 叔本华) 92, 94, 97；(Spencer 斯宾塞) 120；164, 167 f.；(-biologie 空间生物学) 170；175, 197
Reiz 刺激 22
　　(Sinnes- 感官刺激) 27 f.；33, 95, (-stärken 刺激强度) 129；147, 156
Reue 懊悔 80, 100, 139
　　(Volks-, Gesamt-, Bekehrungs- 种族懊悔，总体懊悔，转变式的懊悔) 143 f.；170
Relativitätstheorie 相对论 51, 164, 177
Ressentiment 怨恨 149, 167, 210, 212

Schlaf 睡眠 14, 23, 26
Seele 心灵
　　seelisch 心灵的 11 f., (- u. niedr. Funktionen, Leib 心灵的和低级的功能，身体) 13；(- u. Körper, Nerven 心灵与身体，神经) 14；(rat. Kategorie 理性范畴) 18-21, (Strukturlehre 结构学说) 11, 15 f., (Anderswerden 变异) 25, (=Lebenszentrum 生命中心) 26；(-nganzes, Raum, Zeit, Dauer, Wechsel. Übergang 心灵整体，空间，时间，绵延，更迭。过渡) 23, 27, (Perioden d. - 心灵阶段) 31；30, (Dauer=Form d. - 绵延=心灵的形式) 31；50, 109, 164, 167, 171 f., 176, 186, 219, (Fechner 费希纳) 128；(Lotze 洛采) 132；(Schopenhauer 叔本华) 97
Sein 存在
　　(Hegel 黑格尔) 77；(Lotze 洛采) 132；(Spencer 斯宾塞) 120；(- d. Toten 无生命之物的存在) 133；134；(geistiges- 精神存在) 153 f. (-verhältnis 存在关系) 164
Sprache 语言 168
Stufenbezüglichkeit 阶序相干性
　　(z. Zeit 时间) 25
Sukzessio 相继 27, 29
　　(-nsbewußtsein 相继意识) 30
Soziologie 社会学 83, 111, 114, 164 ff., 170 f.

Täuschung 欺罔 155, 204
Tat twam asi 这是你 100
Theologie 神学 54 f., 75, 80, 82, 97
Thomismus 托马斯主义 43
Tier 动物 11, 16, 18, 20, 33
　　(-seele 动物心灵) 34；36, 96 f., (Totstellen d. -e 动物的装死) 148；

162

Tod 死亡 129

（-estrieb 死亡本能）149，179；150，（Leben u.- 生命与死亡）167 f.；（- Jesu 耶稣之死）163；169，172，（Arten- 种的死亡）176；177 f.，181，193，206，（Totes 无生命之物）199 f.，207，217，220；（Daseinserhaltung 此在保存）207

Übermensch 超人 138 ff.

Umwelt 周围世界 33，152

（tote- 无生命的周围世界）192；202

Vitalzentrum 活力中心 11 f.，22

Vorbilder 榜样 162，167 f.

Vorfühlen 预先感受 204

Wahrheit 真理 44

（Kant 康德）48，（Schopenhauer 叔本华）94，（Spencer 斯宾塞）120；113，（- u. Mensch 真理与人）155；172

Wahrnehmung 感知 11，20

（Ausdehnung 广延）29；30，32 f.，62，105，118，155 f.，164，166 f.，172，183，193 f.，200，202

Wechsel 更迭

Wechselwirkung 相互作用 14，23，27，152，213，218

Weltgrund 世界根据，34 ff.，132

Werden 生成（参见 Zeit 时间）

Werkzeug 用具 149，210

（Phän. d. -lichkeit 用具性现象）211；218 ff.

Werte 价值

（Rangordnung 级序）116，155，209；133，（Vital- 活力价值）173，191，200；（参见 Lebens- 生命价值）；214，215

Widerstand 阻抗 146，149

Wissen 知识 22，24

（u. Gesch. 知识与历史）162；164，169

Wissenschaft 科学 24，44，55，82 f.，92 f.，114 ff.，156，172，176，195，212

Wille 意志 64

（v. Hartmann 冯·哈特曼）136，（Hegel 黑格尔）77，(-sfreiheit 意志自由）15，99，（Nietzsche 尼采）140，（Schelling 谢林）72，（Schopenhauer 叔本华）90，96 ff.，（Reue 懊悔）143，（- zum System 体系意志）182

Wollen 意愿 256

Wollungen 诸意愿 12，206

Yoga 瑜伽 147

Zeit 时间（参见 Seele 心灵）
（Stufenbezüglichk., „Es gibt *eine* Zeit", Geschichte 阶序相干性，"有一种时间"，历史），25；(-streckenvergl. 时间间隔之比较) 28, (Zeitdauern 时间绵延) 28 f., (obj.- = Leerform 客观时间＝空形式) 28 f.；(v. Hartmann 冯·哈特曼) 135, (Herbart 赫尔巴特) 103; (Lotze 洛采) 133；(-interessen 时代兴趣) 44；(Schopenhauer 叔本华) 87, 92, 94, 97; (Spencer 斯宾塞) 120; (=Beschränkung d. Werdens 对生成的限制) 152；(Werden geht - vorher 生成先行) 152；164, 167, 175；(- u. ZahL 时间与数字)

Zeitgeist 时代精神 42 f.

人 名 索 引

（本索引页码为原书页码，即本书页边码）

Ach, N. 阿赫 13
Adler, A. 阿德勒 97
Adolf, G. 阿道夫 58
Alsberg, P. 阿尔斯伯格 38
Ampère, A. M. 安培 109
Anaxagoras 阿那克萨戈拉 19
Aristippos 阿瑞斯提普斯 209, 212
Aristoteles 亚里士多德 14, 18–20, 42, 88, 91, 105, 113, 171, 193, 200
Auerbach, F. 奥尔巴赫 216
Augustin 奥古斯丁 37, 90
Avenarius, R. 阿芬那留斯 16, 49, 109, 123, 198

Baader, F. v. 巴德 52, 54, 69
Bacon, F., 培根 46, 111, 112, 149, 212
Baer, K. E. v. 拜耳 220
Barth, P. 巴特 111, 184
Bauer, B. 鲍威尔 52
Bayle, P. 培尔 50
Becher, E. 贝歇尔 17, 35, 153, 154

Becker, H. 贝克尔 72
Beneke, F. 贝内克 54, 105
Bentham, J. 边沁 116, 117, 118, 122, 201
Bergson, H. 柏格森 14, 24, 35, 36, 49, 54, 69, 70, 93, 110, 116, 146, 152, 177, 178, 197, 198
Berkeley, G. 贝克莱 46, 62, 94
Bernard, Cl. 贝纳尔 110
Bertram, E. 伯特拉姆 139
Bertelot 贝特洛 110
Bismarck, O. v. 俾斯麦 138, 162
Blondel, M. 布隆代尔 110
Böhme, J. 波墨 69, 72
Boerhaave, H. 布尔哈夫 47
Boltzmann, L. 玻尔兹曼 215, 217
Bolzano, B. 波尔扎诺 54
Boutroux, E. 布鲁特 110
Bonald, V. G. A. de 波纳德 109
Brahman 梵天 95
Bradley, F. H. 布拉德雷 47

Brentano, C. v. 布伦塔诺 67
Bruno, G. 布鲁诺 47, 69, 72, 118
Büchner, L. 毕希纳 52 ,172
Bühler, K. 比勒 175
Burke, E. 柏克 47
Byron, Lord G. G. 拜伦勋爵 69

Caesar 凯撒 78
Calderon, de La B. 卡尔德隆 94
Campanella, Th. 康帕内拉 47
Carnot, S. 卡诺 217
Caro, E. 卡罗 110
Carus, L. 卡鲁斯 84
Cassirer, E. 卡西尔 42
Chateaubriand, F. R. de 夏多布里昂 109
Clarke, S. 克拉克 48
Clausius, R. J. E. 克劳斯乌斯 217
Cohen, H. 柯亨 42, 105
Coleridge, S. T. 柯勒律治 47
Collard, R. 科拉德 109
Comte, A. 孔德 48, 51, 109, 111, 115, 117
Condillac, E. B. de 孔狄亚克 48, 109, 111
Condorcet, J. A. N. 孔多塞 109, 113
Cusanus, N. 库萨的尼古拉 48
Cousin, V. 维克多·库赞 72, 109, 110
Couturat, L. 库图雷特 110

D'Alembert, J. L. 达朗贝尔 46, 109
Darwin, Ch. 达尔文 20, 32, 49, 50, 119, 129, 196, 215, 218, 219
Descartes, R. 笛卡尔 20-22, 37, 46, 47, 50, 94, 121, 132, 136, 178, 194, 200, 214, 219
Deschamps, Kardinal 德尚主教 110
Diderot, D. 狄德罗 46, 49
Dilthey, W. 狄尔泰 11, 43, 47, 75, 82, 174
Dostojewski, F. 陀思妥耶夫斯基 75
Driesch, H. 杜里舒 14, 22, 35, 36, 135, 136, 191, 213
Drobisch, M. 德罗比施 102
Dürer, A. 丢勒 90
Duhem, P. 迪昂 110

Ebbinghaus 艾宾浩斯 11
Einstein, A. 爱因斯坦 51
Erdmann, E. 埃尔德曼 42
Eucken, R. 奥伊肯 46, 53, 111
Euklid 欧几里得 94
Eulenberg, Fr. 奥伊伦贝格 84

Fechner, G. Th. 费希纳 13, 16, 53, 71, 94, 127, 128
Feuerbach, L. 费尔巴哈 52, 88
Fichte, J. G. 费希特 51, 52, 54-59, 61-65, 67, 69-71, 74-76, 78, 83, 88, 94, 102, 132

Fischer, K. 库诺·费舍尔 41, 42, 56, 67, 87, 90
Forberg, F. 福伯格 58
Fouillée, A. 富耶 109
Fourier, Ch. 傅里叶 109
Hl. Franziskus 方济各 187
Frauenstätt, J. 弗劳恩施塔特 68, 87
Freud, S. 弗洛伊德 97, 98
Friedrich d. Gr. 弗里德里希二世 50, 78
Friedrich Wilhelm IV. 弗里德里希·威廉四世 68
Fries, J. Fr. 弗里茨 54, 74, 105
Frischeisen-Köhler, M. 弗里施艾森-克勒 43
Frobenius, L. 弗罗贝尼乌斯 175
Frommel, G. 弗洛梅尔 110

Galilei, G. 伽利略 13, 47, 50
Gandhi, M. 甘地 148, 149
Geiger, M. 盖格尔 22
Germain, S. 热尔曼 42
Gerstenberg, J. v. 格斯滕贝格 88
Gobineau, J. A. de. 戈比诺 176, 206
Goethe, J. W. v. 歌德 44, 57, 60, 67, 69, 72, 76, 82, 89, 170, 186
Gogarten, F. 戈加尔顿 184
Geldscheidt, R. 戈特舍德 175
Gomperz, H. 冈珀兹 42, 109, 117
Goette, A. 戈特 170

Gratry, A. 格拉特里 110
Green, T. H. 格林 75
Grotius, H. 格劳秀斯 166
Grünbaum, A. 格林鲍姆 169
Grunow, E. 格鲁诺 82
Grisebach, E. 格里瑟巴赫 87
Guicciardini, F. 圭恰迪尼 78
Gundolf, Fr. 古恩道夫 170
Guyau, J. M. 居伊约 109, 122, 191

Haberlandt, G. 哈勃兰特 128
Hamilton, W. Sir, 哈密顿 117
Hardenberg, Fr. v.; 参阅 Novalis
Hartmann, E. v. 哈特曼 14, 16, 22, 42, 50, 53, 55, 57, 69, 72, 135
Haeckel, E. 海克尔 53, 136
Harnack, A. v. 哈那克 86
Hegel, G. W. Fr. 黑格尔 42–47, 51 f., 54–56, 67, 69, 74–77, 80, 83, 85, 89, 97, 104, 106, 115, 136
Heiler 海勒 86, 168
Heimsoeth, H. 海姆索特 171
Helmholtz, H. v. 赫尔姆霍茨 53, 219
Heraklit 赫拉克利特 19, 57, 76, 83, 138
Herbart, J. F. 赫尔巴特 13, 22, 54, 102, 132
Hering, E. 黑林 31
Hermann 赫尔曼 86
Hertling, G. v. 赫特林 133, 134

Hertz, G. 赫兹 164
Hertz, M. 赫兹 82
Herz, H. 赫茨 82
Hesiod 赫西俄德 78
Hessen, J. 黑森 176
Hobbes, Th. 霍布斯 27, 47, 48
Höffding, H. 赫夫珩 52
Hörderlin, Fr. 荷尔德林 67, 74
Huch, R. 胡赫 85
Humboldt, W. v. 洪堡 49, 84, 102, 111
Hume, D. 休谟 46, 49, 84, 92, 109, 111, 116
Husserl, E. 胡塞尔 13, 54, 103, 133, 134, 171
Huygens, Ch. 惠更斯 13

259 Jacobi, F. W. 雅可比 54, 68, 74–76, 83
James, W. 詹姆斯 49, 219
Janet, P. 雅内 110
Jaspers, K. 雅斯贝尔斯 69, 166
Jean Paul 让·保罗 参阅 Richter
Jehova 耶和华 183
Jennings, H. S. 杰宁斯 32, 204
Jesus Christus 耶稣基督 84, 162, 184, 186
Hl. Johannes 约翰 163
Jouffroy, Th. 儒弗瓦 109

Kanakogi 鹿子木 148

Kant, I. 康德 15–17, 30, 37,41, 43, 47–51, 53–56, 58, 60–66, 69, 70, 74–76, 78, 80, 82–85, 89, 94, 95, 97, 99 f., 102 f., 105, 110 f., 117, 132, 134 f., 140, 151, 166, 198
Karl August 卡尔·奥古斯特 69
Kast 卡斯特 171
Kepler, J. 开普勒 50, 67
Klopstock, F. G. 克洛普施托克 58
Koffka, K. 考夫卡 177
Köhler, W. 科勒 14, 17, 22, 153 f., 168
Kopernikus, N. 哥白尼 50
Kries, O. 克里斯 17, 175
Krischna 奎师那 146
Külpe, O. 屈尔佩 16,170 f.
Küppers 库珀斯 13

Laas, H. 拉斯 42, 109
Laberthoniére, P. 拉贝松尼尔神父 110
Lachelier, K. L. 拉舍利耶 110
Largade, P. A. de 拉加德 172
Lamarque, J. 拉马克 50, 112, 121
Lamennais, H. F. R. 拉梅内 109
Lange, F. A. 朗格 52, 53, 219
Laplace, P. S. 拉普拉斯 51, 112
Lask, E. 拉斯克 135
Lazarus, M. 拉扎勒斯 102
Leibniz, G. W. 莱布尼茨 46, 47, 48, 55 f., 102 f., 128, 136

Leonardo da Vinci 列奥纳多·达·芬奇 13, 47
Leroux, P. 勒鲁 109
Le Roy, E. 勒·罗伊 110
Lessing, G. E. 莱辛 46
Liebmann, O. 李普曼 53
Lipps, H. 利普斯 22, 54
Littré, E. 利特雷 111
Livius 李维 78
Locke, J. 洛克 46. 47, 48, 88, 92, 97
Lodge, O. 洛奇 35, 164, 197
Lotze, H. 洛采 17, 52 f., 79, 127, 131, 134, 146, 160
Luther, M. 路德 88, 90

Macchiavelli, N. 马基雅维利 66
Mach, E. 马赫 13, 16, 42, 49, 109, 123, 197
Maimonides, M. 迈蒙尼德 61
Maine de Biran, M. F. P. 比朗 109, 155, 174
Maistre, J. de 迈斯特 109
Malebranche, N. 马勒伯朗士 37, 46
Mann, Th. 托马斯·曼 89
Marcion 马吉安 163, 183
Marx, K. 马克思 51 f., 78 f.
Mayer, J. R. 迈尔 127, 217
Mereschkowsky, D. S. 梅列日可夫斯基 75
Messer, A. 梅塞 172

Mieses, 或 Mieses, R. E. von 米塞斯 175
Mill, J. 穆勒 117
Milton, J. 弥尔顿 87
Minot, C. S. 迈诺特 178
Misch, G. 米施 43, 133
Mises, Dr. 米瑟博士 化名 128
Möhler, J. A. 莫勒 69
Müller, A. H. Ritter v. 缪勒 86, 109
Müller, J. v. 缪勒 78
Moleschott, J. 摩莱萧特 52, 53, 127
Montesquieu, Ch.-L. 孟德斯鸠 49
Morgan, Th. H. 摩根 205
Mozart, W. A. 莫扎特 69, 100
Münsterberg, H. 闵斯特伯格 16, 24, 54, 62, 146

Napoleon 拿破仑 56, 69, 148
Natorp, P. 纳托尔普 16, 42, 168
Nelson, L. 纳尔逊 54, 105, 106   260
Neuman, Kardinal 纽曼主教 110
Newton, I. 牛顿 13, 48, 50
Niemeyer 尼迈耶 178
Nietzsche, Fr. 尼采 42, 43, 53, 60, 75, 84, 90, 92, 122, 138–140, 148 f., 157, 177, 191, 206
Novalis 诺瓦利斯 55, 67, 86

Ockham, W. 奥卡姆 128
Ostwald, W. 奥斯特瓦尔德 122, 177

Otto, R. 奥托 86, 187

Pascal, B. 帕斯卡 50
Paulsen, Fr. 包尔生 200
Paulus 保罗 68, 183
Hl. Paulus 保罗 162 f.
Pauly 保利 174
Pawlow, I. P. 巴甫洛夫 205
Pécaut 佩考特 110
Pestalozzi, J. H. 裴斯泰洛齐 102
Petrarca, F. 彼得拉克 90
Petrus 彼得 162 f.
Pfitzner, H. 普菲次纳 89
Pindar 品达 95
Plainville, de 普莱恩维尔 111
Plotin 普罗提诺 76 f., 89, 172
Planck, M. 普朗克 173
Platon 柏拉图 18, 19, 42–44, 69, 77, 83, 88, 95, 97, 115, 132, 140, 143, 169, 181
Pobedonostsev, K. P. 波多塞诺斯图夫 75
Poincaré, J. H. 庞加莱 110
Preyer, W. 普雷耶 71
Proudhon, P. J. 普鲁东 109
Puetter, A. 普特 146

Rahn, J. M. 哈恩 58
Rathenau, W. 拉特瑙 172
Ravaisson, F. 拉韦松 110

Rehe, P. 雷 139
Reid, Th. 里德 109
Reinhold, K. L. 莱茵霍尔德 54, 70
Renouvier, Ch. 雷努维尔 110
Reynaud, J. 雷诺 109
Retz, Kardinal 雷斯枢机主教 78
Richter, J. P. F. 里克特 60
Rickert, H. 李凯尔特 16, 62, 133, 171
Riedesel, Baron v. 拜伦·李德赛 67
Ritschl, A. 立敕尔 86, 134, 137, 138
Rohde, E. E. 罗德 18, 138
Rokitanzky, C., Frhr. v. 罗基坦斯基 53
Rossini, G. A. 罗西尼 100
Rousseau, J.-J. 卢梭 49, 51, 66, 90, 97, 100, 112, 138
Roux, W. 卢克斯 174, 193, 216
Roger-Collard 科拉德 109

Sabatier, A. 萨巴捷 110
Saint-Simon, Ch. H. de, 圣西蒙 109, 111, 113 f., 116
Salm 萨尔姆 175
Scerétan, Ch. 塞克雷坦 110
Scheler, M. 舍勒 24, 166, 171, 176
Schelling, Fr. W. J. 谢林 47, 50, 53 f., 57, 67, 69–71, 74–76, 83, 88, 92, 99, 110, 136, 165
Schiller, Fr. v. 席勒 67, 74, 78, 106, 147

Schlegel, C. 施莱格尔 67, 86
Schlegel, Fr. R. 施莱格尔 55, 59, 109
Schleiden, J. M. 施莱登 105
Schleiermacher, F. D. E. 施莱尔马赫 54, 59 f., 66, 75, 80, 82, 84, 86, 131
Schlick, M. 石里克 165
Schmoller, G. 施穆勒 176
Schopenhauer, A. 叔本华 43, 50, 53, 55, 56, 60, 69, 70, 72, 76, 87, 89, 91–100, 136, 138, 148, 151, 166
Schopenhauer, H. F. 叔本华 87
Schopenhauer, j. 叔本华 77
Schwarz, H. 施瓦茨 52
Schulze, G. E. 舒尔茨 88
Selz, O. 塞尔兹 175, 177
Selzbach, A. 赛尔茨巴赫 175
Shakespeare, W. 莎士比亚 95
Sigwart, Chr. v. 西格瓦特 117, 132
Simmel, G. 西美尔 43, 54
Solowjew, S. 索罗维约夫 49
Spemann, S. 斯佩曼 170
Spencer, H. 斯宾塞 20, 32, 49, 109, 116, 119, 120, 122, 176, 191, 200 f., 218
Spengler, O. 斯宾格勒 160
Spinoza, B. de 斯宾诺莎 45–57, 56, 58, 62, 70, 83, 88, 102, 129, 171 f., 182
Stein, H. F. K. v. 施坦因 162
Steinthal, H. 施泰恩塔尔 102

Steier 施泰尔 102
Stern, W. 斯特恩 54
Stirner, M. 施蒂纳 52
Stahl, F. J. 施塔尔 68
Strauß, D. F. 施特劳斯 52, 81, 139
Stumpf, C. 施通普夫 132
Swedenborg, E. 斯维登堡 129
Taine, H. 丹纳 42, 75
Theodoros 塞奥佐罗斯 209
Telesio 特勒肖 47
Thomas v. Aquino 托马斯·阿奎那 20, 171
Thomasius, Chr. 托马西乌斯 46
Thukydides 修昔底德 78
Tieck, L. 蒂克 59, 67
Tönnies, F. 滕尼斯 46
Tolstoi, L. 托尔斯泰 89
Tracy, D. de 特拉西 109, 111
Treitschke, H. v. 特赖奇克 84, 92
Troeltsch, E. 特勒尔奇 111
Tyrell, G. 蒂勒尔 110

Ubaldi, B. de 乌巴尔迪 13, 47
Uexküll, J. B. v. 于克斯屈尔 152
Ulrici, H. 乌尔里奇 52, 131

Vacherot, E. 瓦谢罗特 110
Vaux, Cl. de 沃克斯 111
Vico, G. B. 维科 47
Vinet, A. R. 维内 110

Vogt, C. 沃格特 52, 53, 127
Voltaire, F-M. A. 伏尔泰 47, 139

Wagner, R. 瓦格纳 75, 90, 100
Wagner, Rudolf 瓦格纳 127
Weber, A. 韦伯 165
Weber, E. H. 韦伯 129, 131, 132
Weber, M. 韦伯 161
Weizsäcker, V. v. 魏茨泽克 146
Weismann, A. 魏斯曼 121
Weißer, Chr. 外瑟 52, 131

Willmann, O. 威尔曼 42
Windelband, W. 文德尔班 42, 46, 133 f.
Winckelmann, J. J. 温克尔曼 72
Wertheimer, M. 韦特海默 153
Wolff, Chr. 沃尔夫 15, 46, 102
Wundt, W. 冯特 16

Xenophon 色诺芬 78

Zeller, E. 策勒 42, 111
Zimmermann, R. 齐默尔曼 10

译 后 记

自 1954 年起始，德语版舍勒全集逐步问世，直到 1997 年，全集的编辑出版项目才宣告完成。当我结束了其中最后一卷的中文翻译工作之时，仿佛又隔着二十余年的时间间隔"远程"参与到了那个重大时刻之中，感受到了所有关注舍勒思想并为其流传后世而不懈努力的前辈学者们在那一刻的欢欣。作为现象学的三巨头之一，舍勒遗留下来的文稿并不甚多，为数十五卷的全集远不及《胡塞尔全集》和《海德格尔全集》那般卷帙浩繁，尽管相较而言他生前所发表的著述甚丰。这主要与舍勒的英年早逝有关。1928 年 5 月 19 日，马克斯·舍勒因心脏病突发而与世长辞，时年五十四岁，对一个哲学家而言可谓正当盛年，然而命运终究未能允许这位哲人向世人如数吐露他的全部洞见。而由此看来，舍勒全集的出版工作则显得进展十分缓慢，这其中又有着人力难以左右的时代因素。舍勒骤然离世以后，他的一些朋友和同事，如兰德斯贝格（P. Landsberg）、奥托（W. Otto）、盖尔普（A. Gelb）、海德格尔（M. Heidegger）等人主动承担起了其遗稿的编辑出版工作，坊间对其遗稿的面世也颇为期待。然而随着纳粹政府掌握了德国政权，舍勒作为有犹太血统的哲学家，其作品也不幸遭到压制。这一方面导致了舍勒遗稿的出版工作被中断，编辑们或者逃离了德国，或者放弃了这项工作；另一方面则使得舍勒的思想本身最多也只能以匿名的方式被引用。更糟糕的是,在纳粹德国的政治宣传下所产生的对舍勒的负面评价,在战后依然留有余毒,导致其思想长期未能得到与其深度相匹配的重视。即使在今天,舍勒依然是现象学运动早期的三位主要领军人物中得到关注最少的那一位。在这个意义上,马克斯·舍勒可谓是一位大大被低估了的思想家。这一论断首先乃是着眼于其思想于事实上于暗中所发挥的不容忽视的影响,这使得"舍勒"这个名字或多或少地笼罩着一层幕后英雄的光晕。海德格尔曾在纪念舍勒的悼词中将其评为彼时在德国乃至欧洲、甚至在一般当代哲学中最强大的哲学力量,并不无感慨地断言道:"马克斯·舍勒去世了。我们为其遭遇所折服,哲学之道路再次陷入昏暗。"有趣的是,对舍勒给出高度评价的海德格尔,恰恰是彼时深受舍勒思想影响的哲人之一。除此之外,舍勒的著作也是最早被翻译为法语的一批现象学哲学作品之一。而尽管并无对舍勒的频繁引用,法国现象学运动的诸多议题乃至后来的神学转向皆可在舍勒思想中觅得其根苗,说舍勒在现象学中所开辟出的新论域为其提供了萌芽的土壤并借此而持续发挥着潜移默化的影响亦不为过。舍勒思想的影响也并不局限于现象学内部。基于他本人生前的广泛兴趣和杂学旁收,舍勒所涉猎的论题纷繁多样,更是同时作为价值伦理学、知识社会学和哲学人类学三个哲学学科的创始人,这使得其思想有着广大的辐射范围。而随着舍勒本人的学习能力及其思想的广博程度一道增长的,则是其思想发展过程中的多变性,这使得对其作品和遗留手稿的集结出版有着巨大的价值——若非如此,则无法得见舍勒思想之全貌。近年来,随着哲学人类学、感受哲学、价值伦理学的相关议题在国际哲学讨论中的日益升温,舍勒思想虽然尚无法谈及某种复兴,但也以此为契机而收获了越来越多的关注。而为了准确地切入其思想的某一局部,舍勒思想的整体面貌更加成为了不可或缺的。

本书作为舍勒全集的最后一卷,收录了他的两篇1920年代前后的讲座稿和众多手稿,内容驳杂且多为残篇,因此实在难以在此提供一个引论性的全面介绍。这一局面事实上同样与舍勒本人的性格有关,对此倪梁康先生曾深有感触,他将舍勒描述为一个无奈地被其思想追逐而疲于奔命的人,不少舍勒学者也都曾发表过类似的观察。不仅后世研究者,而且舍勒的同时代人也同样注意到了他的这一特点,例如伽达默尔将其称为"挥霍者",埃迪·施坦因则在舍勒身上看到了前所未有的"天才现象"。类似的评语不在少数,而无一不指向舍勒所具有的天才的直观力,这使得他的言谈中总是透露出满溢的灵感,他的运思中则总是显出一些不羁的野性。天才的特质也为他招致了难以辩驳的负面印象,即在他笔下所产生的过剩的观念总是持留于未经雕琢的状态,且从未得到整体性的汇总和综合。这使得舍勒也总是无法洗清"连环画现象学家"的嫌疑,并往往被视为一个"问题思想者",而非"体系思想者"。尽管舍勒本人自始至终都坚定地宣称其思想处于某种体系性当中,但体系化的工作从未在其生前真正付诸实践。那么,全集的出版便终于为论定舍勒作为思想家的功过提供了一个现实的地基。而更为重要的是——如果我们考虑到舍勒"开放体系"提法,以此为地基则可以令一切同样对哲学思考怀有热情的后人踏上与舍勒同行的道路,并沿着舍勒所指明的方向继续前行。尽管如海德格尔所言,舍勒其人的哲学之路的确随着其生命的陨落而遭到中断,但他所开出的路向则始终保持着开放，令后世的我们能够以其终点为起点，而在寻求智慧的道路上行无止尽——事实上，海德格尔本人也可谓曾是这条道路上的一位行者。

  本卷中收录了舍勒 1922 年的心理学讲座和 1920 年的梳理 19 世纪哲学史的讲座。事实上，舍勒始终是一位密切关注时代的思想者，不仅广泛地关注着一切当代的思想成就——其中心理学正是他所处的时代中发展势头最为强劲的精神科学学科；而且也始终不忘将当下既有的观念置于其所由之生发的历史背景之中进行溯源式的理解。与此同时，从当今的视角来看，舍勒又同时是一位先行于其时代的"思想先锋"，在他的笔下可以找到一条有意识地被贯通的跨时代的思想脉络。同时收录于其中的还有诸多小型手稿和由编者所精选的格言，这些残篇作为思想的碎片，或可在后来者手中被重新拼凑为一副宏大的思想图景，抑或借其反光而点燃后人思想的灵光。在附录中则收录了舍勒针对活力价值的一篇文稿。对活力价值和生命现象的特别关注可以说构成了舍勒思想的一个独到之处，他正是借此而尝试突破自近代以来便形成了哲学之桎梏的心物二元论的大框架。其间虽然不乏来自柏格森生命哲学的影响，但更为显著的则是来自东方思想，尤其是印度佛教哲学的影响。现象学的方法让舍勒能够还原来自欧洲思想传统的诸多前见，从而回到实事本身，这意味着东方的实事能够如其所是地进入舍勒这个西方哲人的语境并得到理解性的、而非误解性的阐释。因此，在舍勒身上，一条横跨中西思想传统的桥梁已然初具雏形，舍勒思想可谓是为融贯东西提供了一种参考。而进一步向着这一目标迈进，则仍需要后人的不懈努力，就这一点而言，舍勒思想对中文思想界尤具意义。倪梁康先生曾在翻译舍勒的伦理学代表作时看到了其中对中国伦理学界的影响潜力，而在此或许可以更为大胆地将这一断言推而广之，这一潜力或许放眼整个中文的哲学讨论都会是奏效的。而中文舍勒全集的翻译出版项目亦可被视作是为了这一更加宏大的目标而做的准备工作。

  作为一名尚在从事舍勒研究的博士研究生而言，本次翻译工作是我首次负责如此规模的翻译项目，对此我感到不胜荣幸，特此感谢舍勒全集的主编张任之老师对我的信任。作为一名舍勒研究者，能够参与舍勒全集的中文翻译工作，仿佛以自己的双手亲身触摸到了舍勒的思想一般，其间颇多感动，难以言喻。然而初当大任，我亦不胜惶恐。尽管几年来专注于研究舍勒思想，然实在尚不可妄称专家，译本中或仍有诸多疏漏，还望好心的读者能够不吝赐教，多多包涵。本书翻译完成后，请关群德老师进行了通篇勘校，在此对关老师致以诚挚的谢意。在德语中，"翻译"一词亦有"摆渡"之意，而译者的尴尬或许就在于，供以摆渡的船舶乃是一艘忒修斯之船。尽管在此期间我遵从倪梁康先生教诲尽可能以译名统一和各词各译为原则，然时有精准与流畅不可两全之感，最终的"舶来品"或许始终难以避免忒修斯之船所面临的质疑，即作品的同一性在多大程度上得到了保证。在此只得请各位读者见仁见智，而每一位读者的诠释也将成为这一"摆渡"工作中的一个环节，一种思想的活力或许正是在这样无法完全保真的传递中经久不衰的吧。

吴思涵

2022 年 11 月于德国兰道

图书在版编目(CIP)数据

舍勒全集.第15卷,遗著Ⅵ 杂编Ⅱ/(德)舍勒著;(美)曼弗雷德·弗林斯编;吴思涵译.—北京:商务印书馆,2023
ISBN 978-7-100-22623-3

Ⅰ.①舍… Ⅱ.①舍…②曼…③吴… Ⅲ.①舍累尔(Scheler,Max 1874-1928)—文集 Ⅳ.①B516.59-53

中国国家版本馆CIP数据核字(2023)第117613号

权利保留,侵权必究。

舍勒全集

第15卷

遗著Ⅵ 杂编Ⅱ

〔美〕曼弗雷德·弗林斯 编
吴思涵 译

商 务 印 书 馆 出 版
(北京王府井大街36号 邮政编码100710)
商 务 印 书 馆 发 行
北京通州皇家印刷厂印刷
ISBN 978-7-100-22623-3

2023年10月第1版   开本710×1000 1/16
2023年10月北京第1次印刷   印张25½
定价:125.00元